大连理工大学公共管理学院学术著作出版资助项目

网络直播的知识产权保护

杨异 著

中国社会科学出版社

图书在版编目（CIP）数据

网络直播的知识产权保护 / 杨异著. -- 北京：中国社会科学出版社，2024. 8. -- ISBN 978-7-5227-4175-8

Ⅰ. D923.404

中国国家版本馆 CIP 数据核字第 2024DY4620 号

出 版 人	赵剑英
责任编辑	许　琳
责任校对	苏　颖
责任印制	郝美娜

出　　版	中国社会科学出版社
社　　址	北京鼓楼西大街甲 158 号
邮　　编	100720
网　　址	http://www.csspw.cn
发 行 部	010-84083685
门 市 部	010-84029450
经　　销	新华书店及其他书店
印　　刷	北京君升印刷有限公司
装　　订	廊坊市广阳区广增装订厂
版　　次	2024 年 8 月第 1 版
印　　次	2024 年 8 月第 1 次印刷
开　　本	710×1000　1/16
印　　张	19.25
插　　页	2
字　　数	277 千字
定　　价	108.00 元

凡购买中国社会科学出版社图书，如有质量问题请与本社营销中心联系调换
电话：010-84083683
版权所有　侵权必究

目　　录

第一章　我国网络直播画面知识产权保护基础理论 ……………（1）
　第一节　网络直播现象概述 …………………………………………（2）
　第二节　网络直播相关概念辨析及研究对象界定 …………………（7）
　第三节　网络直播类型化研究分析 …………………………………（16）

第二章　我国网络直播画面知识产权保护现状 ……………………（27）
　第一节　我国网络直播画面知识产权立法保护现状 ………………（27）
　第二节　我国网络直播知识产权司法保护现状 ……………………（38）
　第三节　我国网络直播知识产权执法保护现状 ……………………（57）

第三章　我国网络直播画面知识产权保护困境及原因分析 ………（65）
　第一节　我国网络直播画面知识产权保护困境 ……………………（65）
　第二节　我国网络直播画面知识产权保护困境原因分析 …………（95）

第四章　域外网络直播知识产权保护 ………………………………（107）
　第一节　域外网络直播知识产权保护概述 …………………………（107）
　第二节　域外网络直播知识产权保护典型问题分析 ………………（122）
　第三节　域外网络直播知识产权保护对我国的启示 ………………（144）

1

第五章　我国网络直播画面知识产权保护理论探讨 …………（159）
　　第一节　网络直播画面知识产权保护理论的研究设计 ………（159）
　　第二节　期刊论文研究现状 ……………………………………（161）
　　第三节　学术观点总结 …………………………………………（204）

第六章　我国网络直播画面知识产权保护的完善 ……………（252）
　　第一节　我国网络直播画面知识产权立法保护的完善 ………（252）
　　第二节　我国网络直播画面知识产权司法保护的完善 ………（271）
　　第三节　我国网络直播画面知识产权执法保护的完善 ………（281）
　　第四节　我国网络直播画面知识产权守法保护的完善 ………（288）

结　论 …………………………………………………………………（292）

参考文献 ………………………………………………………………（294）

后　记 …………………………………………………………………（305）

第一章
我国网络直播画面知识产权保护基础理论

网络直播的实现依赖于网络宽带的提高、音视频信号压缩技术的完善、实时传输的协议和技术的出现，而流媒体技术是指采用流式传输技术在网络上连续实时播放的媒体格式，这也是对实时性要求很高的网络直播而言最好的解决方案。因此，在2001年就有学者提出基于Web的流式视频直播技术，[1] 这是国内网络直播最早的技术基础，2004年随着学者对网络视频直播质量控制技术的进一步研究，[2] 到2005年，各类视频网站开始流量争夺战，其中9158作为国内第一家PC直播网站，[3] 主营内容从最初的网络视频聊天室逐渐向以美女主播为特色的秀场直播网站方向转变，[4] 甚至出现"9158模式"这一名词现象，即一种网络在线秀场模式。[5]

随着智能手机和移动系统的不断升级，越来越多的人开始加入直播行

---

[1] 参见李长洲、周曼丽《基于Web的流式视频直播技术》，《微型机与应用》2001年第6期。

[2] 参见孙元波《网络视频直播质量控制技术研究》，硕士学位论文，国防科学技术大学，2004年。

[3] 参见《专访M17丨从当年争议不断的交友直播，到亚洲新兴娱乐电商平台》，https://xueqiu.com/6001577351/130325550，访问日期：2023年6月6日。

[4] 参见《视频直播行业梳理：历史、产业链、盈利模式和未来》，http://www.woshipm.com/it/415611.html，访问日期：2023年6月6日。

[5] 参见《"9158模式"创神话：年营收近10亿中小视频网站效仿》，https://news.pedaily.cn/201302/20130220343778.shtml，访问日期：2023年6月6日。

业当中，仅2016年直播平台就如雨后春笋般涌现，从"百团大战"发展成为"千播大战"，因此现在公认的网络直播元年是2016年，直播这种娱乐方式也真正走进了人们的生活，从娱乐活动逐渐成为一种生活方式。

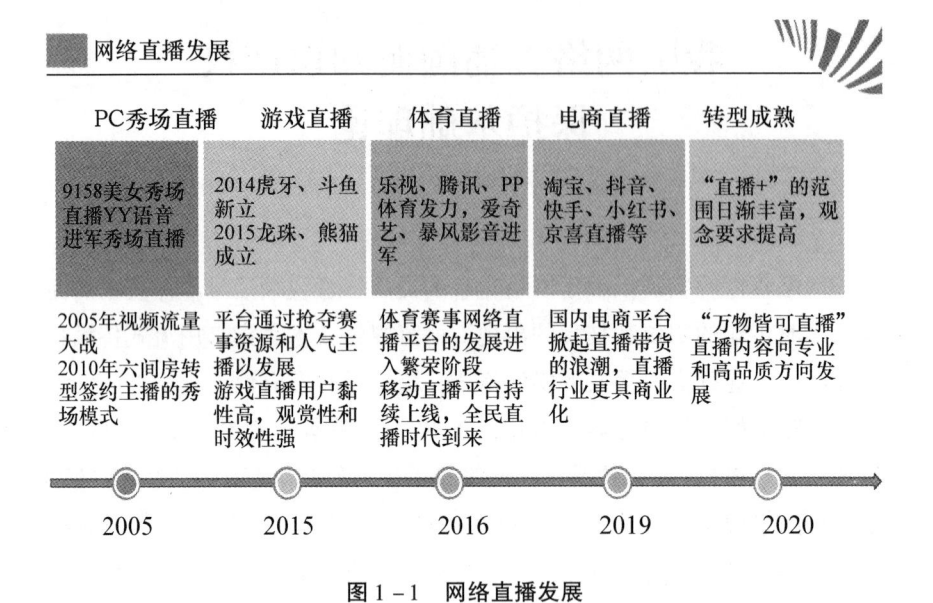

网络直播发展

PC秀场直播	游戏直播	体育直播	电商直播	转型成熟
9158美女秀场直播YY语音进军秀场直播	2014虎牙、斗鱼新立 2015龙珠、熊猫成立	乐视、腾讯、PP体育发力，爱奇艺、暴风影音进军	淘宝、抖音、快手、小红书、京喜直播等	"直播+"的范围日渐丰富，观念要求提高
2005年视频流量大战 2010年六间房转型签约主播的秀场模式	平台通过抢夺赛事资源和人气主播以发展 游戏直播用户黏性高，观赏性和时效性强	体育赛事网络直播平台的发展进入繁荣阶段 移动直播平台持续上线，全民直播时代到来	国内电商平台掀起直播带货的浪潮，直播行业更具商业化	"万物皆可直播" 直播内容向专业和高品质方向发展
2005	2015	2016	2019	2020

图1-1 网络直播发展

依托于互联网发展而兴起的网络直播，作为一种新兴的信息传播方式越来越受到大众的关注，同传统的传播方式差别较大。因此在分析研究网络直播画面的知识产权问题前，需要先明确网络直播的内涵及外延，在类型化基础上对网络直播画面的相关问题进行明确，明晰网络直播画面目前面对的知识产权保护的立法及司法困境，为解决这些困境提供理论基础。

第一节 网络直播现象概述

一 网络直播的源起与发展

"直播"这一名词对大众而言其实并不陌生，中国人民熟知的"春

第一章 我国网络直播画面知识产权保护基础理论

晚"（中央广播电视总台春节联欢晚会）于1983年开始就以现场直播的形式在中央电视台播出。《广播电视辞典》将直播定义为"广播电视节目的后期合成、播出同时进行的播出方式",① 依据播出场合不同分为现场直播和演播室直播。现场直播就是随事件发生的当下将情况的发生过程记录同时制作并播出的一种直播形式，具有播出节目与报道方式双重结合的特性，是广播电视媒介即时播出优势的体现。演播室直播通常是在电视演播室和控制室同步配合下进行直播的形式，最著名、最普及的演播室直播便是大众所熟知的《新闻联播》《春节联欢晚会》等直播节目，此种直播形式同样说明演播室直播是一种现场策划难度较高、未知风险较大的电视节目。

随着互联网时代的到来，人们的信息获取及交流方式逐渐由传统媒体方式向网络方向改变。中国在1994年获准加入了互联网，并在同年5月完成中国全部互联网工作。自此，网络直播开始出现并逐渐取代电视直播，成为大众心中比较常用的直播方式。尤其是游戏直播和体育赛事直播，获得许多人的支持和追捧，之后人们越来越偏好于更方便快捷的网络直播。2016年，中国互联网络信息中心发布《中国互联网络发展状况统计报告》，第一次以官方形式确立了"网络直播"这一名词，同时直播一词的内涵也逐渐被网络直播替代，这一年被称作"网络直播元年"。

在网络直播类型发展历史上，网络直播的类型多样，根据传播载体上的差异，有文字直播、图片直播、视频直播及声音直播等。过去的直播通常是由电视台主办，因此直播类型通常集中于对实时性要求较高的行业如新闻和体育行业中。随着网络游戏的发展繁荣，2019年之前，游戏直播渐渐成为网络直播中的龙头行业，可以说网络游戏的发展同直播行业的发展相辅相成，游戏直播的受众一直都占直播用户的三成左右。同时，随着网络电商行业的发展壮大，从2019年开始，电商直播

---

① 直播, https://baike.baidu.com/item/%E7%9B%B4%E6%92%AD/9957323?fr=aladdin, 访问日期：2023年6月6日。

以异军突起之势迅速席卷各大平台，各大社交媒体平台都开始发展壮大电商直播，可以说引领了时代潮流。

据中国互联网络信息中心发布的第51次《中国互联网络发展状况统计报告》显示，截至2022年12月，我国网民规模为10.67亿，互联网普及率达75.6%，其中，网络直播用户规模达7.51亿，较2021年12月增长4728万，占网民整体的70.3%。从2017年开始，总结网络直播用户的数量和2017年12月至2022年12月使用率情况，进而制作出网络直播用户规模和使用率如图1-2。

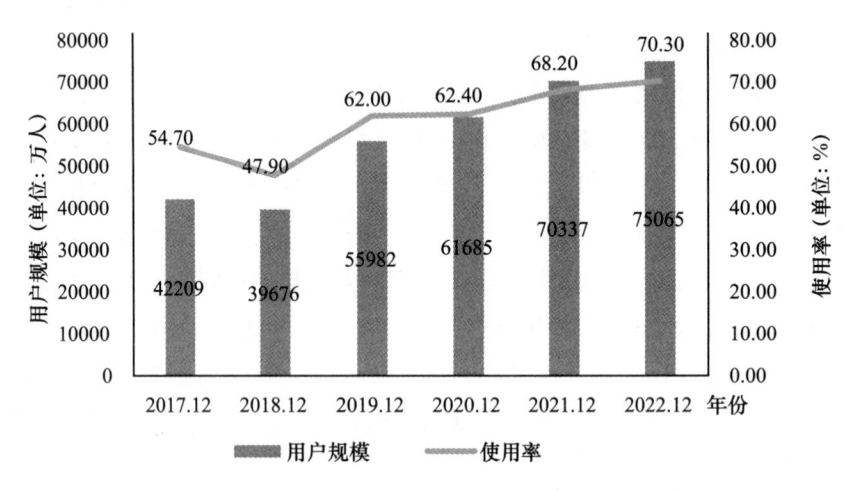

图1-2　2017.12—2021.12 网络直播用户规模及使用率

由图1-2可知，网络直播自诞生以后，就吸引着许多用户，用户数量维持一个较平稳的上升趋势，用户规模已经突破7.5亿人，使用率基本维持在50%以上，这说明网络直播用户的黏性较高，市场主体地位较稳定，已经是热门的网络娱乐行业。

二　网络直播发展的利与弊

对网络直播这一概念及形式，大众并不陌生。常见的网络直播由网络主播来主导整个直播，一般都是由网络主播将其进行某项活动的过程通过直播的方式展示出来,并实时与网友进行互动使人产生身临其境之感。主播可以是自然人,比如演唱会直播、秀场直播和电商直播等;主播也可以是动物,比如著名的 iPanda 熊猫频道,全年无休地向全世界直播滚滚,不仅表现了我国国宝的可爱之处,也树立了良好的国际形象;主播甚至可以是人工智能,通过直播平台不间断地进行智能互动,也能吸引许多想要互动的观众。少数情况下,直播没有主播,比如对自然和人文景观进行的直播,有很多主体参与其中对某一项活动直播。比如 2020 年中国抗疫期间,约 4 万名建设者用 10 天左右时间建设火神山和雷神山医院,虽然全国人民不能切身地支援,但是数千万网友在线观看建设现场 24 小时直播,充当"云监工",在精神上极大地鼓舞着建设者的信心。同时,直播的内容不仅包括娱乐,也可以宣传文化,非物质文化遗产也打破常态,如搜狐千帆直播打造出了"非遗+直播"的新形式栏目《非遗之路》,即将非遗文化用媒体思维和方式进行传播。

由此可见,网络直播的用途和功能多样,任何需要实时发布的过程都可以利用网络直播,不仅满足了人们的娱乐需求,也一定程度上满足了人们更高层次的精神需求。从个人层面,主播可以将自己的想法通过直播向大众进行展示,发现自己人生新的意义与价值;观众可以通过观看直播得到生活的乐趣,满足自己的精神需求。从社会发展层面,网络直播对一个行业的产生与发展起到了重要的推动作用,在提供无数个就业岗位的同时,也创造了巨大的经济收益,促进了社会经济持续稳定的发展。从国家战略层面,网络直播可以宣传良好的国际形象,营造正面的国际影响力。如 2022 年北京冬奥会盛大又精彩的开幕式与紧张刺激、精彩有趣的各项体育赛事,央视网就是通过网络直播与传统直播结合,对奥运会的全程进行直播,使得全国乃至全世界人民第一时间观看到想要看到的画面,这不仅满足了观众的心愿,还树立起科技大国的形象,激励大众的爱国之心。

应该看到,任何事物都具有两面性。由于网络直播对所需的设备要求不高且操作简单，对主播的条件要求也很宽泛，因此曾出现过"全民直播"的现象，这种环境下的直播，除了引起媒介的又一次变革，同时也出现了直播内容质量和主播素质参差不齐的情况，正如英国社会心理学家玛罗理·沃伯认为，"越不用花脑筋、越刺激的内容，越容易为观众接受和欣赏，这几乎是收视行为的一项铁律"。[①] 许多以利益为标杆的主播为了流量，会做出许多博人眼球的出格行为，使直播内容不仅质量低下，还涉及暴力、色情、低俗，不仅败坏社会风气，还传播了错误的价值观，不利于社会的和谐稳定。

网络直播大量地出现，纠纷也随之而越演越烈，使得网络直播的相关问题不仅仅停留在道德层面，而是上升到了法律层面。以网络直播画面知识产权纠纷为例，网络直播画面由于介质和内容上的特殊性，使得司法机关在判定其知识产权的性质和归属时，会出现理解上的不一致，从而导致判决时的差异。司法机关一般从直播的独创性出发，判断其可著作权性，界定其所属的作品类型，进而判定各主体对该直播所有的权利，最终得出涉案直播的作品属性和归属及被侵权利类型，结合实际对侵权判赔数额进行判定。但是由于法律的滞后性及司法人员对法律条文理解的不同，可能会导致对类似案件的判决出现完全不同的判决结果，即"同案不同判"。同时侵权行为发生之后其赔偿数额也没有形成一个规范化的标准，大都是法官自由裁量的结果，因此差异较大，且没有标准和规律可言。

网络直播是从传统直播发展而来，随着互联网技术的进步逐渐得到发展并受到大众认可。网络直播的类型五花八门，不能在学术上将其进行确切的分类，只能挑出其中受众较广的几种网络直播进行剖析。此外，网络直播具有多种用途和功能，从个人、社会和国家等层面都发挥了积极影响，但任何事物都具有两面性，网络直播也不例外。网络直播存在质量参差不齐的情况，容易引起社会风气的不良发展，同时网络直

---

① 文化浮躁，http：//baike.baidu.com/view/11809979.html，访问日期：2023年6月6日。

播法律上的纠纷也逐渐凸显，网络直播画面知识产权相关问题更是如堕烟海，因此需要对网络直播及直播画面进行界定，以便更好地研究知识产权的相关问题。

第二节 网络直播相关概念辨析及研究对象界定

一 网络直播、直播、转播的联系和区别

（一）直播和转播的联系与区别

直播在《广播电视辞典》中的定义为"广播电视节目的后期合成、播出同时进行的播出方式"。直播一词最初来源于并运用于广播，而且是早于录音技术出现的，但是也由于直播的即时性和不确定性，在录音技术出现后，广播组织为了追求结构严谨，内容精练，避免差错，便纷纷采用先录音后播出的方式。但是我国在一些节目制作过程中，也尝试过直播，但是直播真正得到发展，还是改革开放浪潮涌起之时，珠江经济台的创新举措使得节目的收听率翻番。同时随着电视信号等技术的不断发展，直播节目愈发丰富多彩，按照播出场地可以分成现场和演播室直播。现场直播在《中国应用电视学》中的含义为："在现场把新闻事实的图像、声音及记者报道、采访等转换为电视信号直接发射的即时播出方式，就新闻事件来说，它既是报道方式也是播出的节目。"[①] 其中最知名的就是中央广播电视总台春节联欢晚会（简称春晚），自1983年至今，一直采取现场直播的方式进行，让观众能切身参与到春晚的互动当中，产生身临其境之感，春晚现场直播的播出方式将广播电视媒介的优势充分地展现了出来

"直播"的概念上文已详细分析，同直播几乎同时出现的概念就是"转播"，这两种传播技术手段，最初都运用在广播上，在电视和网络出现后，逐渐代替了之前概念的含义。但是在探讨其定义时，还是要从

[①] 现场直播，https://baike.baidu.com/item/%E7%8E%B0%E5%9C%BA%E7%9B%B4%E6%92%AD/29501? fr = aladdin，访问日期：2023年6月6日。

词源开始。

　　"转播"在我国《著作权法》中出现过两次,即《著作权法》(第三版)中第十条第十一项规定:"广播权,即以有线或者无线方式公开传播或者转播作品,以及通过扩音器或者其他传送符号、声音、图像的类似工具向公众传播广播的作品的权利,但不包括本款第十二项规定的权利。"第十条第十二项规定了信息网络传播权,"即以有线或者无线方式向公众提供,使公众可以在其选定的时间和地点获得作品的权利"。第四十七条规定:"广播电台、电视台有权禁止未经其许可的下列行为:(一)将其播放的广播、电视以有线或者无线方式转播;……"但是对于"转播"的含义,不管是《著作权法》《著作权法实施条例》还是有关的司法解释,都没有进行具体的界定,因此还是要从"转播"这一词的起源开始讲起,我国《著作权法》中的"转播"其实是直接源于《保护文学和艺术作品伯尔尼公约》(以下简称《伯尔尼公约》)中,因此对《伯尔尼公约》中"转播"概念的认定对于理解我国实践中该词的含义有重要意义。

　　"转播"(rebroadcasting)与"广播"(broadcasting)这一概念,从字面上看拥有同一词根,因此在传播方式上,转播是根据广播的方式而来,而广播业务的定义在联合国重要机构——国际电信联盟制定的《无线电规则条款》中的含义为"为供一般公众直接接收而发送的无线电通信业务"。由此可见,"广播"在普遍概念上仅指以无线方式传送信号。《伯尔尼公约》中的"广播"也采取这种含义,在法条上下文的逻辑中一脉相承,因此"转播"也仅指以无线方式进行再次播送。此外,《伯尔尼公约》和《保护表演者、音像制品制作者和广播组织罗马公约》(以下简称《罗马公约》)、《世界知识产权组织表演和录音制品条约》(以下简称《WIPO表演和录音制品条约》)都是由世界知识产权组织统一管理,因此《罗马公约》和《WIPO表演和录音制品条约》中有关"广播"和"转播"的定义对于理解《伯尔尼公约》中的概念有重要的参考价值。这两个条约中对于"广播"的定义都提到其形式是以无线方式进行播送，《罗马公约》中的"转播"也在此基础上被定义为一个广播组织以无线方式对另一个广播组织的广播进行同步播送。由此更加证明《伯尔尼公约》中的"广播"和"转播"仅能通过无线方式进行。而由于我国《著作权法》在制定时直接翻译《伯尔尼公约》中的"转播"，没能体现出 rebroadcasting 中自带的无线转播的方式，因此在之后的应用中，涉及"转播"时，往往将其限定在有线方式的框架中，这其实是错误的。

因此，直播和转播虽然有相似之处，但还是存在差异。转播需在直播的基础上才能进行，在时间和顺序上，总是晚于直播的，这是由其性质决定的。同时我国《著作权法》中由于翻译的原因，在涉及转播时总是将其限定在"有线转播"上，直播却不受传播方式的限制，有线无线均可。在节目形式上，直播可以同观众进行即时互动，而转播做不到这一点。

（二）直播和网络直播的联系与区别

"直播"的概念如上文所述，自 2000 年后，随着网络时代到来，电视直播逐渐被网络直播取代，成为"直播"的代名词。依据国家互联网信息办公室发布的《互联网直播服务管理规定》，网络直播是指依据互联网，以视频、音频、图文等形式向公众持续发布实时信息的活动。① 本书讨论的网络直播是基于网络直播平台，网络主播通过录制工具（手机、摄像机等）将正在进行的现场活动录制为视频、音频、图文等形式，并转化为直播信号发布于网络供网络用户实时观看的行为。

"网络直播"可以分为两类，一种是将电视模拟信号收集后转换成数字信号，将其上传至网络供人观看，常见的体育赛事和文艺活动的直播多是此类；另一种是更为常见的，利用信号采集设备和导入平台，将

---

① 中共中央网络安全和信息化委员会办公室：《互联网直播服务管理规定》，http://www.cac.gov.cn/2016-11/04/c_1119847629.htm?ivk_sa=1024320u，访问日期：2023 年 6 月 6 日。

数字信息通过网络上传至服务器，进而供人观看。

直播和网络直播的区别就在于"网络"二字，网络直播就是利用网络将原本的直播搬移到了互联网上，再利用互联网的优势进行二次发育的结果。

网络直播除了具有传统直播的特点，如即时性、互动性，同时还将互联网的天然优势进行了延续，可以利用现场直播功能直观迅速地将内容发布至互联网上，不受时间地点受众的限制，人们可以自主选择要观看的内容。同时直播结束后，直播的内容不是就此消失，而是可以通过重播、点播等方式再次被看到，重播与点播将直播的内容价值放大，有效地将直播的时间与空间进行了延长。正因如此，直播被运用到多种用途，如企业行业年会、政务公开会、法庭庭审直播、产品发布会等难以通过电视媒体进行展示的内容。

(三) 网络直播和转播的联系与区别

网络直播被其他平台转发播放后就成为"转播"，只不过同上文"转播"的区别在于传播方式，随着网络的发展，"转播"自然也要通过互联网将数字信息进行传播，虽然由于翻译问题，导致著作权法中的"转播"总是被有线方式限制，但是随着理论的发展和实践的进步，司法领域也逐渐意识到"有线"这一限定词的不合理之处。此外，2004年世界知识产权组织版权及相关权常设委员会（以下简称SCCR）在日内瓦第十一届会议上发布的《关于保护广播组织的条约》中涉及了"转播"的定义，即：通过有线或无线或二者结合等一切形式进行同时转播的过程，该概念囊括了通过有线或电缆或计算机网络进行转播的行为。由此可见，"转播"的内涵包括以有线、无线及互联网等方式进行传播。

在生活中，转播常运用于体育赛事当中，实时转播也常被人们称为"直播"，在体育赛事网络播放这一背景下，直播和转播的差异就在于直播画面是否经过专业团队的录制加工，虽然任何活动都可以通过直播方式进行，但是体育赛事作为观赏性质的节目，为了保证观赛体验，体育赛事的制作通常是由赛事组织者和专业的制作团队来进行，通过录制画面转换为数字信号并实时传输，再经过二次加工如字幕、解说、镜头回放等，最终面向观众。可以发现这一过程中所需的人力物力都是巨大的，网络服务商往往难以独自承担如此大的负担，通常需要经过赛事组织者或电视制作频道的授权，对其进行网络转播，因此不具有交互性。但是转播画面归根究底是某一方制作出的直播画面，由于网络传输的便捷性，转播变得异常容易，因此极易出现侵犯网络服务商网络传播权的现象，大多数体育赛事网络传播的侵权行为也是平台未经许可进行转播引起的，因此在体育赛事网络直播背景下，实时转播也可被当作网络直播行为，其画面也是本书要探讨的网络直播画面。

可见，网络直播同转播虽有相似之处，但还是具有较大差别的，具体体现在以下几个方面：首先，网络直播是对现场进行的实时传达播放，转播则是对信号或计算机通路等信息的二次传播；其次，虽然技术的发展使得转播的时间几乎可以同直播同时进行，但是理论上转播是一定晚于直播的，因此二者在时间上是有先后差距的；最后，网络直播同转播在法律上的规定不同，这同网络直播的技术有关，新技术的出现总是会使得法律的滞后性尤为明显，因此涉及网络直播的司法探究深度远不及转播，网络直播涉及的矛盾焦点也大多处于悬而未决的争议状态。

二 网络直播同短视频的区别

网络直播的概念及特征无须再次赘述，不过网络直播的含义同短视频非常相近，但是实质上差别很大。

短视频同网络直播都是利用互联网进行内容传播的方式，但是网络直播是将要发布的内容进行同步即时传播，而短视频是短片视频，一般是30分钟之内的视频在互联网进行传播，一般是在新兴媒体平台上，且受众宽泛。

网络直播同短视频一样，内容上都不太受限制，包括技能分享、社会时事、搞笑幽默、公益教育等内容，但是短视频相较于网络转播而言，非常适合人们在移动状态和碎片时间里观看，短平快的流量传播内容逐渐代替直播受到各大媒体和资本的青睐，发展势头强劲。可以说，短视频开始逐步侵占网络直播的流量和用户，成为又一传播方式的领头羊。

根据中国互联网络信息中心发布的第 42 次到第 51 次《中国互联网络发展状况统计报告》可以整理得出 2018 年 6 月到 2022 年 12 月网络直播与短视频用户规模对比图。

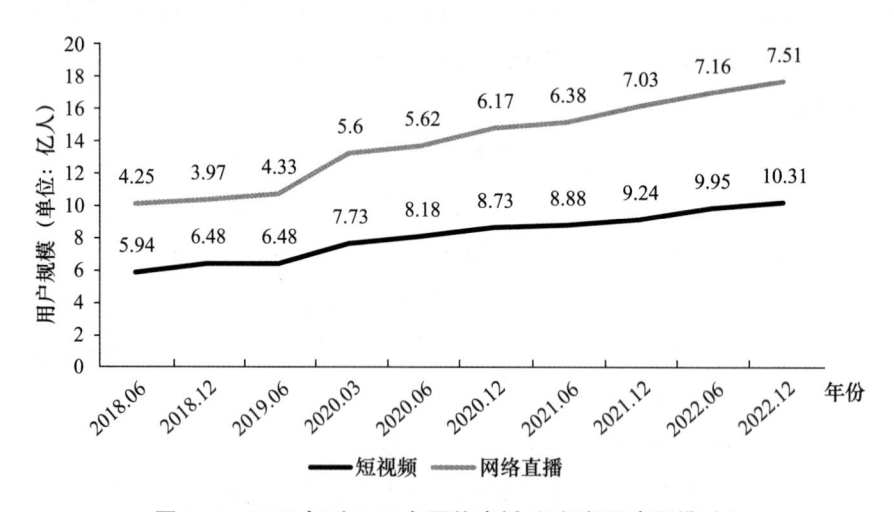

图 1-3 2018 年到 2021 年网络直播/短视频用户规模对比

根据图 1-3 数据可以发现，随着我国手机网民规模的不断扩大，短视频用户规模自 2018 年统计以来一直高于网络直播，可见我国网民对于短视频的需求高于网络直播。短视频的迅速发展对网络直播有一定影响，尤其在 2018 年 6 月到 12 月，短视频用户增加超五千万，而网络直播用户减少近三千万，这说明短视频对网络直播存在一定程度的影响，分流了部分网络直播用户。

但是从整体来看，短视频用户和网络直播用户规模大致都处于不断上升的阶段，二者之间的关系也从对立逐渐走向协同发展。

短视频相较于网络直播来说,制作流程和方法更为简单,不需要较高的硬件和软件配置要求,又比直播更易进行传播,因此更易吸引观众。但同时也对短视频制作的文案和策划提出要求,需要高频稳定的输出内容以巩固群众基础,扩大粉丝团体。网络直播在短视频的压力下,也亟须优质内容来稳定观众数量。

三 网络直播与网络直播画面、网络直播节目辨析

简明扼要地说,网络直播就是网络主播在网络直播平台上将现场进行的活动录制后转化为直播信号,并发布于网络供用户观看这一过程。网络直播画面就是在网络直播的过程中展示出来的画面。网络直播节目就是利用网络直播这一方式制作的节目。

网络直播画面和网络直播节目都是网络直播延伸出来的,都是在网络直播这一传播方式的基础上产生的,但是彼此之间还是存在实质区别的。

网络直播和网络直播画面在日常生活中概念区别不大,但是在知识产权领域,网络直播作为一种信息传播方式,著作权的相关权利涉及主体问题,即网络直播若作为著作权保护主体可得到何种程度的保护,目前大致可归纳为以著作权保护、以邻接权保护和以反不正当竞争法保护三种模式。在研究网络直播时,涉及的类型复杂多样,且不同类型的网络直播涉及的权利主体、内容、义务千差万别,因此难以在一次研究中解析彻底。网络直播画面虽然是网络直播的衍生物,但是在著作权法领域的意义则全然不同,网络直播画面仅作为画面而言,只需探讨这一系列连续画面的可版权性和归属等问题,相较于网络直播这种传播方式,会牵涉更少的权利问题。我国司法实践中对于网络直播画面的保护大致有四种进路:一是以作品进行保护,即将其认定视听作品;二是认为网络直播画面没有达到独创性要求,但可认定为录音录像制品而提供邻接权保护;三是认为广播组织权可以节目信号为客体,以邻接权加以保护;四是以反不正当竞争法中的一般条

◆◇ 网络直播的知识产权保护

款加以保护。

网络直播节目是以网络直播为传播方式,对现场进行的文体活动进行摄制、制作并发布在互联网的一系列画面和声音的组合,相较于单纯的直播画面要更丰富,涉及的主体也更加复杂,且通常是作为一个整体来进行研究,其法律性质目前依旧存在争议,但多集中于"作品说"和"录像制品说"。因此可以发现,网络直播、网络直播画面和网络直播节目除了定义内涵上的差异,在著作权法领域中所代表的主体也相去甚远,涉及的权利认定虽有交集但并不完全相同,在研究中还是需要对这三个概念进行区分以更好地界定研究对象和研究内容。

四 研究对象的界定

本研究的研究对象是网络直播画面,但是要对其进行明确界定,关键在于准确界定网络直播。

网络直播作为一种信息传播手段,其技术含义应从传播学角度进行切入,但是目前还没有网络直播的准确定义。维基百科上显示在线流媒体(Streaming)是同时录制并实时向观众播放的一种传播方式,这只是一种笼统的概念。由SCCR发布的《关于保护广播组织的条约(修订第二稿)》中,对网播下了定义,即通过计算机网络以有线或无线的方式向公众传播声音或图像,或声音和图像,使公众能基本同时得到所播送的声音或图像,此种播送方式如果加密,只要网播组织或经其同意向公众提供解密的手段,即应被视为"网播"[1]。同时有关网络直播的概念在布莱克法律词典里未见踪迹,可知网络直播这一概念并非严格意义上的法律概念,更多的是传媒领域的概念。我国2016年11月国家互联网信息办公室发布《互联网直播服务管理规定》对互联网直播进行了

---

[1] 参见梁璇《信息网络环境下的广播组织权》,硕士学位论文,西南政法大学,2011年。

| 第一章 | 我国网络直播画面知识产权保护基础理论 ◆

本土化的界定①，即以互联网技术为基础，将视频、音频、图文等形式以实时信息向公众持续发布的活动。

结合以上文件对网络直播的定义，可以发现对网络直播的界定可以从三个方面来进行，以界定其内涵，即网络直播画面的技术、主体和内容。

网络直播依托互联网技术而兴起，在互联网出现之前，广播作为一种公共传媒手段有着不可比拟的地位，早期主要依赖无线电技术，著作权所涉及的权利也是以广播权为中心展开，可见法律制度的建立与发展受制于当时技术发展的现状。但是信息通信技术和数字技术的不断发展，对社会的方方面面都产生了重要影响，也对著作权的保护提出了新的挑战。1996 年世界知识产权组织（World Intellectual Property Organization，WIPO）订立的《世界知识产权组织版权条约》（World Intellectual Property Organization Copyright Treaty，WCT）中对于信息通信技术发展带来的问题予以回应，包括扩张广播权和向公众提供权的提出。在这一阶段出现了数字信号，它相较于模拟信号成本更低，能承载更多信息，且更易传播和储存，因此被广泛采用。21 世纪以来，流媒体技术得到充分发展，其同互联网的融合产生新的火花，网络直播也得到飞跃式的发展，广播所涵盖的范畴也不仅限于传统的无线广播、有线广播，国内外开始讨论网络直播是否属于广播的范畴。网络直播的主体可大致划分为两类，即网络直播服务提供者和网络直播服务使用者，根据《互联网直播服务管理规定》②，网络直播服务提供者是指提供互联网直播平台服务的主体，网络直播服务使用者包括网络直播发布者和用户。为规范行业发展，《互联网直播服务管理规定》对两类主

---

① 中共中央网络安全和信息化委员会办公室：《互联网直播服务管理规定》，http：//www.cac.gov.cn/2016-11/04/c_1119847629.htm?ivk_sa=1024320u，访问日期：2023 年 6 月 6 日。

② 中共中央网络安全和信息化委员会办公室：《互联网直播服务管理规定》，http：//www.cac.gov.cn/2016-11/04/c_1119847629.htm?ivk_sa=1024320u，访问日期：2023 年 6 月 6 日。

体都进行了规范，网络直播服务提供者和网络直播服务使用者依法取得互联网新闻信息服务资质，并在许可范围内提供服务是其进行网络直播的前提。

网络直播的对象和内容可谓包罗万象，形式不拘一格。目前较常见的直播形式有视频和音频直播，直播的内容可以是网络游戏、体育赛事、综艺晚会、秀场表演等等。从制作上看，既包括了传统的现场直播的转播，也包括狭义的网络直播。

综上所述，本研究讨论的网络直播是基于网络直播画面平台，网络主播通过录制工具（手机、摄像机等）将正在进行的现场活动录制为视频、音频、图文等形式，并转化为直播信号发布于网络供网络用户实时观看的行为。

在准确界定网络直播概念的基础上，网络直播画面即网络直播过程中的一系列连续的画面，而这一系列连续画面构成的整体是否可以构成作品，涉及的主体和权利如何，则是本书欲研究的内容。

第三节　网络直播类型化研究分析

一　网络直播类型化研究必要性分析

网络直播的发展随着互联网的深入普及得到繁荣，各路资本的介入也使得直播行业出现激烈的竞争，"直播"随之水涨船高，进入大众的视野。

根据中国互联网络信息中心发布的最权威的《中国互联网络发展状况统计报告》，得到从2016年到2022年间网络直播用户的数量和使用率情况，进而制作出网络直播用户规模和使用率的图表，如图1-4。

由图1-4可知，网络直播自诞生伊始，就吸引着许多用户，用户数量维持一个较平稳的上升趋势，用户规模已经突破7亿人，使用率几乎维持在50%左右，这说明网络直播用户的黏性较高，市场主体地位较稳定，已经是热门的网络娱乐行业。正因网络直播已发展壮大，所以

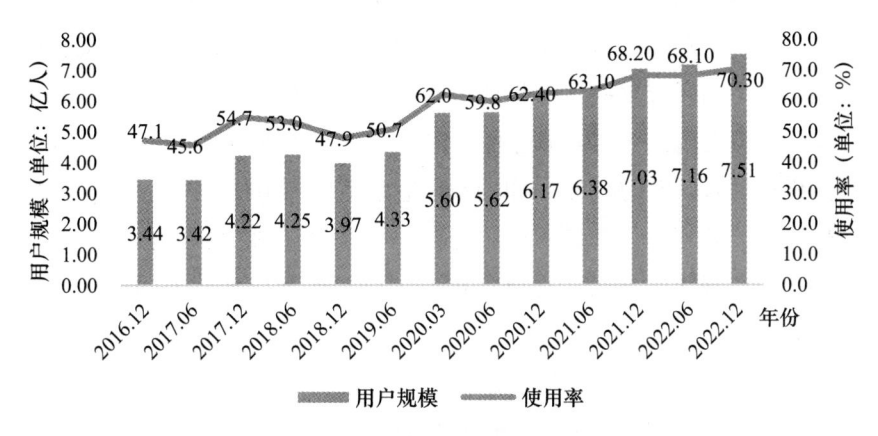

图1-4 网络直播用户规模及使用率

更需要对其进行较为全面的保护,对其进行类型化就是探讨有效保护路径的前提。

网络直播从崛起到繁荣的这一过程除了带来巨大的经济和文化效益外,也暴露出了诸多问题,从2017年开始,国家相继出台了一系列法律法规对其进行严格管制,但是网络直播的发展状况愈发复杂多样,网络直播类型多元复杂。各类型直播在繁荣的互联网环境中得到长足发展,由此产生的知识产权问题更是千变万化,可版权性和著作权的归属等问题不一而足,司法实践当中也出现了矛盾和冲突。

首先,网络直播画面在法律上能得到最全面的保护还是要依靠知识产权,但是要将其纳入著作权的保护范畴,首先要明确其可版权性,即是否可以作为作品或其他类型的主体得到保护,在此基础上才能研究网络直播画面的归属和权利等问题。但是由于网络直播的类型五花八门,很难将所有的网络直播画面用同一种标准加以规范并界定其可版权性,因此需要通过对网络直播进行类型化分析以对网络直播画面的可版权性进行类型化分析,以对网络直播画面的可版权性进行最准确的分析和界定。

其次,网络直播产业在我国方兴未艾,其未来的稳定发展需要明晰、具有可预见性的法律规则和司法裁判予以引导，而网络直播画面的著作权归属关系到市场各方的利益，可以说是利益各方的关注焦点，对该问题的不同回应就决定了谁能成为吃到"蛋糕"的人。从现有的司法实践可以发现，该问题不管是在理论上还是实务中都尚未达成共识，因此仍有深入研究的必要。同时网络直播画面的构成不是单一的，其复合性决定了其著作权归属不应进行"一刀切"式地分析，也不应简单得出"或有或无"或者"非此即彼"的结论，而应区分不同情形予以具体分析。

最后，网络直播画面相关的司法实践表明，我国不管从立法还是司法上的角度出发，对网络直播画面的法律属性、主体地位及相关权利的争议甚嚣尘上，不同类型的网络直播涉及的主体、权利、内容等相去甚远，若以同一标准解决此类问题，可能导致现实的不公平，但若是充分运用法官的自由裁量权进行个案分析，又很可能出现"同案不同判"的现象，导致司法实践工作量加大，也不利于发挥法律的指引作用。因而对网络直播进行类型化分析，才是在立法和司法路径之上能够解决困境的必由之路。

二 网络直播类型的分类

（一）以网络直播主体为标准进行分类

根据网络直播内容产生主体，可分为专业生产内容（Professional Generated Content，PGC）、职业生产内容（Occupationally-generated Content，OGC）以及用户生产内容（User Generated Content，UGC）这三个类型。根据这三个类型的名称，可以发现 PGC 属于较专业的直播内容产生主体，OGC 是基于职业产出内容，而 UGC 则是由用户自发进行产出，较为零散。

这三种网络直播主体的不同也导致各有优劣。PGC 模式的生产过程更为专业，内容质量更稳定规范，但对于生产者知识背景和专业资质的要求也更高。从这个角度看，PGC 和 OGC 的专业性都较强，二者的区别在于生产者是否拥有报酬，OGC 的生产主体主要是来自相关领域的职业人员，其创作行为属于职责义务。同时，OGC 的制作有一定要求，在资金和劳动成本上都投入较大，在网络直播的可靠性、稳定性上都有更高要求。UGC 则几乎完全不同，这种差异不完全是制作成本上的，而是用户自由上传，对于质量没有较高的要求，因此可能导致内容质量的参差不齐。但是 UGC 的优点也很明显，就是内容上不受限，较为丰富多彩，涉及生活的方方面面。

按照游戏直播来源的不同可以划分为 UGC 与 PGC 两种类型，这是按照制作主体是否为专业团队而划分的，由于不同类型对于专业度的要求不同，因此这两种直播类型在直播中有不同的体现。

UGC 类型是指游戏用户自己制作有关创意内容并上传网络，就是一般游戏主播依托第三方直播平台将玩游戏的过程辅以讲解、聊天、才艺展示等直播给观众的过程。而根据不同的主播类型和直播内容，主播的生产动因也有所不同，也决定了直播内容的质量。主播利用直播平台的各种功能同观众进行互动，可以通过打赏获得经济收益，这类直播的主体多为个人玩家，创作自由度较高但专业性较低。

PGC 类型是由专业游戏直播团队或平台协作组织，从前期设计创造到直播制作全过程都精心策划的游戏直播类型，商业性和独创性很强。在 PGC 类型的游戏直播中，电子竞技游戏比赛直播备受青睐，这种游戏直播从前期团队规划流程，到直播时导演、主持、解说员、摄像师的通力配合，最后呈现出精美绝伦的游戏比赛直播，比如世界电子竞技大赛、英雄联盟全球总决赛等。

（二）以网络直播采集手段分类

除了以直播主体或直播内容对网络直播进行分类，基于网络直播传播技术原理，还可以根据网络直播的采集手段不同将网络直播分为网络现场直播和网络实时转播。

网络现场直播作为最普遍化的直播类型存在于人们的日常生活当中，例如网络游戏直播、秀场直播等。网络现场直播相较于网络实时转播，更加强调其"现场性"，是对现场活动的一种现场摄制、制作以及传播的全流程活动。通过在现场架设声音以及图像的采集设备，通过有线或者无线的方式连入互联网进行的直播方式。在此种传播技术手段之下，公众可以接收到全面、完整的直播画面，以获取现场真实全貌。

网络实时转播又称为"网络实况转播"。实况转播更强调的是对于网络平台信号的转播行为，具有实时性。其主要实施的主体与网络现场直播不同，传统的网络实时转播是广播组织者将广播电视的信号通过采集、转换等技术手段实施的即时传播现场画面的直播形式。例如《新闻联播》的转播、体育赛事或综艺晚会的转播，都属于典型的网络实时转播行为。同时随着科学技术的发展，互联网领域内通过数据截流、设置链接等方式可以实现对画面的转播，如"央视诉我爱聊案"当中，我爱聊公司通过设置链接的方式对央视网直播的内容实现了网络实时转播。

（三）以制作成本分类

根据直播节目成本的大小，可以将网络直播节目根据投资者和拍摄者是否为同一人划分为自行录制的直播节目、投资与摄制分离型的直播节目。

主播自行录制直播节目，以直播内容不同的视角来看，多通过秀场直播表现出来，当然也存在着少量的网络游戏直播。此类主播自己录制的网络直播节目多通过打赏的形式获取利润，对于是否享有著作权存在一定争议，但因其投资者和拍摄者为同一人，所以其版权归属争议小。而投资与摄制分离型的直播节目往往节目制作成本高，无论是直播画面还是录制设备都要比主播自行录制的直播节目更加精良，大多为体育赛事直播以及大型竞技类的游戏赛事直播。以大型竞技类游戏赛事直播为例，不仅涉及游戏比赛画面和直播间内画面，还涉及游戏解说员（主播）及其解说内容、相关背景音乐和实时字幕的多方整合，是最终以整体的形式通过互联网传播给用户的一种实时传播方式。

(四) 内容分类

根据网络直播出现后，由中国互联网络信息中心发布的中国互联网络发展状况统计报告中有关网络直播的相关内容，网络直播用户的用户数量可以说明其用户规模，进而可以明确得到网络直播的几种具体类型及其用户规模对比，并制成图1-5。

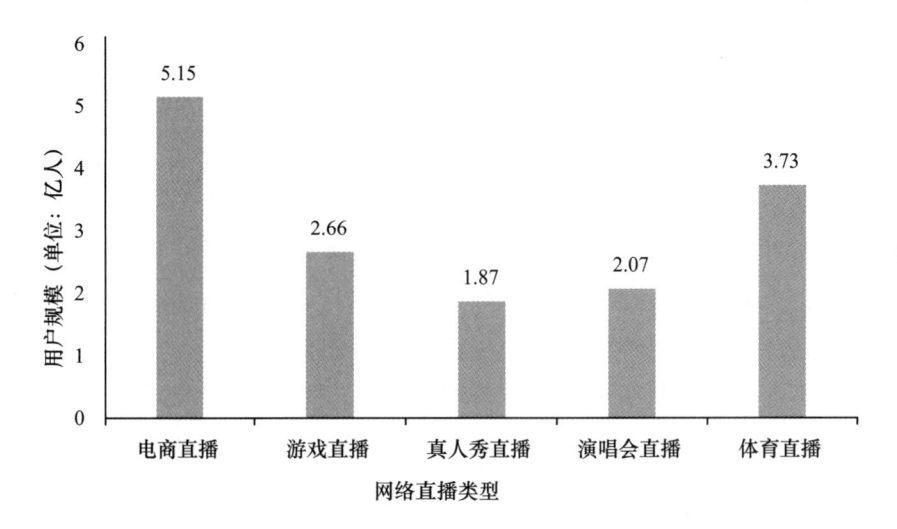

图1-5　2022年12月各类网络直播用户规模

网络直播类型	用户规模（单位：亿人）
电商直播	5.15
游戏直播	2.66
真人秀直播	1.87
演唱会直播	2.07
体育直播	3.73

由图1-5可知，到2022年12月，较典型的网络直播有游戏直播、体育直播、真人秀直播、演唱会直播和电商直播五种，用户规模最大的为电商直播，其次为体育直播。总体来看，游戏直播、演唱会直播和真人秀直播的用户规模相差不大。

由2016年12月到2022年12月的数据变化可知，在电商直播出现之前，游戏直播一直都处于网络直播的核心地位，其用户规模一直稳居各类直播的前列，报告中也提到网络直播的发展同游戏直播的繁荣密不可分，这说明游戏直播一直备受瞩目，是一种非常典型的直播类型。与此同时，体育直播作为观看各类体育赛事的重要传播手段也长盛不衰，在体育迷的眼中是必不可少的直播类型，尤其在有重大的体育赛事举办

使用率（单位：%）	2016.12	2017.12	2018.06	2018.12	2019.06	2020.03	2020.06	2020.12	2021.06	2021.12	2022.06	2022.12
游戏直播	20.7	29.0	26.8	28.7	28.4	28.7	28.6	19.3	26.2	29.2	29.0	24.9
体育直播	20.0	22.9	27.8	21.2	22.7	23.5	20.6	13.9	24.4	27.5	29.1	35.0
真人秀直播	19.8	28.5	25.3	19.7	24.0	22.9	19.8	24.2	17.6	18.8	17.7	17.5
演唱会直播	15.1	19.3	12.8	13.1	13.6	16.6	12.8	19.2	12.8	13.8	15.4	19.4
电商直播						29.3	32.9	39.2	38.0	44.9	44.6	48.2

图1-6 2016.12—2022.12网络直播类型及其发展趋势

时，其重要性不言而喻。电商直播作为后起之秀，在2019年其他几种类型的直播增速都放缓之时，异军突起，除了为网络直播注入新的活力，还成为各级政府提振经济、拉动消费的新增长点。

真人秀直播作为同直播一起出现的新兴直播类型，也拥有了部分固定用户，其出现时引发的"人人拥有一个舞台"的风潮到现在也没有平息，其作为典型的直播类型也值得被关注。但是从图表中明显可以看出其后续发展乏力，用户被电商直播等直播类型分流。相较之下演唱会直播用户使用率一直较低，因其受制于演出的场次限制，其用户规模要小于其他类型的直播，但是也一直维持在相对稳定的水平上。

本书对于网络直播类型的界定不能单纯依据中国互联网络发展状况统计报告，还要结合具体实践情况和法律案例，进行有利于知识产权分析的直播类型化分析。

三 知识产权视域下的网络直播类型分析

根据不同的分类标准会划分出不同的直播类型，在上述五种直播类型基础上，再从其直播内容的类型和特点入手，从知识产权保护的角度进行研究和分析，本书拟将直播画面分为四个类型，即游戏直播、秀场直播、体育直播和综艺晚会直播。因为电商直播中涉及的知识产权问题较不明显，因此本研究暂不予置评，而演唱会直播涉及的知识产权问题恰好相反，权利义务及版权归属较为明晰，讨论的余地也较小。

（一）游戏直播画面

网络游戏直播是同步实时地将游戏用户操作运行游戏的进程、实况及解说等内容使用网络上的媒体向观众进行传输，使观众了解游戏进程、策略、现场和游戏结果，依托于直播平台或信号源，观众可以实时同主播通过弹幕或评论进行交流。游戏直播在规模和经济收益上都处于行业领先地位，其相关问题在学界也受到广泛的探讨。游戏直播按游戏类型和直播来源可以进行不同的分类。

受到广泛关注的游戏直播主要有三种。首先角色扮演类是最常见的游戏类型，玩家通过创建虚拟角色进行操作，由单人模式发展到多人在线模式。其次是策略类游戏，玩家通过模拟制定战略策略调配游戏资源和人物进行对抗，也可成为电竞游戏。最后是模拟游戏，就是通过模拟现实的人及物达到真实的游戏体验，这类游戏一般都不属于电子竞技游戏[①]。随着技术发展，游戏类型之间的界限愈发模糊，但是根据直播的内容大致可分为电子竞技游戏和非电子竞技游戏。

（二）秀场直播

秀场直播是主播以直播平台为依托通过唱歌、跳舞、表演才艺等获取关注和收益的直播形式，其特征是"秀"，即通过展示才艺或面容得到关注。网络秀场直播起源最早，主播一般面容姣好，通过表演才艺同观众进行互动直播获得经济收益，在诸多直播类型中最受公众欢迎，但同质化现象严重。从广义上看，秀场直播属于泛娱乐直播，但其特征鲜明，内容形式一脉相承，体系成熟，可单独列出。此外，秀场直播有其独有的特点：第一，娱乐性强，内容单一，主要包括才艺展示和聊天互动。第二，直播互动性强，时效性高。主播和观众可以实时交流，打破彼此时间和空间的界限。主播可以根据观众的要求表演节目或根据反馈

[①] 参见林轶杰《电子游戏直播的著作权问题研究》，硕士学位论文，上海师范大学，2019年。

调整节目形式①。"同时直播的信息传播层次少，使得信息可信度较高"。②第三，具有粉丝经济和认同经济的特点。秀场直播带来的大多是粉丝经济，秀场主播通过个人才艺或人格魅力获得观众认同从而得到打赏。

网络秀场直播在最初的发展阶段几乎全是由 UCG 类型组成，即主播自己进行构想内容并进行直播，因此创作自由度极高，不受限制。随着行业的发展，观众的要求有所提高，直播的质量随之提升，对主播提出的创造性要求也更加严格，反而促进秀场直播的独创性程度达到作品的条件。秀场直播由于其可创作空间极广阔，在不侵犯其他著作权的情况下，通过主播进行的创作，可以认定为作品的可能性较大，甚至从秀场直播脱胎出许多网络歌手和舞蹈演员，因此直播的画面在满足独创性条件时可享有著作权，可以作为作品得到保护。但是从司法实践现状看，网络秀场直播的创造性较低，在被认定为作品之前，往往也面临原作品的著作权使用纠纷，因此能够被认定为作品较为困难。

（三）体育直播

网络体育赛事直播是"体育+直播"的结合，以体育赛事为直播内容，导演将数台镜头排列组合从而对所摄画面进行选取编排。目前体育赛事网络直播主要有两种方式，一是网络电视直播节目，如 CCTV-5 播放的体育赛事直播节目在央视网同步直播，是电视节目的网络直播；二是商业网站购买体育赛事直播信号从而进行直播③，是以版权赛事为主要内容的直播，同传统电视直播下的职业生产内容相比，更重视节目的趣味性④，为了吸引更多的网络观众，会增加解说员、直播互动

---

① See Lindsay Brandon Hunter, "Live streaming and the perils of proximity", *International Journal of Performance Arts and Digital Media*, 2019, Vol. 15, Issue. 3.

② 参见周灵欣《浅析新媒体时代下秀场直播的特点——以 YY 欢聚时代为例》，《传播力研究》2019 年第 3 期。

③ 参见刘丹《体育赛事网络直播节目著作权争议问题研究》，《法制博览》2019 年第 27 期。

④ 参见王真真、王相飞、李进《我国网络体育直播平台的发展现状及趋势》，《体育文化导刊》2017 年第 6 期。

等特色内容。

体育赛事本身不能成为作品，但体育赛事直播涉及导演对各种镜头的切换和慢动作回放等设置，还有讲解员解说等元素的添加，从而被赋予了成为作品的可能性。但大多数基于赛事进行直播的画面其独创性空间都极为有限，有学者表示赛事电视节目所体现的独创性的高度较低，而构成我国《著作权法》所规定的以类似摄制电影的方法创作的作品需要的独创性较高，因此将反映体育比赛本身过程的现场直播画面，认定为"录像制品"，适用邻接权制度予以保护更为合理。"目前我国对于独创性标准的判断还有待于立法或者司法解释的进一步明确，目前对于其独创性程度的判断及标准的衡量还是借由法官运用自由裁量权进行个案认定。就目前来看，无论是通过认定其为'作品'还是'录像制品'，抑或是兜底性地适用《反不正当竞争法》加以保护都存在着一定的不适性。"同时也应当明确体育赛事网络转播同直播暗含的权利完全不同，不能混淆研究。

体育赛事网络直播和转播的概念常常混淆，二者核心区别在于画面在播出前有没有进行专业团队的再加工。网络直播往往是由专业制作团队实时录制画面进行播放，播放和录制加工同时进行，因此可加工空间小，而网络转播为了增强可观看性及商业性，通过添加解说、赛事集锦、广告等内容达成自己的商业目的，较直播内容更加丰富。同时，二者隐含的权利也不同，一个是体育赛事网络直播画面的著作权，另一个是体育赛事的网络转播权，但因为转播不具有交互性，所以转播权不能纳入广播组织权和邻接权而受到保护[①]。

（四）综艺晚会直播

"综艺晚会直播则是电视节目在网络上的新发展，属于版权直播，采取网络直播和综艺晚会节目相融合的模式，是在庞大的用户需求和利益驱动下产生的，已成为各大视频平台争夺的新高地。从各种电视综艺

---

① 参见杨昇《网络直播画面可版权性问题研究》，《哈尔滨师范大学社会科学学报》2021年第5期。

节目到各种晚会同网络直播的结合，再到各种平台自制网络综艺节目晚会的直播，综艺晚会直播得到了深入而长足的发展。"

晚会直播同综艺直播有所不同，晚会直播要根据导演已经制定的节目流程进行，总体结构稳定，同普通的录制节目相比，观众的沉浸感和互动感更强，如中央电视台春节联欢晚会的网络直播。"综艺直播作为综艺节目的新发展，具有传统综艺不具有的特点，支持'直播+点播'的模式，不受节目时长和播出时间的限制，主要特色还是在于实时性、互动性和多元性"①，"制作方、嘉宾和观众之间可以通过直播进行交流，解决了摄制和互动场景割裂的问题，观众可以发表看法参与到节目的制作中，节目也可以针对反馈及时调整，从而达到交互沟通的效果"②。因此内容更加丰富多元，方式也更加灵活多变，但在价值导向、质量内涵上还有提高空间。综艺直播由于需要专业的创作和摄制团队，因此多为 PGC 类型，这不仅解决了直播内容深度的问题，也使综艺同直播平台得以深度合作，比如映客直播同《我是歌手》的合作。对于平台原创节目来说，类型不受限制，因此更加丰富新颖，比如熊猫 TV 自制的电竞节目真人秀 *Panda Kill* 等，甚至会同电视综艺节目分庭抗礼。

就网络晚会直播而言，目前大多数法院倾向于选择汇编作品或视听作品的保护模式，我国在立法和司法上需要明晰独创性标准，使其适应社会变化发展的新需求。同时，从作品的构成要件和投入要素分析，能够肯定综艺晚会直播画面拥有作品的各种属性，本书建议将此种类型的直播画面归入视听作品的保护范围，这不仅符合此直播画面的各种要求，还能够得到最大力度的法律保护。

---

① 参见高峰《跨界与创新：网络直播综艺节目的崛起》，《当代电视》2017 年第 8 期。

② Alexander Nicolai Wendt，"The empirical potential of live streaming beyond cognitive psychology"，*Journal of Dynamic Decision Making*，2017，Vol.3，Issue.1.

第二章
我国网络直播画面知识产权保护现状

第一节 我国网络直播画面知识产权立法保护现状

一 我国《著作权法》与网络直播画面保护相关的立法条文

现行法律并未对网络直播画面著作权的相关内容进行明确规定，只能综合比较分析与之表现形式相似的作品类型。网络直播节目的保护离不开对网络直播行为所产生的客体和内容的保护，其中涉及著作权保护客体及内容的规定集中在我国现行《著作权法》和《著作权实施条例》中。在司法实践中，法官往往还援引《反不正当竞争法》对其进行保护。

（一）《著作权法》对于网络直播的相关规定

判断网络直播画面能否构成作品的主要依据是《著作权法》关于保护客体的规定。相关规定主要集中在第一章，并以列举的方式对当前受《著作权法》保护的作品进行了规定，[①] 但网络直播节目并未被包含在内。随着技术的快速发展，新的作品形式层出不穷，以半封闭式列举

[①] 《著作权法》第三条："本法所称的作品，是指文学、艺术和科学领域内具有独创性并能以一定形式表现的智力成果，包括：（一）文字作品；（二）口述作品；（三）音乐、戏剧、曲艺、舞蹈、杂技艺术作品；（四）美术、建筑作品；（五）摄影作品；（六）视听作品；（七）工程设计图、产品设计图、地图、示意图等图形作品和模型作品；（八）计算机软件；（九）符合作品特征的其他智力成果。"

的方式规定作品的范畴显然不利于作品的保护。对此,国务院在2002年出台的《著作权法实施条例》在对作品种类进行细化、解释的基础之上,对作品进行了明确界定。[①] 由此可见,要构成《著作权法》保护的客体,必须具有可复制性、独创性以及属于智力性成果三个特征。而网络直播节目是否具有以上三个特征,需要依据一定的标准进行判断,而我国立法仅对作品进行了界定,满足作品的情形以及认定标准都未明确规定,使得网络直播画面能否具有可版权性存在巨大的争议。依据独创性的高低不同,当前主要存在"作品说"和"录音录像制品说"两种观点,而将网络直播画面纳入《著作权法》保护也存在一定的难度。

我国现行法律并未对网络直播节目进行规定,因此只能通过对表现形式相同的作品类型的规定进行类比分析。在《著作权法》所规定的九种作品类型中,与直播具有类似特征的是"视听作品",但是以类电作品进行认定的困境在于法律对电影的创作方法进行了限定,即需以"摄制在一定介质上"为要件,而网络直播则是利用直播技术在对现场画面进行采集并转换成网络信号的过程,在这一过程中,直播画面并未被固定在特定介质上。因此,网络直播画面并不能被归入类电作品进行保护。

当前,我国关于网络直播画面的著作权归属规定不明。著作权作为一种绝对权由法律规定,其权利归属自然也由法律明晰。网络直播画面作为新兴保护客体,其权利归属的适用尚不明晰,只能依靠作品客体的种类来确定其权利归属。此外,网络直播领域的全民化,作品的传播门槛已经不再依靠传统纸媒和电视媒体,人人都是作品的传播者,大部分作品都是对前人的作品进行改编和变形完成,这使得著作权人对自己作品的控制力下降,在高度信息化的社会里,对作品独创性的识别将变得越来越困难,例如区分不同部分的创作人。特别是自由软件以及互动式

---

① 我国《著作权法实施条例》第二条规定:"著作权法所称作品,是指文学、艺术和科学领域内具有独创性并以某种有形形式复制的智力成果。"

作品的出现也使得权利人的区分更加复杂。① 网络直播画面一般涉及多方主体的利益，例如主播、网络直播用户服务提供者和观看用户，有的还涉及与主播签订合同的传媒公司。主播直播的画面是否属于职务作品、其作品权利归属又如何、是否适用邻接权制度保护表演者权等问题也没有明确的定论。

当前对网络直播侵权的规制主要是对其所涉权利的保护，而网络直播由于其作品属性的不明确性使得对其所涉权利的规制也存有困难。《著作权法》规定的缺失对于网络直播节目所涉权利的保护而言，多数只能依据该法第二章第十条的规定，其中涉及作品传播权利的主要有信息网络传播权、广播权、表演权、规定在邻接权中的演绎权，以及《著作权法》所规定的"著作权人享有的其他权利"。

从《著作权法》第十条第一款第十二项可看出，② 信息网络传播权具有交互性，只能在受众指定的特定时间或地点进行观看。网络直播一般由主播个人选定的时间进行直播，公众只能在主播时间段进行观看，不能由个人选择时间。因此，网络直播不具有交互性，不受信息网络传播权的规制。对此，有学者主张直播软件都具有储存录屏功能，公众可通过回看功能进行直播回放，由此产生的"交互性"可通过信息网络传播权进行规制。视频直播要求具有实时性，即直播内容是实时发生的行为，录播回放不属于直播的讨论范围，对其不再阐述。

依据《著作权法》第十条第一款第十一项的规定，广播权调整的是以无线形式、有线形式或通过扩音器等类似工具向公众传播广播的作品。③

---

① 参见杨小兰《网络著作权研究》，知识产权出版社 2012 年版，第 4 页。
② 《著作权法》第十条第一款第十二项："信息网络传播权指的是以有线或者无线方式向公众提供，使公众可以在其选定的时间和地点获得作品的权利。"
③ 《著作权法》第十条第一款第十一项："广播权指的是以无线方式公开广播或者传播作品，以有线传播或者转播的方式向公众传播广播的作品，以及通过扩音器或者其他传送符号、声音、图像的类似工具向公众传播广播的作品的权利。"

(二) 著作权人享有的其他权利

我国《著作权法》第三条注明了一项弹性条款，即"法律、行政法规规定的其他形式"；第五条明确了三类不得被视作作品的情形。① 部分法院在司法实践中通过适用《著作权法》第十条第一款第十二项的规定实现对网络直播节目的保护。而网络直播节目在符合《著作权法》关于作品的限制条件时，可被纳入其他作品受到保护。

在当下互联网领域快速扩张的网络直播产业内，合理使用的外延范围实际将网络直播画面使用他人作品的行为直接划分为侵权与不侵权两类。面对当前的网络直播合理使用的问题，直播行业对多方主体及利益的涉及以及直播复杂多样的类型，使得对于合理使用制度的判断更加复杂、困难。在《著作权法》修改之前，由于我国采取了传统封闭式的列举式规定，若严格按照法律要求，网络直播行为便不属于《著作权法》规定的合理使用，导致法院在司法实践中对网络直播侵权的判断往往突破传统模式，扩大合理使用范围，继而使得立法与实践之间存在衔接问题与冲突。尽管我国目前新修订的《著作权法》增加了合理使用的其他情形，但这又使得网络直播侵权的司法随意性增加。因此，对于合理使用制度边界的确定仍需要进一步统一明晰。

(三)《著作权法》的修改

2020年11月11日，十三届全国人大常委会第二十三次会议表决通过了关于修改《著作权法》的决定，并定于2021年6月1日实施。本法共6章67条，修改并借鉴了原法中关于作品的规定，对于作品的定义、特征及类型进行了重新界定，即将"文学、艺术和自然科学、社会科学、工程作品"修改为"文学、艺术和科学领域内具有独创性并能以一定形式表现的智力成果"，同时规定，相关成果若符合本法规定的作品特征要件，即可认定为作品。从本法的新规定看，构成作品的

---

① 《著作权法》第五条列举了不被视为作品的情形：法律、法规，国家机关的决议、决定、命令和其他具有立法、行政、司法性质的文件及其官方正式译文；单纯事实消息；历法、通用数表、通用表格和公式。

要件主要包括以下四方面：其一，独创性；其二，可归于文学、艺术、科学领域；其三，能够以一定形式表现；其四，属于智力成果。

本次修改明确了作品的特征，使得具有可复制性、独创性的智力成果可被纳入著作权保护范畴。本次修改在原法的基础之上，将"电影作品以及类似电影摄制的作品"修改为"视听作品"，并取消了其中"摄制"的要件，不再对作品的创作方法有要求，不管技术手段为何，只要是以视听方式产出的智力成果就可以成为视听作品，直播节目在创作过程中由连续的若干画面组成并可以借助计算机设备被感知，可归入视听作品的范畴。

为了适应网络实时转播等新技术发展的要求，本次修改对《著作权法》中关于广播权的规定进行了修订。广播权的定义在新法中的表述为："以有线或者无线方式公开传播或者转播作品，以及通过扩音器或者其他传送符号、声音、图像的类似工具向公众传播广播的作品的权利，但不包括本款第十二项规定的权利。"[1] 著作权人享有的广播权主要指以有线或无线的方式转播作品的权利，广播电台、电视台享有的转播权主要指其"有权禁止未经许可的将其播放的广播、电视以有线或者无线方式转播、复制、向公众传播"的权利。本次修改以更明晰的思路将转播权的权利内容进行了进一步整合，即扩大了"转播"一词的内涵，其中包括任何有线或无线的转播方式。

修改后的《著作权法》第四十九条至第五十一条增加了权利人对其著作权的保护途径，例如，"未经权利人许可，任何组织或者个人不得故意避开或者破坏技术措施，不得以避开或者破坏技术措施为目的制造、进口或者向公众提供有关装置或者部件，不得故意为他人避开或者破坏技术措施提供技术服务"。上述规定给予了权利人维护其著作权的权利和途径。再例如，任何人或组织在未经权利人许可的情况下，不得"知道或者应当知道作品、版式设计、表演、录音录像制

---

[1] 《著作权法》第十条第一款第十二项："信息网络传播权，即以有线或者无线方式向公众提供、使公众可以在选定的时间和地点获得作品的权利。"

品或者广播、电视上的权利管理信息未经许可被删除或者改变，仍然向公众提供"。

本次修改提高了侵犯著作权的法定赔偿数额。《著作权法》第五十四条规定将法定赔偿数额的上限提高至500万元，进一步明确了赔偿数额的构成部分，其中包括权利人实际受到的损失和权利人为维权所支付的必要开支，如果相关费用难以计算，则可以权利使用费为依据请求侵权行为人的赔偿。① 本法在经过修改后进一步明确了侵权人的责任承担方式，提高了被侵权人请求经济赔偿的额度。尽管修改后的《著作权法》加强了对权利人著作权的保护，但因游戏直播、赛事直播、综艺节目直播具有较高价值，且传播的速度快、范围广，一旦发生侵权行为，权利人受到的损失也将比其他类型作品的权利人遭到侵权时受到的损失更大。因此，法定赔偿数额的提高对于网络直播著作权的保护具有一定的现实意义。

二 《反不正当竞争法》对于网络直播的规定

在司法实践中，大多数法院通过《著作权法》的兜底条款对网络直播节目及其相关著作权进行保护，但是目前更多法院仍趋向于以《反不正当竞争法》的兜底性条款为依据。《反不正当竞争法》第二条作为本法的原则性条款，对市场主体应遵循的原则以及不正当竞争行为进行了规定，而目前网络直播背后所蕴含的巨大商业性利益，使得网络直播行为可纳入《反不正当竞争法》的调整范畴。第十二条对网络行业的不正当竞争行为进行了规定，同时需要各主体之间具有同业竞争关系。对于网络直播主体而言，网络直播背后的巨大商业利益将使得网络

---

① 《著作权法》第五十四条："侵犯著作权或者与著作权有关的权利的，侵权人应当按照权利人因此受到的实际损失或者侵权人的违法所得给予赔偿；权利人的实际损失或者侵权人的违法所得难以计算的，可以参照该权利使用费给予赔偿。对故意侵犯著作权或者与著作权有关的权利，情节严重的，可以在按照上述方法确定数额的一倍以上五倍以下给予赔偿。权利人的实际损失、侵权人的违法所得、权利使用费难以计算的，由人民法院根据侵权行为的情节，判决给予五百元以上五百万元以下的赔偿。"

直播成为《反不正当竞争法》调整的对象。

三　其他相关法规、规章、文件

(一) 有关网络直播的法规规章

除法律规定外，由于网络直播产业涉及多个部门的职权范围，相关行政法规、部门规章也对网络直播行为进行了规制，主要有如下相关规章及规范性文件：

表 2-1　　　　　　　网络直播节目相关法规规章

名称	发布时间	发布主体
互联网文化管理暂行规定	2003 年	文化部
互联网著作权行政保护办法	2005 年	国家版权局
互联网视听节目服务管理规定	2007 年	国家新闻出版广电总局
互联网视听节目服务业务分类目录（试行）	2010 年	国家新闻出版广电总局
移动互联网应用程序停息服务管理规定	2016 年	国家互联网信息办公室
关于加强网络视听节目直播服务管理有关问题的通知	2016 年	国家新闻出版广电总局
互联网直播服务管理规定	2016 年	国家互联网信息办公室
网络表演经营活动管理办法	2016 年	文化部
关于加强网络直播服务管理工作的通知	2018 年	全国"扫黄打非"办公室、工业和信息化部、公安部、文化和旅游部、国家广播电视总局、国家互联网信息办公室
关于加强网络直播规范管理工作的指导意见	2021 年	国家互联网信息办公室、全国"扫黄打非"工作小组办公室、工业和信息化部、公安部、文化和旅游部、国家市场监督管理总局、国家广播电视总局
网络直播营销管理办法	2021 年	国家互联网信息办公室、公安部、商务部、文化和旅游部、国家税务总局、国家市场监督管理总局、国家广播电视总局
网络主播行为规范	2022 年	国家广播电视总局、文化和旅游部

据表2-1，在网络直播领域，国务院很多组成部门和直属机构都发布了部门规章及规范性文件，应对互联网直播领域出现的种种问题。

(二) 网络直播的规范性文件

针对网络直播节目，目前还没有出台相关司法解释，也未以司法解释的形式针对网络直播节目的性质以及所涉权利进行规定，但是部分法院在审理案件的过程中通过出台相关指南方式，对关于网络直播侵权案件的审理予以回应，对于网络知识产权保护理论研究以及司法实践具有重要的指导意义。

1.《关于审理涉及综艺节目著作权纠纷案件若干问题的解答》

2015年4月，北京市高级人民法院发布了《关于审理涉及综艺节目著作权纠纷案件若干问题的解答》（以下简称《解答》）。该文件虽并未针对网络直播画面，但由于综艺节目著作权问题与网络直播节目的著作权问题具有一定的相似属性，因此对于网络直播节目如何适用《著作权法》保护问题具有一定参考意义。

关于综艺节目影像的作品属性问题，综艺节目影像可根据相关作品是否具有独创性以及独创性内容的多少来认定作品的种类。[①] 对此，北京市高级人民法院认为有无独创性是判断综艺节目影像是类电作品还是录像制品的区别之一。

关于综艺节目影像属于作品还是制品的问题，《解答》指出：判断综艺节目影像是构成类电作品还是录像制品，需要结合多种因素进行判断，构成类电作品的综艺节目影像能够反映制片者的构思，表达制片者的思想；符合录像制品作品条件的综艺节目影像在机械录制、场景选择、机位设置、镜头切换等方面的运用较为简单，同时其后期制作与剪辑的难度也相对较低。[②]

[①] 参见《北京市高级人民法院关于审理涉及综艺节目著作权纠纷案件若干问题的解答》第二条。

[②] 参见《北京市高级人民法院关于审理涉及综艺节目著作权纠纷案件若干问题的解答》第三条。

此《解答》对于网络直播画面，特别是带有综艺性质的秀场直播画面和晚会直播画面具有重大参考意义，明确独创性作为作品和制品的区分标准以及具体认定，对于可版权性问题的分析以及后续的权利归属等问题都为司法实践提供了较强的指导意义。

2.《关于涉及网络知识产权案件的审理指南》

在网络知识产权司法保护工作领域的新挑战愈来愈多的背景下，2016年4月，北京市高级人民法院发布《关于涉及网络知识产权案件的审理指南》。

信息网络技术的发展使网络传播这一途径在多个领域得到广泛应用，但随之产生的纠纷也让法院在实践中时常面对各种难题，例如对相关行为性质的认定。该《指南》认为：在《著作权法》修改草案正式实施前，相关纠纷可以通过适用《著作权法》第十条第一款第十七项予以规制，这样在不超出法条规定范围的同时，也便于纠纷的解决。这一条规定作为司法机关的经验总结，已然成为多数法院在审理同类案件时的"金科玉律"。同时对于侵权诉讼案件中的举证责任分配、网络服务提供者行为的性质以及合理使用等制度进行了归纳总结，加强了对网络直播侵权案件的司法实践指引。

3.《侵害著作权案件审理指南》

2019年9月4日，北京市高级人民法院发布的《侵害著作权案件审理指南》明确了审查内容、作品的构成要件以及独创性的认定要素等。同时，该文件对体育赛事直播节目、网络游戏直播节目的作品性质也予以了明确。这对实践中具有较大争议的网络直播节目案件的审理具有指导性意义。

一方面，《指南》第二章第十三条对体育赛事直播节目的作品属性进行了规定。《指南》对体育赛事直播节目和赛事活动进行了区分，其中节目可以作为著作权客体而受到保护。该《指南》认为：若体育赛事直播节目符合类电作品的构成要件，应受著作权保护。该文件不仅对于实践中容易混淆的体育赛事活动与体育赛事直播节目进行了区分，给予了体育赛事直播节目的独立作品地位，而且明确了体育赛事网络直播节目的可版权性和作品类型，对于司法实践具有较强的指导意义和参考价值。

另一方面，对于网络游戏的著作权问题，该《指南》认为网游本身可作为计算机软件受到保护。《指南》将游戏画面进行了分类：静态游戏画面和动态游戏画面。前者本身可构成美术作品，后者在满足类电作品相关规定的基础上可以被认定为类电作品。除上述运行游戏产生的画面之外，该《指南》还分析了网络游戏组成要素是否可以构成作品的情况。部分网络游戏的构成较为复杂，包括人物形象、服装、道具、地图、场景等，也包括主题曲、插曲、故事叙述、台词、旁白及相关动画、视频等，这些组成要素分别可以构成美术作品、音乐作品、文字作品和类电作品等。

虽然该《指南》对网络直播节目相关的内容进行了回应，但是从法律位阶来看，该文件仅可作为规范性文件，并不具有普遍约束力。然而在实践中，作为北京市高级人民法院颁布的文件，其对于全国同类案件或者北京市辖区内法院的案件审理也可具有一定的参考价值和指导意义。

4.《关于网络游戏知识产权民事纠纷案件的审判指引（试行）》

为审理涉及网络游戏的知识产权民事纠纷案件，广东省高级人民法院于2020年4月发布了《关于网络游戏知识产权民事纠纷案件的审判指引（试行）》。该文件对游戏直播过程中所形成的游戏画面可能引发的纠纷进行了规定，对于网络游戏在运行过程中所形成画面性质的裁定具有一定的参考价值。

（1）对于游戏元素的分析。《指引》认为：游戏组成元素可分别构成文字、美术、音乐、类电作品，相关元素若符合相应作品构成要件规定的，可对其进行分别认定，并受《著作权法》保护。

（2）对于游戏画面的分析。《指引》认为游戏画面是由各游戏元素构成的综合视听表达，并可以将其进一步划分为静态画面和动态画面。

《指引》认为动态画面可构成类电作品，并明确构成要素主要包括独创性、可复制性、画面连续动态性等。其中，对于独创性的认定，主要从作品是否由作者独立完成和是否体现了作者个性化理念两个角度出发。

（3）对于游戏直播画面的分析。《指引》将游戏直播画面分为电竞赛事活动中形成的游戏直播画面和个人玩家操作游戏而形成的个人直播画面。电竞赛事直播画面若符合类电作品构成要件的，应予保护。而对于个人直播画面，《指引》认为应对主播的口头解说、其他文字、声音、图像等元素进行独创性的判断，若符合构成要件则可以保护。若玩家只是对操作游戏的过程进行简单描述、评论，则不宜认定为作品。同时，指引指出若玩家只是发出指令调出游戏事先预设好的画面，玩家的操作行为虽然不属于创作行为，但不影响游戏画面本身的定性。

《著作权法》并未针对网络直播画面进行具体规定，因此在利用《著作权法》对网络直播画面进行保护时应当分析以下问题：其一，网络直播画面是否能够成为著作权客体，即其是否能够构成作品，是否满足独创性的要求；其二，网络直播画面应当受何种权利保护，《著作权法》中广播权及信息网络传播权均涉及作品传播的权利，但对直播及实时转播行为难以有效保护；其三，网络直播相关主体较多，包括制作者、主播、直播平台等，网络直播的著作权应当由谁享有，而其他主体又应当享有怎样的权利也是亟待解决的问题。

除《著作权法》之外，多个部门发布了有关网络直播服务的法规、规章及规范性文件，对网络直播服务行业进行规范（参见表2-1），但这些法规、规章的内容多为规制网络直播产业，规范网络直播服务，明确网络直播平台的权利和义务，净化网络环境，而并未涉及其中的知识产权保护的问题。广东省、北京市颁布了网络直播著作权保护的规范性文件，虽然不具备普遍约束力，但对本地同类案件的审理具有一定的指导意义。

《著作权法》第三次修订针对网络直播的著作权保护问题做出了回

应：其一，明确了作品的外延及内涵；其二，引入了视听作品这一作品类型；其三，修改了广播权的内涵以适应新技术发展的需要。此次修订对于更好地保护网络直播画面的著作权具有积极的作用，同时也提供了一定的理论基础。

第二节 我国网络直播知识产权司法保护现状

一 我国网络直播司法案例概述

在通过对司法实践中关于网络直播的案例进行统计，并以图表的形式汇总对比后可以对比出各个法院的审理情况，继而总结出其中存在的问题。

本次搜集的案例来源于裁判文书网，搜集案件的时间跨度为2016年至2022年，并通过在裁判文书网输入"直播""网络直播""赛事直播"等关键字对筛选结果进行了初步统计。在此，以北京、上海和广州三地的知识产权法院，北京、广州和杭州三地的互联网法院，以及全国的中院高院中有关直播的案件为主体进行统计。经检索，"判决类"文书共4037篇，其中与网络直播著作权侵权相关案件判决文书共283篇。

以这283篇样本案例为基础，本次统计通过着重描述国内网络直播著作权侵权案件的时间、地域法院级别分布等程序性内容及案例的案由、侵权责任承担等实体性内容，继而实现对国内网络直播著作权司法现状的展现。

二 司法实践的数据统计分析

（一）网络直播著作权侵权案件时间分布

以上述283篇案例为基础，在对各个案例的裁判年份进行统计分析后，得到以下折线图：

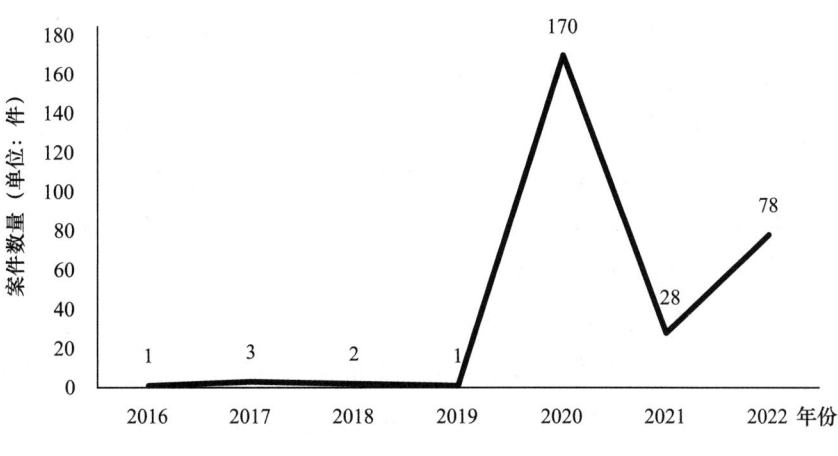

图 2-1　2016—2022 年网络直播著作权侵权案件时间分布

从图 2-1 中可以看出，2016—2019 年的案件数量极少，而 2020 年的案件数量激增，原因在于天津市第三中级人民法院受理了一系列关于 2016 年巴西里约奥运会及第 15 届欧洲足球锦标赛中开幕式、闭幕式、全部比赛赛事以及赛事衍生的各项活动的赛事转播的侵害作品信息网络传播权及不正当竞争纠纷的同质化案件，占当年案件总数的 96% 以上。在对上述案件进行合并修正后，得到图 2-2。

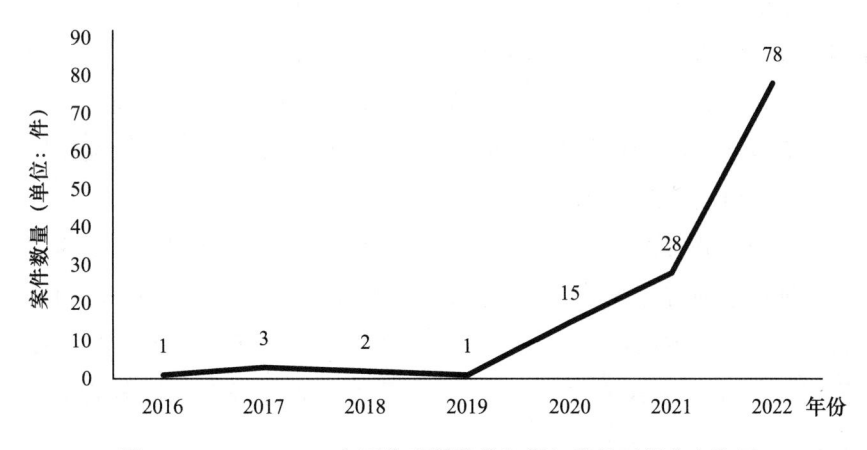

图 2-2　2016—2022 年网络直播著作权侵权案件时间分布修正

39

从图 2-2 中可以看出，2016—2022 年网络直播著作权侵权案件数量总体呈现增长趋势，其中 2021—2022 年增长幅度较大，2022 年受案数量急速增长。但整体来看，关于网络直播的著作权纠纷案件受案量少，2019 年前案件数量少且增长趋势不稳定，但在 2019 年后，受案数量逐年递增且增长幅度随年份增长而增长，说明我国对网络直播著作权的司法保护尚处于起步阶段，但增长趋势乐观。

（二）网络直播著作权侵权案件地域分布

对网络直播著作权侵权案件的受案法院、原告属地、被告属地的地域分布的分析，可以反映我国网络直播案件知识产权侵权的地域差异。

表 2-2　　　　　　　　各地区法院受案量统计

省级单位	天津	北京	陕西	广东	上海	浙江	湖南	湖北	黑龙江
计数（单位：件）	159	86	19	9	6	3	2	1	1

我国网络直播案件整体发案数量较少，且大多分布在全国的九个省市，主要案发地为东部和中部经济发达地区，集中在天津、北京两个直辖市以及网络直播行业迅速发展的浙江、广州、杭州等地。其中，天津、北京两地法院受案数量占全部受案数量的 90% 以上，其余各地法院受案数量均处于较低水平，网络直播的知识产权保护的地域发展非常不平衡，但也符合一般行业发展规律。

原告多分布在东部地区，原告属地大部分集中在天津市，而被告的属地相较而言分布更加分散，被告属地多为上海市，中西部省市如云南、重庆、陕西被告数量较多，侵权行为分布范围广且非常普遍，说明我国各省市普遍没有建立起对网络直播进行知识产权保护的意识。

与此同时，关注到在网络直播的知识产权侵权案件中，原被告身份类型多为法人，自然人直播纠纷多发生在课程直播之中，占比较少。在诉讼过程中，原被告均认真对待诉讼，法人原告均选择聘请律师并通过公证等手段积极收集证据，为赢得诉讼做充足的准备。

（三）网络直播著作权侵权各级法院受案数量分布

将样本案例的受案法院层级进行统计整理后，得到图2-3，从中可以看出中院受案数量高出其他法院很多，原因仍在于天津市第三中级人民法院受理了156件关于2016年巴西里约奥运会及第15届欧洲足球锦标赛中开幕式、闭幕式、全部比赛赛事以及赛事衍生的各项活动的赛事转播的侵害作品信息网络传播权及不正当竞争纠纷的同质化案件。在此将这一系列案件进行合并修正后，得到图2-4。

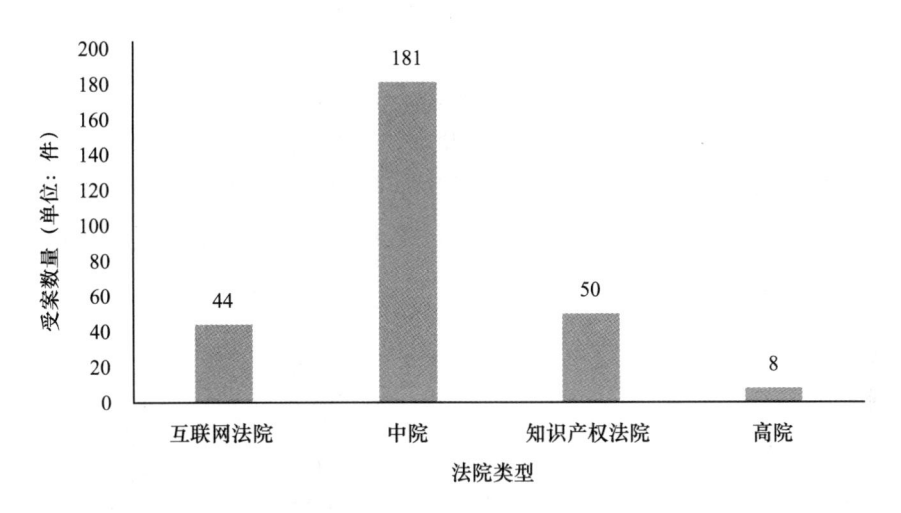

图2-3 各级法院受案数量

从图2-4中可以看到，受理案件最多的为知识产权法院和互联网法院，说明在网络直播的知识产权纠纷中，互联网法院和知识产权法院发挥了其独特的专业优势，表明司法在主动顺应互联网发展潮流方面取得了一定的成果。整体来看，基层人民法院和中级人民法院的受案数量较多，高级人民法院受案数量少，这也符合我国民事案件级别管辖的案件分布规律。

◆ 网络直播的知识产权保护

[图表:各级法院受案数量,互联网法院44,中院26,知识产权法院50,高院8]

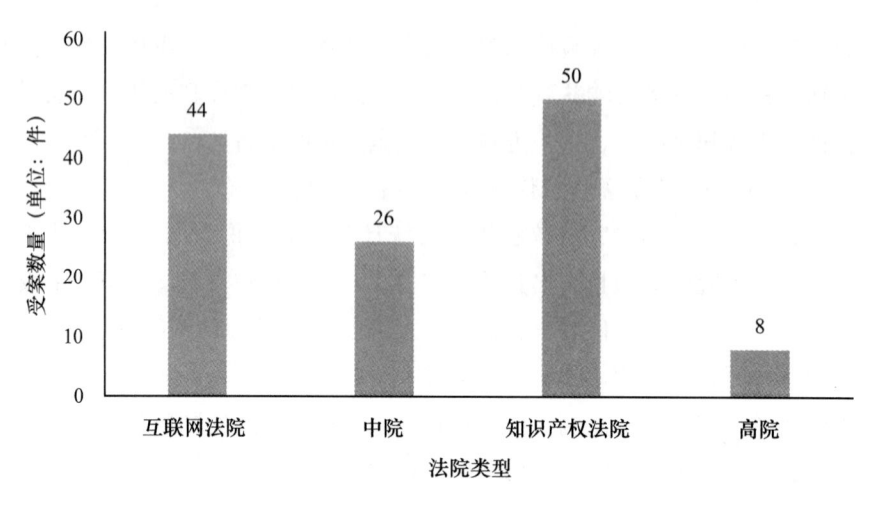

图2-4 各级法院受案数量修正

(四) 网络直播著作权侵权案件案由统计

案由反映了当事人的诉讼理由和案件的争议焦点,也是纠纷内容与具体事项的概括。在283件样本案例中,主要存在四类案由,分别为著作权权属、著作权侵权、侵害作品信息网络传播权和不正当竞争,在分别进行数量统计后,得到图2-5。

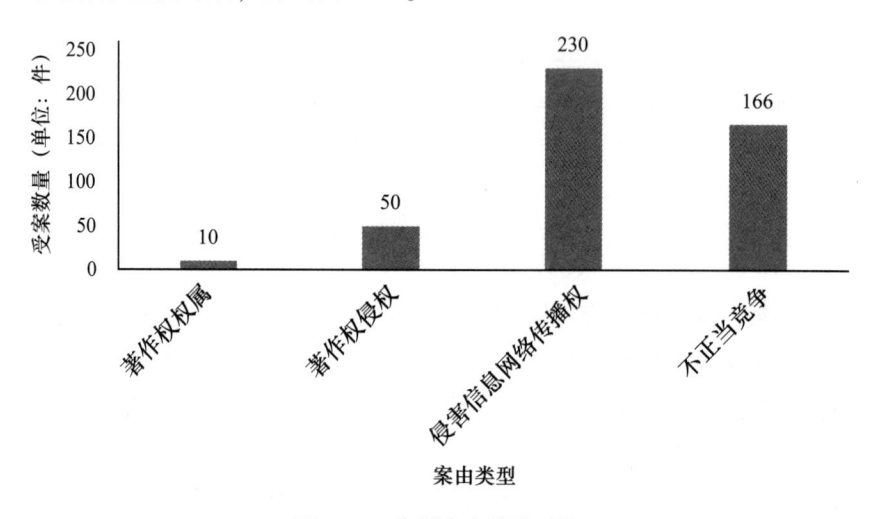

[图表:案由数量,著作权权属10,著作权侵权50,侵害信息网络传播权230,不正当竞争166]

图2-5 案例案由数量对比

从图 2-5 中可以看出，以著作权权属、侵权为案由立案的案件数量较少，说明法院在审理网络直播知识产权案件时对其是否能够认定为作品持保守消极态度。案由分布集中在侵害作品信息网络传播权纠纷和不正当竞争纠纷中，说明法院在探索网络直播知识产权保护的过程中更加倾向于利用邻接权救济当事人的权利，或者使用兜底性的不正当竞争纠纷回避作品认定及知识产权保护模式的问题。

（五）网络直播著作权侵权涉案客体统计

网络直播涉及多种类型，对网络直播的侵权客体的研究有助于研究者认识到现阶段网络直播案件发展现状及热点案例。

在 283 件样本案例中，可以总结出五类侵权客体：节目直播、游戏直播、赛事直播、课程直播、赛事转播。对这五类案例进行数量统计，得到表 2-3 及图 2-6。

从表格和统计图中可以看出，现阶段网络直播案件的热点话题是"赛事转播"，占比高达 72.89%，其余各类客体分布相对均衡但数量较少。在节目直播中，备受关注且受案量较大的节目集中在一年一度的春节联欢晚会的直播、转播带来的争议和纠纷。在司法实践中，游戏直播往往与（电竞）赛事直播挂钩，争议焦点不仅在于判断网络游戏画面本身是否为作品，对网络游戏直播竞赛如英雄联盟职业联赛（LPL）直播的性质认定，也包含对游戏的解说、游戏画面的调取以及直播的二次剪辑是否可以被认定为作品的讨论。在 2020 年之前，课程直播侵权案件数量较少，且仅分布在互联网法院，在 2020 年后，随着网络直播课程行业的兴起，法院针对该类课程直播的受案数量增加，但该类案件涉及的款额较低，原告多为开展线上直播课程的法人，被告多为自然人主体，侵权类型多为被告在未经许可的情况下在淘宝等网络购物平台售卖课程，该盗版课程多为对机构老师直播教学的非法复制（盗录）。

表2-3　　　　　　　　涉案客体类型数量及占比

涉案客体	节目直播	游戏直播	赛事直播	课程直播	赛事转播
占比（%）	5.99	1.41	12.32	6.34	72.89

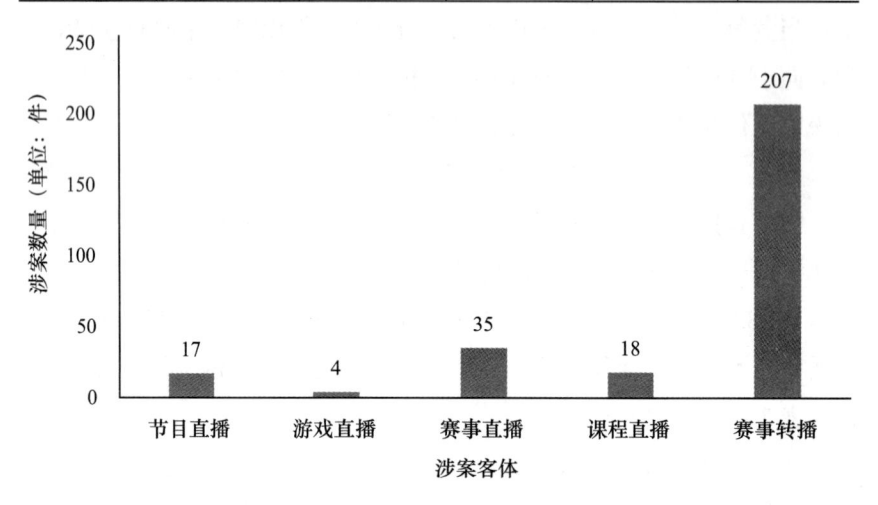

图2-6　涉案客体类型比对

（六）网络直播著作权侵权案件保护

在司法实践中，如何对网络直播的知识产权侵权案件进行保护，保护方式是通过著作权还是邻接权？为回答这一问题，表2-4及图2-7对各个法院的作品认定数量及比率进行了统计分析。

从图表的统计结果中可以看出，知识产权法院和互联网法院对网络直播的作品认定比率较高，达到了90%以上，知识产权法院这一专门法院以及互联网法院这一在互联网潮流下设置的新法院对网络直播的作品属性给予了充分的支持，这两类法院在互联网著作权权属、侵权纠纷方面提供了充分的司法保障。同时高院的认定比率也达到了50%，高院对网络直播性质的认定观点对下级法院及未来的司法审判有着很大影响。从表2-4中可以看到，中院的作品认定比率相对较低，仅有11%，这说明中院对网络直播的作品属性态度较为消极，但是当事人对于网络直播的权利还是能够得到保障，只是中院采取的保护模式多为邻接权模式，即认为网络直播的独创性较低或者没有独创性,不能认定为作品,但是被告非法复制、转播的行为侵害了原告的信息网络传播权,且侵权行为是一种不正当竞争的行为。虽然中院倾向于否认网络直播的作品属性,但是并不意味着原告的权利得不到有效的救济,法院在面临网络直播属性之争的情况下,能够寻求合理的救济途径,是司法智慧的一种体现。

表2-4　　　　　　　　各级法院作品认定情况

法院层级（单位：件）	受理案件数量	认定为作品数量	认定比率（%）
高院	8	4	50.00
中院	181	21	11.60
知识产权法院	50	47	94.00
互联网法院	44	41	93.18

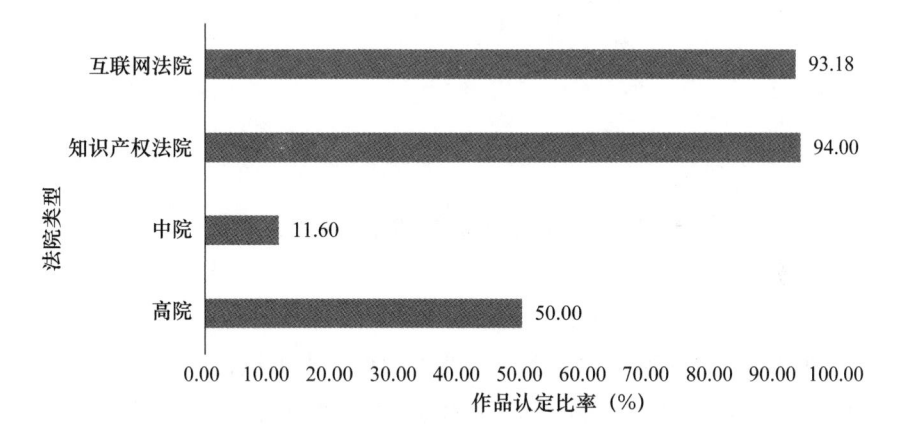

图2-7　法院作品认定率对比

（七）二审、再审改判率

在283件样本案例中,其中216件是二审或再审案件,通过对这些案例的改判率进行统计,得到表2-5及图2-8。可以看到,在网络直播的知识产权侵权纠纷中,多数案件均维持原审判决,仅有7件案件进行了改判,总体改判率为3.24%,案件审判结果的稳定性较高。两级

◆ 网络直播的知识产权保护

法院对网络直播知识产权保护的案件的法律理解接近，一审判决能够充分解决双方当事人的争议问题，能够体现司法公正。

表2-5　　　　　　中院、高院二审、再审案件改判情况

案件类型	二审、再审案件总量	改判数量	维持数量
计数（单位：件）	216	7	209

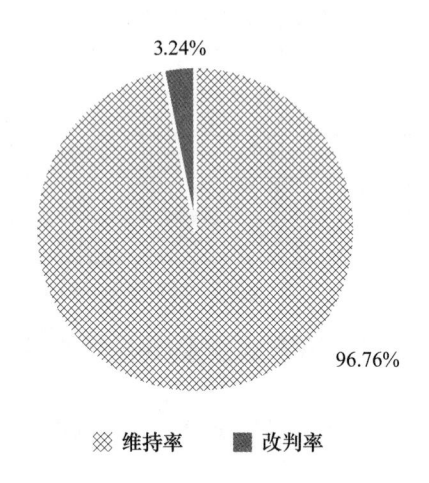

图2-8　二审、再审案件改判、维持数量对比

（八）侵权责任承担方式统计

民事主体在实施侵权行为后应当对被侵害人承担相应的侵权责任，网络直播著作权侵权案件的责任承担方式包括停止侵害、赔偿损失、赔礼道歉、消除影响。经对侵权责任方式进行统计分析，并对原告诉请及法院认定情况进行对比分析后得到表2-6及图2-9。

从表2-6中可以看出，所有的原告均提出了赔偿损失的请求，这是当事人救济自身权利最有效的方式，也是原告进行诉讼的主要目的。从图表中可以看出，法院对于赔偿损失的认定率也较高，只要原告适格且侵权行为实际存在，法院就能够支持原告关于赔偿损失以救济权利的诉讼请求。需要说明的是，在上海聚力传媒技术有限公司诉暴风集团提

供中超联赛的链接的（2018）京民初221号案件中，法院并不认为平台"提供收看链接的行为"属于侵权行为，也没有支持原告请求经济赔偿的请求。因为提供收看链接的行为并没有分流该赛事直播的用户，该链接本身并不是《著作权法》保护的对象，该行为本身不是侵权行为，原告也并没有因提供链接的行为而遭受损失。

表2-6 侵权责任承担方式的原告诉请及法院认定对比

法院	诉请及认定	停止侵权	赔偿损失	赔礼道歉、消除影响
知识产权法院	原告诉请	6	49	9
	法院认定	2	48	2
中院	原告诉请	25	181	4
	法院认定	3	181	1
高院	原告诉请	6	8	4
	法院认定	3	7	2
互联网法院	原告诉请	35	45	18
	法院认定	5	43	0

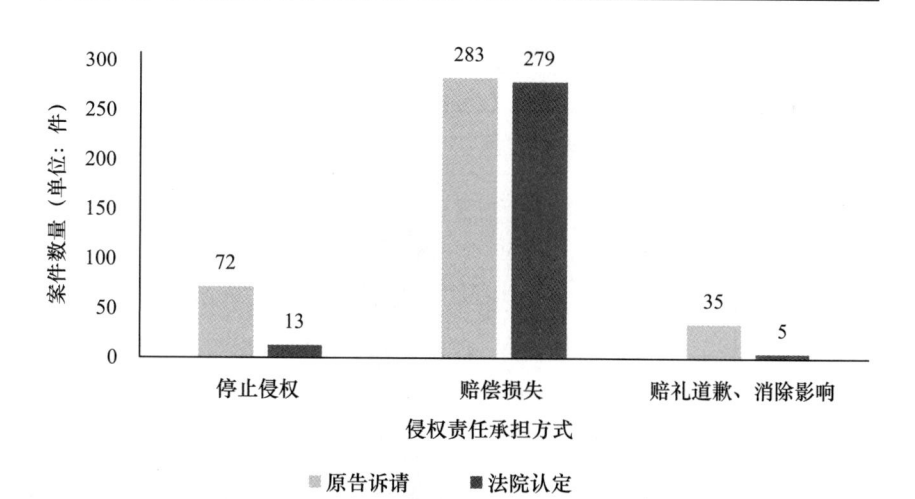

图2-9 侵权责任承担方式的原告请求与法院认定对比

从统计的三种侵权责任承担方式来看，赔偿损失是最为普遍的方式，兼有停止侵权及消除影响的请求，但原告对该两种侵权责任的请求较少，从表2-7和图2-10来看，法院对该两种侵权责任的认定率也较低。通常来讲，在被告接到应诉书或传票时都下架了侵权视频内容，这是停止侵权认定率低的原因，部分原告在起诉时请求法院判令被告停止侵权行为，但是被告往往在诉讼过程中就自行停止了侵权行为，此时部分原告选择变更诉讼请求，不再要求被告停止侵权。但是在实际的判决中，即使被告自行停止侵权行为，部分法院依然判令其停止侵权。关于要求被告赔礼道歉、消除影响的诉讼请求，仅有少部分案件能够获得支持，这是因为网络直播的知识产权纠纷案件中，案件内容往往仅涉及著作权财产权争议，并不涉著作人身权，要求赔礼道歉、消除影响的诉讼请求明显缺乏法律依据。

表2-7 侵权责任承担方式整体统计

计数（单位：件）	停止侵权	赔偿损失	赔礼道歉、消除影响
原告诉请	72	283	35
法院认定	13	279	5
认定比率（%）	18.06	98.59	14.29

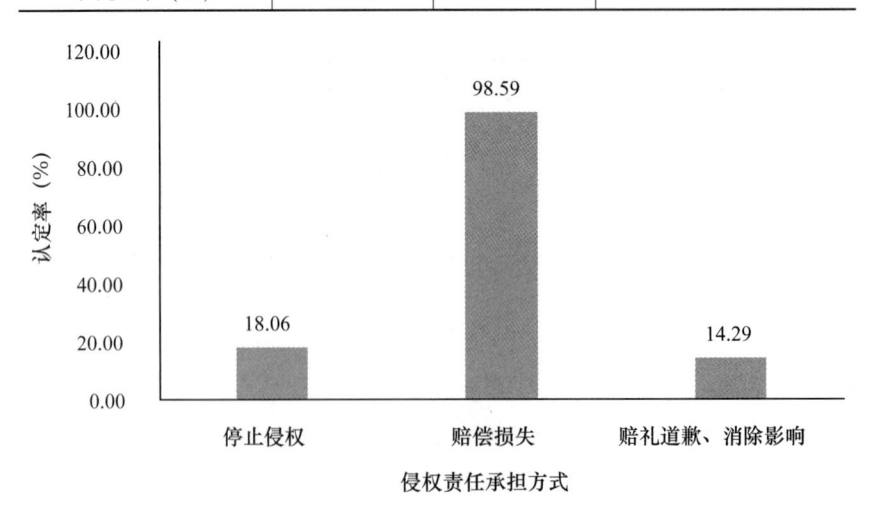

图2-10 各类司法救助认定率对比

（九）经济赔偿类型及数额比较

在样本案例中，针对被告的侵权行为，原告均提出了经济赔偿请求。原告诉请的经济赔偿主要包括两方面的内容：经济损失与合理支出。其中，合理支出包含原告在诉讼过程中所支出的律师费、差旅费、公证费等费用。

在对各级法院所受理的案件进行汇总，并对原告诉请和法院最终认定的经济赔偿数额及类型进行统计后得到表2-8及图2-11。案件中的原告大多请求法院判令被告承担因侵权行为带来的直接经济损失及为维权诉讼所需的合理支出，仅在少数案件中原告没有主张合理支出，如2020年北京高级人民法院对新浪公司与天盈九州再审案件（2020）京民再128号中原告未请求被告承担合理支出，法院的态度也倾向于支持原告所主张的合理支出。

从图表中可以看出，无论是经济损失还是合理支出，法院对这两种类型的经济赔偿的认定率都较高，尤其是对经济损失的认定比例已经达到了98%，凡是认定为被告侵权的案件，法院均认可了原告对被告提出的损失赔偿请求。但是相对而言，法院对合理支出的支持率略低于经济损失赔偿，说明法院对合理支出的认定较为严格，且从表2-8来看，高院对合理费用的支持率相较其他级别法院更低，合理支出没有得到支持的部分原因在于原告请求的合理支出的数额无发票等证据支持，但是需要注意的是，纵使部分原告在请求维权合理支出时没有提出充分的证据，但是部分法院也根据其维权活动和维权成本支持了其部分合理支出的主张。

表2-8　　　　　　　　经济赔偿的类型分析

法院	赔偿类型	经济损失	合理支出
知识产权法院	原告诉请	49	49
	法院认定	48	46

续表

法院	赔偿类型	经济损失	合理支出
中院	原告诉请	181	181
	法院认定	181	163
高院	原告诉请	8	7
	法院认定	7	3
互联网法院	原告诉请	45	43
	法院认定	43	33
总计	原告诉请	283	280
	法院认定	279	245
	认定比率（%）	98.59	87.50

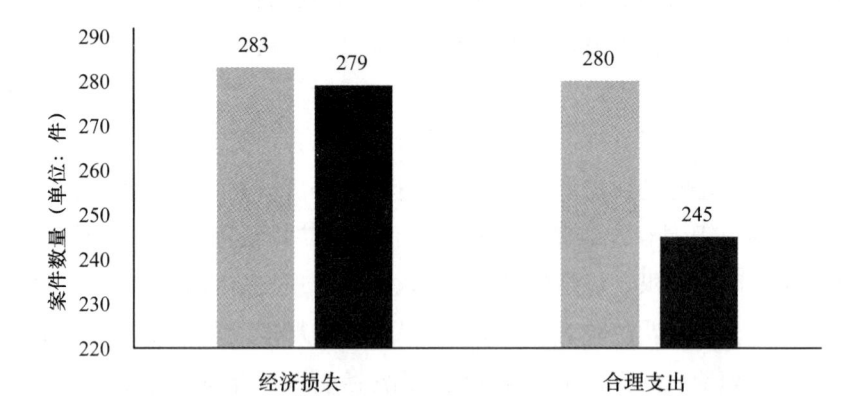

图 2-11 两类经济赔偿认定案件数量

表 2-9　　　　原告请求经济赔偿数额分布　　　　（单位：万元）

请求数额	不足 100（包含 100）	100—1000（包含 1000）	大于 1000
计数	235	44	4
比例（%）	83.04	15.55	1.41

从原告请求的赔偿数额来看，大部分案例的赔偿请求数额均在100万以下，但是请求数额普遍较大，这也是由于网络直播这一新兴行业的高利润特点。对于某些价值特别大的如中超联赛、王者荣耀职业联赛等热门直播，由于其受关注度非常高、直播收益非常大、侵权行为造成的损害难以估量等，原告的赔偿请求往往数额较大，甚至能够达到1亿元。

表2-10　　　　　　　法院认定赔偿数额分布　　　　　　（单位：万元）

认定数额	0	10以下（包含10）	10—50（包含50）	50—100（包含100）	100—1000（包含1000）	1000以上
计数	5	183	78	7	9	1
比例（%）	1.77	32.62	8.31	0.39	0.25	0.01

原告的赔偿请求往往数额非常大，但是从最终的判决结果来看，原告的高额赔偿往往没有得到充分的支持，从法院最终认定的赔偿数额来看，法院判决的赔偿数额大部分分布在10万元及以下，最终能够获得大额赔偿的比例非常少，1000万元以上的仅占比0.01%。这一方面说明网络直播损失的举证比较困难，另一方面说明当前司法对网络直播知识产权保护的力度不足，网络直播的知识产权权利人难以通过有效的司法保障充分救济自己的权利。

表2-11　　　　各级法院经济赔偿金额标准差统计　　　　（单位：万元）

标准差	互联网法院	知识产权法院	中院	高院
原告诉请	104.375	201.553	297.5649191	4717.163087
法院认定	13.97285051	113.6199048	28.5988337	636.5863919

通过对各级法院原告请求及最终认定的经济赔偿的数额的标准差进行统计，可以看出各级法院对相关案件数额认定的差异。

◆ 网络直播的知识产权保护

从表 2-11 中可以看出，在各级法院受理的案件中，原告请求的赔偿额差异均较大，法院认定的数额差异较原告请求的数额差异大幅降低。其中高院受理案件的原告请求数额及法院认定数额差异最大，其中请求数额最高的为 2019 年广东省高级人民法院审理的网易公司与华多公司关于游戏直播侵权二审案件（〔2018〕粤民终 137 号），原告网易公司请求的赔偿金额为 1 亿元；数额最低的则为 2017 年黑龙江省高级人民法院审理的央视国际与网视通公司关于节目直播侵权的二审案件（〔2017〕黑民终 272 号），原告央视国际请求金额为 50 万元。从最终的审理结果来看，法院最终认定的赔偿数额标准差均较原告请求大幅度减小。

表 2-12　　　　　各类客体经济赔偿均值比较　　　　（单位：万元）

赔偿额	赛事直播	赛事转播	游戏直播	节目直播	课程直播
原告诉请	670.0268293	92.66326531	2776.5	89.91176471	24.10217222
法院认定	42.44507317	14.97633867	661.5	15.11795882	4.608911111
平均认定比率（%）	17.46	15.47	57.88	53.70	40.00

一般来说，网络直播案件涉案客体不同，其制作成本不一、知名度不同、侵权行为的性质不同，最终造成的损失及维权所需的费用均有异，这些都影响了法院对不同客体赔偿金额的认定。从表 2-12 中可以看出，赛事直播、赛事转播与游戏直播的价值较大，原告请求的赔偿金额均较高，有些案件甚至达到了 1 亿元，但是从法院最终认定的赔偿数额来看，赛事直播和赛事转播的最终认定比率均较低，都不超过 20%，而游戏直播的认定率则较高，高达 57%，有些案件甚至可以全额支持原告的诉讼请求。可见赛事直播和赛事转播的权利人在面对网络直播知识产权侵权的维权过程中，面临着举证难、举证贵、诉讼效益低的困境。节目直播通常是对该直播节目的盗录或提供回看服务，此时的侵权行为对直播节目本身的损害较小，因此节目直播权利人在主张赔偿时的

数额较低，但通常该类侵权行为易举证、易认定，且有相关授权合同约定的使用费作为参考，因此赔偿数额容易确定，原告在举证损失方面有优势，因此法院对该类客体的赔偿认定率相对较高。而课程直播本身价值不高、知名度低、受众小、传播范围有限、侵权行为的获益低，法院对这一侵权客体认定的赔偿数额较低。

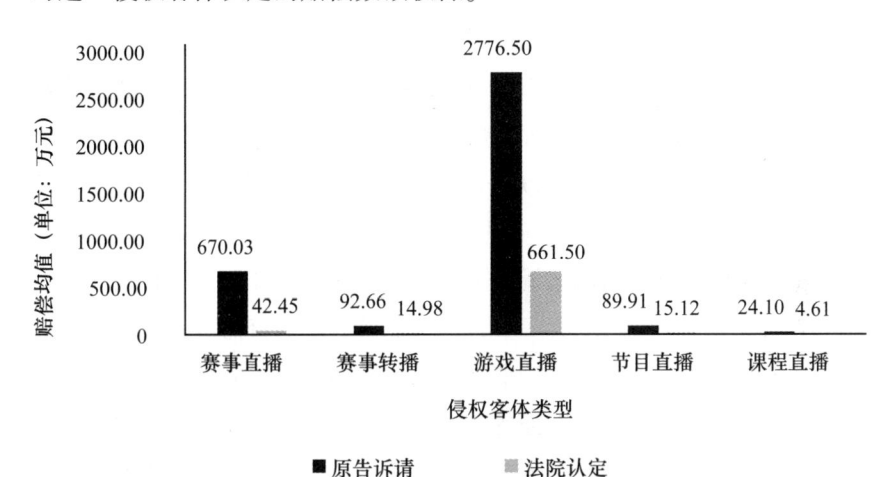

图2-12 各类客体经济赔偿数额均值统计

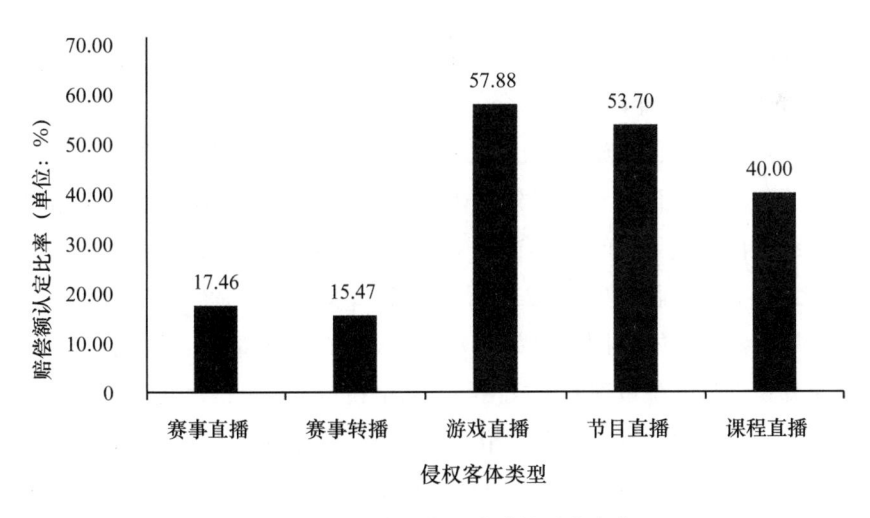

侵权客体类型	原告诉请（万元）	法院认定（万元）
赛事直播	670.03	42.45
赛事转播	92.66	14.98
游戏直播	2776.50	661.50
节目直播	89.91	15.12
课程直播	24.10	4.61

图2-13 各类客体经济赔偿认定比率

侵权客体类型	赔偿额认定比率（%）
赛事直播	17.46
赛事转播	15.47
游戏直播	57.88
节目直播	53.70
课程直播	40.00

(十）经济赔偿数额考量因素

法院对经济数额的认定标准影响了各个案件中的经济赔偿数额。一般来说，被告的主观过错、侵权行为的持续时间、涉案客体的传播范围等侵权因素会影响经济赔偿数额的认定，而涉案客体本身的制作成本、知名度、影响力及往年授权使用费表明了该客体的价值高低，从而影响经济赔偿数额的高低。《最高人民法院关于审理著作权民事纠纷案件适用法律若干问题的解释》第二十五条规定，人民法院在确定赔偿数额时，应当考虑作品类型、合理使用费、侵权行为性质、后果等情节综合确定。例如，在2020年北京知识产权法院受理的央视国际与光锐恒宇公司著作权纠纷（2020）京73民终3268号的案件中，涉案客体——央视春晚的往年授权使用标准就作为法院在考虑原告经济损失时的重要因素。类似于春晚、元宵晚会等节目的直播及赛事的直播具有强大的时效性，基于节日的仪式感及对赛事结果的猎奇心理，人们往往会选择观看直播而非回看，这类时效性强的直播类型的收益集中在直播过程中，因此直播的时效性是影响原告收入的一大因素，但在节目热播期后，其播放收益也会减少，法院也将其作为经济赔偿数额的标准之一。例如，在2020年南京市中级人民法院审理的上海聚力与江苏省广播电视公司的侵害作品信息网络传播权纠纷（2020）苏01民终9428号中，涉案客体为江苏卫视2017年跨年演唱会，该节目时效性强，但侵权行为发生在节目热播期后，虽播放时间较长，但不会造成大量的经济损失。

原告请求的合理支出部分的认定标准存在差异。2018年北京市第一中级人民法院手里的美商NBA产物与上海众源公司的侵害著作权纠纷（2014）一中民初字第8731号一案中，原告未能提交与律师费相应的合同，法院未能支持律师费作为合理支出的求偿请求。但在2017年北京知识产权法院审理的乐视网与未来电视侵害作品信息网络传播权纠纷一案中，原告虽然未能提供相关公证费、律师费的支出凭证，但法院以"公证为客观存在，也有执业律师出庭"的客观情况为由，支持了原告的合理支出请求。

(十一）网络直播著作权侵权的法律依据分析

法院针对网络直播著作权侵权的保护模式可以进一步分为知识产权保护与反不正当竞争。

样本案件原告倾向于利用著作权与信息网络传播权提起诉讼，但在法院认定的过程中，著作权侵权与是否将涉案客体认定为作品有关，而网络直播采用的是非交互式的传播方式，公众不能在其个人选定的时间和地点获得作品，只能在网络服务者指定的时间获得作品。同时，网络实时转播的传播途径并非广播权所控制的无线广播、有线转播及公开播放广播等方式，故对于网络直播的侵权行为是否能够为广播权所调整存在争议。有的法院还认为，复制权的存在需要有形的固定载体，而对于网络直播的实时转播行为不具备固定性特征，也难以通过复制权予以保护。在此基础上，法院采取了两种方式对原告权利进行充分救济：其一，将原告的权利认定为《著作权》第十条第一款第十七项中"著作权人享有的其他权利"，例如 2020 年北京知识产权法院审理的央视国际与光锐恒宇公司著作权权属、侵权纠纷（2020）京 73 民终 3268 号案件；其二，将被告的侵权行为认定为不正当竞争，例如 2018 年北京知识产权法院审理的北京多格与央视国际网络公司的侵犯著作财产权及不正当竞争纠纷（2017）京 73 民终 2109 号案件。

《反不正当竞争法》是对知识产权保护的补充，在知识产权相关法律已经对某一类行为做出明确规定时，不宜适用《反不正当竞争法》予以保护，而是应当通过《知识产权法》等专门法进行调整。

在网络直播著作权保护的案例中，高院案例的价值较高，指导意义较强，高院的观点变化对下级法院的判决具有借鉴意义，高院对网络直播进行著作权保护的态度较为积极。对于网络直播画面的知识产权保护主要涉及《著作权法》及《反不正当竞争法》。在实践中，当网络直播画面无法通过《著作权法》保护时，会适用《反不正当竞争法》的一般条款进行保护，这也就导致了原告倾向于在寻求《著作权法》保护的同时将被告的行为定性为不正当竞争，以期得到最基本的保护。

我国司法实践对于网络直播的著作权保护主要有四种思路：其一，认为其符合作品的要求，将其认定为"以类似摄制电影的方法创作的作品"；其二，认为其虽然不构成作品，但可以通过《著作权法》中的邻接权予以规制，将其归类为"录音录像制品"加以保护；其三，依然延续邻接权的思路，以广播组织权提供邻接权保护，广播组织权的客体为节目的信号，可以将网络直播纳入此范围内；其四，认为网络直播既非作品，也不符合信息网络传播的任意选定时间的交互式传播特点，不能利用信息网络传播权保护，且在传播过程中并未产生复制件，亦不符合广播组织者权的通过有线方式转播的特征，不能通过《著作权法》进行保护，而是适用《反不正当竞争法》第二条的"一般条款"进行保护。

司法实践中面临的争议焦点主要有以下四点：其一，原告主体适格与否。这往往是被告进行抗辩时的第一个切入点，网络直播画面的权利是否应当归属于原告是判断这一争议的关键。在实践中，一般认定原告（多为法人）具备诉讼主体资格，依据大多为直播制作者与原告之间的协议（包括主播与直播平台之间的劳动合同）。其二，作品独创性标准的问题。有观点认为网络直播只要有独创性，能够体现制作者自身的意志及选择即可认定为作品，另有观点则认为"类电作品"的独创性要求较高，网络直播的独创性必须达到一定的高度才可以认定为作品，也有观点支持"个案处理"，不宜设定统一的标准来判断其是否符合作品独创性的要求，而是应当根据个案事实予以判断。其三，被告的行为应当落入何种权利的保护范围及法律适用的问题。这是司法实践中答案最为不同的问题，法院通常会在著作权、邻接权及反不正当竞争中进行选择。其四，赔偿金额是否有合理合法的依据。在处理该类争议时，法院已经形成了较为成熟的统一的观点，一般会从直播节目本身价值、流传度、许可使用费用及侵权人行为等方面进行考察。

第三节 我国网络直播知识产权执法保护现状

一 网络直播相关行政法规、规章及规范性文件

21世纪以来,我国互联网行业发展欣欣向荣,文化产业也在互联网发展大势下展现出蓬勃的生命力,与此同时也出现了大量问题如低俗、暴力、色情内容的泛滥。2016年网络直播自技术突破后得到广泛应用,上述问题层出不穷,文化环境持续受到影响。我国各行政机关持续颁布各类行政规章和规范性文件以净化互联网环境。本章第一节已经对网络直播的法律、行政法规、规章及规范性文件进行了统计,本节将在此基础上做出详细的阐释。

表2-13　　　　　　　　网络直播相关规章及规范性文件

名称	发布时间	发布主体	核心内容	性质
互联网文化管理暂行规定	2003年	文化部	规范互联网文化活动	部门规章
互联网著作权行政保护办法	2005年	国家版权局	加强互联网信息服务活动中信息网络传播权的行政保护	部门规章
互联网视听节目服务管理规定	2007年	国家新闻出版广电总局	规范互联网视听节目顺序	部门规章
互联网视听节目服务业务分类目录(试行)	2010年	国家新闻出版广电总局		规范性文件
关于加强网络视听节目直播服务管理有关问题的通知	2016年	国家新闻出版广电总局	对网络直播的平台资质、技术条件,内容、对象、格调等进行了规定。进一步规范网络直播领域	规范性文件

◆ 网络直播的知识产权保护

续表

名称	发布时间	发布主体	核心内容	性质
互联网直播服务管理规定	2016年	国家互联网信息办公室	加强网络直播服务管理	规范性文件
网络表演经营活动管理办法	2016年	文化部	规范网络表演	规范性文件
关于加强网络直播服务管理工作的通知	2018年	全国"扫黄打非"办公室会同工业和信息化部、公安部、文化和旅游部、国家广播电视总局、国家互联网信息办公室	加强网络直播长效监管，清理违规网络直播服务	工作文件
关于加强网络直播规范管理工作的指导意见	2021年	国家互联网信息办公室、全国"扫黄打非"工作小组办公室、工业和信息化部、公安部、文化和旅游部、国家市场监督管理总局、国家广播电视总局	加强网络直播行业引导，促进网络直播行业健康有序发展	规范性文件
网络直播营销管理办法（试行）	2021年	国家互联网信息办公室、公安部、商务部、文化和旅游部、国家税务总局、国家市场监督管理总局、国家广播电视总局	加强对网络直播营销活动的监督与规制	规范性文件
网络主播行为规范	2022年	国家广播电视总局、文化和旅游部	加强网络主播职业道德建设，规范从业行为，强化社会责任，树立良好形象	规范性文件

从表 2-13 中可以看出，从时间上来看，我国关于互联网的行政立法开始较早且持续性强，从 2003 年开始就有了关于互联网文化行业的部门规章，2016 年是网络直播元年，与此同时，文化部、国家互联网新闻办公室和国家新闻出版广电总局就针对互联网直播行为出台了三部规范性文件，说明国务院各部门和直属机构对互联网发展趋势有着密切的关注和快速的反应。其中 2005 年国家版权局发布的《互联网著作权行政保护办法》是根据《著作权法》的规定，对互联网的传播行为所涉及的知识产权侵权行政执法的部门规章，目的是加强互联网信息服务活动中信息网络传播权的行政保护，该办法第十五条规定，"互联网信息服务提供者未履行本办法第六条规定的义务，由国务院信息产业主管部门或者省、自治区、直辖市电信管理机构予以警告，可以并处三万元以下罚款"，[①] 该办法设定了国务院信息产业主管部门及省级电信管理机构针对互联网的著作权侵权行为的行政处罚权。

我国针对互联网以及互联网直播行为制定了大量的行政法规、规章及规范性文件，但是其内容多是对互联网直播的行为规制，并不侧重于对网络直播的著作权的认定和保护，对于网络直播的版权保护问题，行政机关有一定的关注，[②] 但是尚未出台具体明确的行政法规和规章进行明确规定。且当前关于互联网直播问题的行政立法多以规章和规范性文件为主，立法层级较低，法律效力不高，关于互联网传播的著作权保护的行政规章也较为陈旧，适用空间比较狭窄。

二 涉网络直播行政执法主体

（一）中华人民共和国文化和旅游部

中华人民共和国文化和旅游部（文旅部）于 2018 年 3 月设立，是

[①] 《互联网著作权行政保护办法》第十五条（中华人民共和国国家版权局、中华人民共和国信息产业部令 2005 年第 5 号）。

[②] 参见李婧璇《大学生热议网络直播中的版权问题》，《中国新闻出版广电报》2017 年 9 月 22 日。

将文化部、国家旅游局的职责整合形成的新的国务院组成部门。文旅部负责统筹规划文化产业和旅游产业，规范互联网文化产业，挖掘互联网中的文化资源，并对互联网直播文化产业进行监管，如其发布的《互联网文化管理暂行规定》《网络表演经营活动管理办法》《网络直播营销管理办法（试行）》《网络主播行为规范》等规章和规范性文件，为网络直播文化产业的健康发展划定了红线，有利于推动文化产业的信息化建设。其内设机构政策法规司负责拟订文化和旅游方针政策，组织起草有关法律法规草案；文化市场综合执法监督局负责拟订文化市场综合执法工作标准和规范并监督实施，指导、推动整合组建文化市场综合执法队伍，指导、监督全国文化市场综合执法工作，组织查处和督办全国性、跨区域文化市场重大案件。

该部门是对网络直播的种种不当行为进行规制和处罚的部门，其核心的职能在于规范网络直播行为，对网络直播节目进行审核与许可，防止网络直播过程中的种种侵权行为的发生并对这些侵权行为进行处罚。但是该部门并不直接对侵害网络直播著作权的行为负责，也不关注网络直播是否能够构成著作权法上的作品的问题。

（二）国家版权局

国家版权局是国务院直属的著作权行政管理部门，主管全国的著作权管理工作。根据《著作权行政处罚实施办法》第六条，"国家版权局可以查处在全国有重大影响的违法行为，以及认为应当由其查处的其他违法行为。地方著作权行政管理部门负责查处本辖区发生的违法行为"[1]。在网络直播行业发展的早期，国家版权局同样将重点放在了网络直播对其他作品的侵权方面，如 2019 年对冯提莫在直播中播放歌曲《恋人心》片段被诉一案的讨论。[2] 随着网络直播行业的发展，国家版权局也开始关注网络直播的知识产权保护的问题，尤其是对游戏直播行业中游戏直播是否能够构成作品进行版权保护问题的关注，如国家版权

---

[1] 《著作权行政处罚实施办法》第六条（中华人民共和国国家版权局令第 6 号）。
[2] 参见何勇《直播平台应提高著作权保护意识》，《新快报》2019 年 8 月 12 日。

局于 2021 年 6 月 1 日在北京举办的 2021 中国网络版权保护与发展大会上，华东政法大学副教授于波对网络游戏直播画面著作权的利用规则及游戏直播的动态画面是否构成视听作品发表了自己的见解；[1] 最高人民法院民事审判第三庭审判长秦元明则以网络直播演唱为例，针对网络直播是否能够构成作品，是否能够构成合理使用这两个关键问题，阐述了新《著作权法》广播权的扩张给直播的知识产权保护带来了新的机遇。[2]

当前国家版权局并没有制定对网络直播进行知识产权保护的行政法规和规章，但是随着著作权法的修改以及对网络直播知识产权司法保护的不断推进，对网络直播的著作权的认识不断深入，相信针对网络直播著作权保护的行政法规和规章的出台指日可待。

（三）国家广播电视总局

2018 年国务院机构改革中，在国家新闻出版广电总局广播电视管理职责的基础上组建国家广播电视总局（广电总局），作为国务院直属机构，不再保留中华人民共和国国家新闻出版广电总局。广播电视总局主要负责电视和广播事业，拟订广播电视管理的政策措施并督促落实。国家广播电视总局主管视听作品节目的播出，针对网络直播迅速发展的现实情况，广电总局关注到部分直播平台也开始提供视听节目的直播服务，2016 年 9 月出台的《关于加强网络视听节目直播服务管理有关问题的通知》对直播服务应具备的条件、准入政策、备案制度、弹幕和主持人管理等提出明确要求，对视听节目的网络直播进行了充分的规范。2022 年广电总局发布了网络视听领域的重大政策，对网络直播中的重要角色——主播的种种行为提出了严格、具体的要求，明确直播红

---

[1] 参见《华东政法大学副教授于波：期待直播行业版权秩序早日建立》，《中国新闻出版广电报》，2021 年 6 月 10 日，https：//www.ncac.gov.cn/chinacopyright/contents/12663/354546.shtml，访问日期：2023 年 6 月 6 日。

[2] 参见《最高人民法院民事审判第三庭审判长秦元明：新修改〈著作权法〉为直播司法规制带来变化》，《中国新闻出版广电报》，https：//www.ncac.gov.cn/chinacopyright/contents/12663/354548.shtml，访问日期：2023 年 6 月 6 日。

线，加强对网络主播教育引导、监督管理，对主播的违规行为严格处理。

（四）国家互联网信息办公室

国家互联网信息办公室（网信办）的全称为中华人民共和国国家互联网信息办公室，主要职责在于制定互联网信息传播的法律规范，对违法违规的网站进行查处和关闭，对互联网信息内容进行管理。互联网信息内容管理部门对违反法律的互联网平台或有违法违规内容的网站进行立案、调查取证、听证、行政处罚等。该部门制定了《网络直播营销管理办法》《关于加强网络直播服务管理工作的通知》等直播领域的规范性文件，对网络直播的内容及有关部门的监管工作提出了具体要求，致力于打造绿色、健康的互联网生态，严格禁止网络直播中的低俗、色情、虚假宣传、不正当竞争的行为。

（五）工业和信息化部

工业和信息化部（工信部）是国务院组成部门，其下设产业政策与法规司，负责起草通信业的相关重大政策和管理规范的法规规章，进行执法监督等工作；信息技术发展司，主要关注国家和重大行业的信息安全、信息管理及产业信息化的推进，推进互联网新型技术和产品的研发；信息通信管理局承担了互联网（包含移动互联网）行业管理的职能，对互联网市场的准入、服务质量、竞争秩序进行监管。

在网络直播行业，工信部同样承担规范直播行业的职责，对网络直播平台、主播及用户三者的行为进行规范，明确平台和主播的法律责任，确保安全的直播内容，树立正确的价值导向，对网络直播进行全方位的深度的规范管理。

涉网络直播的中央行政执法主体对网络直播行业的发展密切关注，制定了一系列规章和规范性文件约束直播平台和主播的行为，在网络直播这一迅速、便捷、广泛的传播方式下为文化产业的健康发展营造了良好的生长环境，但是大部分执法部门仅关注对网络直播种种不当行为的制止和约束，没有看到网络直播本身可能存在的被侵权可能性，尤其是对于网络直播是否具有可版权性、是否能够适用著作权法进行保护、是否需要行政主体对侵犯网络直播权利人著作权的行为进行制止和处罚等问题的关注不足，我国的行政执法主体缺失了对网络直播进行知识产权保护的职责，不利于网络直播行业的发展。

三 我国网络直播知识产权保护执法现状述评

由于《著作权法》尚无法全面保护权利人的权利，所以许多权利人选择向著作权管理部门请求对侵权人实施行政处罚以维护自身的权益，网络著作权的行政法保护也是现在最重要的保护手段。[①] 但是在针对网络直播的行政处罚中，大多数处罚都是针对直播一方侵犯他人著作权的处罚，如未经著作权人同意在直播中使用他人的作品，处罚的结果多为警告、罚款、没收违法所得、没收非法财物等，而从这类行政处罚中也可以探究著作权行政执法的保护现状，著作权人往往难以通过行政机关的执法行为达到弥补自己损失的目的，同时行政执法在制止违法行为方面的表现也不如人意。因为行政执法行为往往发生在直播结束后，此时侵权行为已经结束，无法达到制止侵权行为的效果，同时，法律在规定了网络直播平台的"通知—删除"义务后，直播平台能够更加迅速地对直播侵权行为做出反馈，不必等待行政执法的结果。

然而现实却是执法领域的网络直播知识产权也存在着挑战，主要集中于网络直播监管部门众多但职能处于分散化状态。对于网络直播赋有知识产权权利授予以及监管职责的机构不在少数，比如网信办、文旅部、广电总局等。但从目前来看，并没有一个专门负责的机关，也没有一个完整的协调体系对网络直播的知识产权，特别是著作权在面对如此复杂的现实情况做出合理的解释。

此外，著作权集体管理制度在网络直播领域作用甚微，不能发挥最大价值。目前我国现在正在运行中的著作权集体管理组织有版权保护中

---

① 参见董亦平《网络直播相关著作权问题研究》，《广西政法管理干部学院学报》2017年第32期。

◆ 网络直播的知识产权保护

心、中国音像著作权集体管理协会等，涵盖了音像、摄影等诸多领域。著作权集体管理制度的运行为不能行使著作权或者难以行使著作权的权利主体提供了权利保护，也方便作品在市场上的流通创作。然而，到目前为止尚没有成立专门的网络直播领域的著作权集体管理组织，对网络直播画面所生成的作品进行统一管理，以便在传播作品的同时更合法合理地传播作品以及保护权利人的利益。

第三章

我国网络直播画面知识产权保护困境及原因分析

第一节 我国网络直播画面知识产权保护困境

一 网络直播画面知识产权立法保护困境

（一）宏观视角下网络直播画面立法保护困境

1. 成文法自身的滞后性

通过前文的论述，可以看到当前法律对于网络直播著作权问题尚存在缺漏。目前网络直播并没有作为一种作品被纳入著作权法的保护范围之内，法律自身的滞后性特点，使得立法修正永远跟不上时代进步的步伐，诸如人工智能、网络直播等影响范围广的新事物的发展必将与现有立法产生碰撞，出现新的问题。法律制定和法律修改都需要经历一段漫长的过程，这段长时间的修正过程为理论界和实务界留足了修正的时间，给予了充分的讨论余地。诸如针对网络直播画面作品类型的讨论，在影视作品、视听作品等诸多作品中，经过学界多方讨论认为当前主流观点是类电影作品。但仍有一些学者尚存有不同观点，认为应当将网络直播画面形成的作品视为视听作品认定。究其争论，一切都源于法律并未给予新型作品一个明确的答复。立法上的缺漏需要尽快将网络直播画面纳入著作权保护范围内，以弥补缺失，从而保障著作权人的利益，激励文化传播和发展。

法律的滞后性带来的是相关配套司法解释、法律规章的延滞。例如现行新修订的《著作权法》将"电影作品和以类似摄制电影的方法创作的作品"修改为"视听作品",这实际将"视听作品"划分为"电影作品、电视剧作品以及其他视听作品",此条款的修订虽然努力回应了社会实际发展的需要,将网络直播节目纳入视听作品的保护范畴以期待给予更完善的保护,但相关的司法解释并没有跟上新修订的《著作权法》的节奏,为网络直播画面提供一个更完善、更统一标准进行保护。此类缺失不仅是法律自身的滞后,同时也将会影响到法律实施的全部过程。

2. 法律概念的模糊性

法律概念是指通过抽象出某些事物的共同特征而形成的权威性的范畴。当法律概念与新兴的网络直播行业碰撞时,法律概念的模糊性给网络直播行业带来一定困境。主要表现在法律概念不明和不适两个方面。《著作权法》第三条规定作品是指文学、艺术和科学领域内具有独创性并能以一定形式表现的智力成果。对于网络直播画面适用"作品"还是"制品"予以保护也主要依托独创性,可以说独创性是视为著作权保护对象的核心标准。而对于独创性这一法律概念如今并没有法律上统一的标准,在司法实践中对于独创性的判断依托的是法官结合具体案件事实、相关法律所行使的自由裁量权。又由于地区之间、法官水平高低不同等带来的差异,由此将引发司法裁判不一致等一系列连锁反应,不利于网络直播行业的稳定和发展。

在《著作权法》修改之前,对于网络直播画面归属,相关规定大多将其视为"电影作品和类似摄制电影的"中的"类电作品"予以保护。根据《著作权法实施条例》的规定,电影作品和以类似摄制电影的方法创作的作品,是指摄制在一定介质上,由一系列有伴音或者无伴音的画面组成,并且借助适当装置放映或者以其他方式传播的作品。然而,这一概念运用于网络直播时,可以发现网络直播行业所传播的画面和法律规定的在一定介质上通过"摄制"存在的画面存在不匹配性。

《著作权法》对于摄制概念的定义存在一定狭义性。为了满足社会实际需要，《著作权法》的第三次修订将视听作品分为"电影作品、电视剧作品"和"其他视听作品"，为网络直播画面适用"其他视听作品"的保护打开了可能性。然而问题又出现在无论是《著作权法》还是有关《著作权法修正案》的说明、修改情况的汇报、审议结果的报告和修改意见的报告都没有对这两类视听作品的概念予以规定，划定一个明确的区分标准，在学理上和实践上的争论并没有得到实际解决。

3. 法律之间适用界限不明

网络直播行业迅猛发展同时引领了网络游戏直播行业的繁荣，未经授权转播他人电子竞技游戏赛事画面牟利的案件层出不穷。2015年，上海知识产权法院就上海耀宇文化传媒有限公司（简称耀宇公司）与广州斗鱼网络科技有限公司（简称斗鱼公司）之间的著作权侵权及不正当竞争纠纷案做出了终审判决，该案被视为全国电子竞技游戏赛事网络直播纠纷的第一案。二审法院认为，斗鱼公司未取得视频转播权的许可，未对涉案赛事的组织运营进行任何投入。与此同时，对耀宇公司投入大量人力、物力、财力组织运营的赛事，斗鱼公司坐享其成、谋取利益。法院判决认为，斗鱼公司的行为违反了《反不正当竞争法》中的诚实信用原则，具有明显的不正当性，属于不正当竞争行为。最终判决斗鱼公司应承担赔偿损失、消除影响等费用共计110万元。而在之后的《奇迹MU》诉《奇迹神话》案当中，法院却认为该游戏直播画面构成类电影作品，不属于不正当竞争行为。这两个截然不同的判决事实上暴露出我国《著作权法》与《反不正当竞争法》两部门法的适用界限不明确、保护路径不明。

在讨论部门法之间的适用不明之前，值得肯定的是《反不正当竞争法》作为规范市场竞争秩序的总体规制法，对网络直播画面侵权的保护起到了弥补现行《著作权法》规制缺陷的作用，不至于因无法可依导致权益无法保障。现行《反不正当竞争法》第二条第一款明确规定："经营者在生产经营活动中，应当遵循自愿、平等、公平、诚信的原则，遵守法律和商业道德。"《最高人民法院关于适用〈中华人民共和国反不正当竞争法〉若干问题的解释》（以下简称《解释》）的发布，也进一步明确在裁判标准尚不明确统一的情况下，经营者扰乱市场竞争秩序，损害其他经营者或者消费者合法权益，且属于违反《反不正当竞争法》第二章及《专利法》《商标法》《著作权法》等规定之外情形的，人民法院可以适用《反不正当竞争法》第二条予以认定。《最高人民法院关于适用〈中华人民共和国反不正当竞争法〉若干问题的解释》第一条由此厘清了《反不正当竞争法》与《著作权法》之间的适用关系，也明确了一般条款对《反不正当竞争法》的兜底适用地位。《反不正当竞争法》和《著作权法》之间最大的区别在于，通过列举行为而非列举权利的方式追求社会的实质公平与效率秩序，排除侵犯著作权的相关行为。作为基础性法律，《反不正当竞争法》可以很好地对新型行为的出现加以分类，或者在现有分类无法覆盖时运用一般性条款将其纳入调整范围，从而形成对新型竞争行为的快速反应机制，[1] 在保障著作权人权益的同时实现《反不正当竞争法》引导市场发展本意的作用。

然而，问题是不管是《反不正当竞争法》第二条还是《解释》第一条，虽然可以在法律适用限度内规定网络直播画面著作权的侵权与保护，但实际上拓宽了调整主体的范围，使得两部门法之间的体系适用界限不明确。《反不正当竞争法》为《著作权法》提供了补充性的保护，但网络直播画面中的广义公众传播权也可以根据《世界知识产权组织版权条约》（WTC）纳入著作权调整范围。对于各类网络直播画面，其作品类型的争议大部分也仅存在于法律术语解释的不适性上，并无实质影响。例如，对网络直播画面认定为"录像制品"的偏差存在于对录像制品规定中的"摄制"一词的定义之中。这实际上是导致诸多网络直播画面著作权侵权与保护案件司法裁判不一致的原因。从长远看，部

---

[1] 参见《最高人民法院关于适用〈中华人民共和国反不正当竞争法〉若干问题的解释》第一条。

门法律之间适用界限的不明确也会影响两部门法律的发展，使其不能及时回应社会的实际需求。

（二）微观视角下网络直播画面知识产权立法保护困境

网络直播产业作为一项新兴产业，同时也是一种信息传播手段，因此任何传递信息状态的作品或非作品都可以借助这一媒介传递给公众。在《著作权法》的意义上，尚未明确规定网络直播行为所对应的客体是作品、制品还是信号，以及网络直播相关权益的主体是作者、录像制作者还是广播组织者。目前，法律尚未给出明确答案。特别是针对最常见的网络游戏直播画面类型，现行的《著作权法》无法提供明确规定，从而导致法律适用上的不确定性，损害司法权威。此外，其他类型的网络直播画面在立法方面也存在缺漏与危害，这是一个不容忽视的问题。从网络传媒的共性和直播行业的特点来看，我国知识产权对于网络直播画面的保护在立法方面面临困境，主要体现在以下几个方面：

1. 作品独创性标准不明

首先，学界目前尚未就独创性概念达成一致意见。有学者认为，独创性只要求作者对作品的创作是独立完成的。还有学者认为，独创性是对创作行为的保护，作品是作者进行创造性智力劳动的产物，在其中能够一定程度上展现作品的个性。2011年的《著作权法》第三条对作品的定义为"文学、艺术和科学领域内具有独创性并能以一定形式表现的智力成果"。独创性是作品的核心要素，满足独创性的要求是网络直播画面构成作品的重要条件。然而，在立法理论中尚未明确规定作品独创性应达到何种标准，学界也没有统一的观点。北京市高级人民法院发布的《侵害著作权案件审理指南》第二章第二条提到，认定独创性应考虑两个因素：作品是否由作者独立完成，表达方式是否体现了作者的选择和判断。然而，这两个因素并未明确说明作者独立创作和选择判断的标准。此外，该指南并不具有法律效力，不能解决作品独创性标准难以确定的问题。

因此目前对于网络直播画面是否能够构成作品的关键在于独创性的

高低还是独创性的有无。在这个问题下，产生了两种相悖的观点。

第一种观点认为，网络直播画面构成作品以独创性的有无为标准对其加以著作权的保护。独创性是作品构成要件，判断某一智力成果是否构成作品，首先需要判断的就是其是否具有独创性。《著作权法》保护的是具有独创性的表达，没有独创性，纯粹的机械劳动不具有可保护的价值。之所以《著作权法》保护具有独创性的作品，在于独创性需要作者发挥其创造力，这个过程需要法律的认可与激励，方能鼓励作者进行更多的创作，从而促进文化的繁荣和产业的发展。因此，只要网络直播只要能够体现出视频制作者的选择与判断，有其独特的表达就具有独创性，构成作品，能够通过著作权保护。北京市高级人民法院审理的北京新浪与天盈九州侵犯著作权与不正当竞争纠纷（2020）京民再127号案件持此种观点，认为电影类作品与录像制品的划分标准应为独创性之有无，而非独创性之高低，《著作权法》意义上的录像制品限于复制性、机械性录制的连续画面，即机械、忠实地录制现存的作品或其他连续相关形象、图像。① 除此之外，对于在画面拍摄、取舍、剪辑制作等方面运用拍摄电影或类似电影方法表现并反映作者独立构思、表达某种思想内容，体现创作者个性的连续画面，则应认定为电影类作品。

第二种观点认为，网络直播画面构成作品的标准是其独创性的高低。不同类型的作品对独创性的要求不同，但都需要达到一定的高度。类电作品的独创性要求较高，一般的网络直播难以达到这个标准。在北京市第一中级人民法院审理的美商NBA与上海众源、北京爱奇艺侵犯著作权与不正当竞争纠纷（2014）一中民（知）初字第6912号案中，法院认为涉案赛事节目未能达到类电作品的独创性标准，因此不属于作品而是录像制品。此外，对于独创性高低的分析是一个主观判断的问题。在不同类型的作品中，智力投入的差异会影响对作品独创性的评判。在对作品独创性的讨论过程中，甚至有学者认为并不存在统一的独

---

① 参见王迁《体育赛事现场直播画面著作权保护若干问题——评"凤凰网赛事转播案"再审判决》，《知识产权》2020年第11期。

创性标准，不能对独创性进行普适化的界定。

在对独创性进行界定时，学者各执一词，各有道理，但众说纷纭的观点反映出我国目前对于独创性的判断没有统一的界定，为司法实践带来了挑战。在具体的司法审判过程中，通过相似案件中法官对网络直播节目的独创性进行分析，可以看出独创性的判定对于法官来说并非易事。可见，这不仅是一个法律判断的问题，法律判断根据法律规范进行适用即可，这更是一个复杂的事实判断，需要结合作品的表达进行反向认定，有可能还需要结合行业习惯等进行判断。这需要运用多领域的知识，不能对法官要求其具备这些领域的知识来判断独创性。即使是该领域的专家，在判断独创性高低的过程中也并非一件容易的事情。在我国《著作权法》实施与实践的过程中，独创性标准没有统一的解释，司法适用的尺度也不一致，造成独创性判定在不同作品类型、同一作品类型中都有差别，且随着新型作品的出现，关于独创性的界定更加不易。

2. 作品类型认定标准模糊

我国《著作权法》规定了著作权和邻接权，涉及连续画面的著作权及邻接权客体包括电影作品与类电作品、录像制品。关于电影作品和类电影作品的定义，从创作手段上来看，强调"摄制在一定介质上"；从表现形式来看，是由一系列有伴音或无伴音的画面组成；从传播方式来看，其可以借助装置进行放映，或者可以通过其他方式进行传播。录像制品在制作手段、表现形式、传播方式等方面与电影作品、类电作品一致，根据我国《著作权法》规定，录像制品是除上述作品以外的有关连续画面的录制品。

由此可见，我国《著作权法》对于电影作品、类电作品和录像制品的区分界限模糊不清，使得在司法实践中对于网络直播节目的知识产权保护，既有认定其构成作品，应作为类电作品予以保护的观点，也有将其认定为录像制品予以保护的判决。立法的这种不确定性，使得法官在具体案件中的自由裁量权较大，而不同教育背景和实践经历的法官产生的理解与基于此做出的判决也会存在差异，这就增加了社会公众在做出相应行为之前的选择及鉴定成本，不利于发挥法律的指引作用。

《著作权法》第三次修改中删除录像制品，规定视听作品，但就视听作品的定义在修订草案三个不同稿子中却有不同的表述。修订草案第一稿将"摄制"一词替换为"固定"，修订草案第二稿删除了"固定在一定介质上"，将传播方式的表述简化为"借助技术设备向公众传播"，修订草案送审稿将传播方式修改为"能借助技术设备被感知"，并进行举例，说明视听作品包括电影、电视剧和类电作品。三稿的变化主要体现在两方面，一方面是有关制作手段，即是否要以"固定在一定介质上"为限制，另一方面是传播方式的要求发生变化，即"借助设备向公众传播"和"借助设备被感知"。有关视听作品定义的不同对于其可保护的对象将会产生一定影响。

尽管现行《著作权法》中规定，电影作品与类电作品需要摄制在一定介质上，但部分司法判决中认为网络直播节目由于制作与播放的实时性，并没有摄制在一定介质上，并以此为由，不对其进行《著作权法》上的保护。这种认定方式是否合理，是否抓住了视听作品的本质，是否有利于视听产业的发展有待进一步讨论。

3. 权利归属判断不明

网络直播平台中，涉及多方主体，仅以大型电子游戏竞技类直播为例，涉及面就突破了平台与主播，涉及游戏开发商、游戏直播主办方、游戏解说员、游戏玩家、直播节目主持人等主体的利益，[①] 主体的复杂性和多样性使得版权权利归属在判断过程中存在一定困难。其权利归属不明主要体现在两方面，一是版权利益归属不明，二是实际获利归属存在不明。

网络直播画面的版权归属不明，主要原因在于现有作品类型不能作为最恰当的作品客体类型，满足网络直播画面的需求，使其在作品类型上存在模糊性，进而影响网络直播画面的版权归属。除此之外，法律概

---

① 参见周高见、田小军、陈谦《网络游戏直播的版权法律保护探讨》，《中国版权》2016年第1期。

念的模糊性也在一定程度上给版权归属带来一定困境。以电影作品为例，我国现行《著作权法》第十五条规定了电影作品的归属。针对该规定，有学者指出我国《著作权法》关于电影作品归属存在问题，即小说、戏剧等原作品与电影作品之间的法律关系不明确，并未说明是否是演绎作品，也未明确相关作者是否可以从电影作品的播放中获得报酬的权利。针对上述问题，2021年《著作权法》进行了适度的调整，直接由法律规定著作权的归属，对视听作品权利归属问题规定得更加详细，规定了约定优先。同时区分人身权和财产权，财产权由制片者享有，而作者享有署名权和分享收益的权利。虽然《著作权法》修改中做出了适应性的调整，但无论是现行《著作权法》还是修订草案，都未对制作者的概念进行明确，即没有解答视听作品著作权主体究竟归于哪一方的问题，这样就存在法律规定的制作者与事实制作者之间脱节的困境。同时，参与制作的导演等作者的法律地位亦未明确，作者的身份与著作权的归属两者的关系，作者是否具有二次获酬权等问题一直处于变动当中。由此可见，《著作权法》应如何明确电影作品的归属，平衡各方的利益，有待进一步讨论。而网络直播节目的权利归属同样存在这样的问题，这一问题的存在不利于直播文化与直播产业的发展，有待法律进一步完善以提供更加有力的保护措施。

对于版权实际获利归属不明的问题，因其属于私法领域，主要依靠当事人的意思自治。只有合同约定不明时，才需要结合多方利益进行衡量，对版权归属进行划分。但版权归属自身存在的争议性决定了当事人在利益划分问题上势必存在一定争论。当事人的意思自治与知识产权人利益保护之间存在的冲突难以得到有效平衡。

4. 邻接权保护适用不适

现有著作权体系采取了"著作权＋与著作权有关的相关权利"的保护体系。然而，在面对传统著作权保护不足的现实时，试图通过邻接权制度来保护网络直播画面存在一定不适。主要体现在将录像制品、广播组织权或表演者权用于对网络直播画面进行保护方面。

以录像制品保护网络直播画面存在的困境集中表现为对网络直播画面独创性的认定模糊。在司法实践中，一些案件将网络直播画面视为录像制品进行邻接权保护，认为涉案画面的独创性未达到"类电作品"的标准，因此只能被视为录像制品。这种做法可以避免对独创性标准的争议，同时也能对直播画面进行一定程度的保护。然而，邻接权的本意是保护作品的传播，适用该权利的前提是作品的存在，对独创性低的不能认定为作品的直播画面进行邻接权保护模糊了作品与其传播保护的边界。在司法实践中，法院常常需要在"类电作品"和"录像制品"之间进行选择，认为独创性达到"类电作品"标准的被视为作品，反之则被视为"录像制品"。根本原因在于立法对邻接权的定位不准确，对适用邻接权制度的标准缺乏明确规定。网络直播是一种新型的传播技术，而这种立法上的不准确则导致了著作权客体及邻接权的设置难以对此新类型传播技术进行明确的保护。

以广播组织权保护网络直播画面存在的困境，主要表现在现有法律概念无法涵盖网络实时直播画面。邻接权人对作品的传播依赖于高效快速的传播方式，而传播方式的创新必然需要著作权法进行更新以适应新技术的要求。《著作权法》明确规定了广播组织者的权利，并承认了广播组织者的传播权。根据我国《著作权法》的规定，广播权是指以无线方式公开广播或传播作品，以有线传播或转播方式向公众传播广播作品，以及通过扩音器或其他类似工具向公众传播广播作品的权利。然而，法律规定的广播权行为主要涉及"无线传播""有线传播"和"以扩音器等传送工具进行传播"，而网络直播不属于法律规定的广播方式。因此，网络直播等实时传播技术的出现和发展对广播组织权提出了新要求。然而，司法实践仍然将广播组织权限制在无线广播和有线电视领域，并未将网络实时传播纳入其中。这使得邻接权人难以利用广播组织权来维护权益或要求报酬，未免会降低其创作的积极性。

以表演者权保护网络直播画面存在的困境主要表现在《著作权法》规定表演者享有许可他人表演并要求报酬的权利，这在一定程度上可以规制网络直播中的表演行为。然而,该权利的适用对象是"现场表演",这一词语实际上将表演的发生状态和时间限制在与观众面对面的体验和观看中,无法对网络直播中的表演行为提供充分保护。

5. 权利享有和限制界限不明

文化在传播中的丰富和发展具有重要意义,为了维护产业发展和良性竞争,《著作权法》规定了著作权保护的例外情况,即合理使用制度。《著作权法》第二十四条明确规定了作品合理使用的情形。在《著作权法》第三次修改之前,合理使用的规定是相对封闭的,规定了明确的十二种合理使用情形,其中并不包含网络直播相关内容。然而,在第三次修改后,该条内容增加了第十三项,即"法律、行政法规规定的其他情形"。这表明著作权法对于合理使用制度并没有因循守旧,将网络直播纳入合理使用制度尚有可能性,现有立法对"合理使用"制度的认定已经展现出了相对开放的态度。然而,目前的立法在合理使用制度方面存在问题,即缺乏明确的统一判断标准,仅仰赖法官的自由裁量权。因此,在司法实践中对合理使用的探讨较少,法院一般倾向于认定网络直播行为侵权。尽管合理使用制度在立法上表现出相对的开放态度,但实际上尚未真正发挥出实际作用。若寄希望于《著作权法》之外的其他法律日后不断增加新的权利限制,显然是不现实的,通过继续不断修改行政法规达到持续增加权利限制的目的,在现实中也是不可行的。[①] 是否影响该作品的正常使用,是否不合理地损害著作权人的合法权益,学界中多引用《美国版权法》第 107 条规定的"转换型使用"标准,认为是否构成合理使用应重点审查如下四要素:第一,使用的性质和目的;第二,版权作品的性质;第三,使用的数量与实质程度;第四,使用对作品潜在市场的影响。[②] 我国目前并无具体相关法律予以明

[①] 参见王迁《〈著作权法〉修改:关键条款的解读与分析(上)》,《知识产权》2021年第 1 期。

[②] 参见王小夏、顾晨昊《网络游戏直播画面的著作权问题》,《中国出版》2017 年第 23 期。

确，没有一个明确的合理使用的判断标准成为妨碍直播产业蓬勃发展的最大困境。由于对于网络直播授权的法律尚未成熟，依靠直播平台或直播制作者本身去积极地获得授权成为一种奢望。

同时，网络直播行为自身的特点为网络直播行为适用合理使用制度带来困境，其偏差在于网络直播行为是否属于单纯的商业目的的行为。网络直播行为获利具有不确定性，其获利完全依靠与观众的打赏行为，主播直播中如何认定其属于个人生活类的正常使用行为尚存在争议。此外，随着网络直播画面类型不断增多，涉及主播、平台、著作权人多个主体，在没有法律明确规定的情况下将其压力转嫁于法官的自由裁量权，其判断将会受到法官水平高低等问题的影响，存在着个案差异，对其判断将会更加复杂、困难。

6. 涉及权利类型有限

我国著作权法体系主要规定了广播权、信息网络传播权以及广播组织权这三种与网络直播相关的权利内容。但目前我国对于网络直播节目涉及权利类型的界定尚不明确，无法积极地为网络直播节目的知识产权保护提供基础。

第一，广播权。国际社会中对于"广播权"较为详细的规定出自《伯尔尼公约》，《伯尔尼公约》针对不同的作品规定了不同类型的权利，对广播权的规定并不集中。而且，公约中有关向公众传播权利的规定并非针对所有的作品，也包括计算机在内的文学作品、摄影作品等，随着技术发展，这种规定已经不能适应公众传播权的范围。我国《著作权法》第十条规定了著作权人享有广播权，但仅规定了无线广播、针对无线广播的转播及机械表演权。尤其是省略了有线传播或转播行为的主体，有可能将转播初始的无线广播信号的行为仅理解为"有线"方式，从而使广播权规制的范围限缩，不利于权利人广播权利的保护。

第二，信息网络传播权。我国《著作权法》第三条规定的作品均可以被数字化后在信息网络中进行传播，因此信息网络传播权的权利客体十分广泛，没有明确的标准加以限制。由此，讨论信息网络传播权客体的过程中，就信息网络传播权保护的是作品的整体还是部分引发两种观点：一是由于我国《著作权法》并未就信息网络传播权客体进行明确规定，只要符合作品相关要求，不论是作品的全部还是部分，均应当受信息网络传播权保护；二是只有行为人将作品的全部或者任何部分上传至互联网，使用户可以在任何时间或者地点获取上述作品内容，才属于信息网络传播权保护的范畴。

第三，广播组织权。广播组织权是指广播组织对其广播节目信号所享有的权利。在我国著作权与邻接权二分体制下，广播组织权作为邻接权之一，主要对广播组织播放的广播节目信号享有相应权利，且权利内容仅包括无线转变行为，与著作权权利内容相比，广播组织权的权利内容有限，仅包括禁止他人转播、录制及复制的权利。网络直播行为并非广播组织权可以规制的行为。因此法院建议在《著作权法》修改中，将网络直播这一有线转播行为纳入权利范围。在学界，对于体育赛事而言，有学者认为不应通过降低独创性扩大作品范围而使其成为作品，依靠广播组织权的完善也能使其得到应有保护。同时，学者储翔认为体育赛事直播纠纷一般会涉及获授权赛事直播媒体及未获授权的转播平台这两个主体，同步转播赛事画面侵犯著作权与否也要在确定作品性质之后才能继续探讨。① 游戏直播的版权归属争议焦点围绕在游戏版权方和直播平台之间，学者徐书林支持游戏版权方，因为操作过程离不开原有的设定，② 而学者祝建军则认为可以扩展"广播权"或"其他权利"的含义对直播平台加以保护。③

（三）典型化视野下的网络直播画面的知识产权立法保护困境

伴随着互联网技术的革新，网络直播平台迅速发展。网络直播在2016年呈现出"井喷式"增长，目前国内网络直播平台数量众多，市场规模庞

---

① 参见储翔、陈倚天《新著作权法视野下体育赛事直播画面的法律保护》，《电子知识产权》2021年第6期。
② 参见徐书林《网络游戏比赛画面的法律性质探讨——基于耀宇公司诉斗鱼公司一案的分析》，《北京邮电大学学报》（社会科学版）2016年第6期。
③ 参见祝建军《网络游戏直播的著作权问题研究》，《知识产权》2017年第1期。

大。既有以游戏直播为主的虎牙、斗鱼，也有以秀场直播为主的快手、映客，还有以电商直播为主的淘宝等，网络直播以其即时性的特点吸引了大量的用户，在游戏、购物、娱乐等行业得到了广泛运用，但是由于网络直播平台门槛低、关注度大、开放性强，各类网络直播平台极为相似，经营模式单一，直播形式雷同，本质上都是通过主播吸引流量从而盈利。网络直播从业人员创新精神较为薄弱，优秀的主播能够形成个人风格以留住观众，但大部分主播则流于模仿，导致各种网络直播的质量参差不齐，出现大量同质化的直播内容。对于网络直播节目的独创性认定造成了很大的困难，同时，直播的特性也引发了监管缺位的问题。

在第一章中，本研究根据网络直播内容的类型和特点入手，从知识产权的角度将直播画面分为四个类型，即体育直播、游戏直播、秀场直播和综艺晚会直播，对我国网络直播画面知识产权立法保护困境进行典型化分析。

1. 体育赛事直播画面特殊困境

目前，对于体育赛事直播画面知识产权困境，无论是在学理上还是实践上主要存在的争议焦点在于：其一，体育赛事直播画面的法律性质如何？其二，体育赛事直播节目能否适用反不正当竞争法予以规制？

针对体育赛事直播画面的法律性质问题，则要考虑体育赛事直播画面的独创性。体育赛事本身不能作为作品，但体育赛事直播涉及导演对各种镜头的切换和慢动作回放等设置，还有讲解员解说等元素的添加，这一整体能否达到独创性也值得进行深入讨论。但目前对于其独创性标准的判断还有待于立法的进一步明确。因此学界依其独创性高低问题的争论实际上引发了对其适用著作权体系还是邻接权体系予以保护的争论，即适用作品还是制品予以保护的法律定性困境。例如学者王迁认为"赛事电视节目所体现的独创性，尚不足以达到构成我国著作权法所规定的以类似摄制电影的方法创作的作品的高度"，[①] 将反映体育比赛本

---

① 参见王迁《体育赛事现场直播画面著作权保护若干问题——评"凤凰网赛事转播案"再审判决》，《知识产权》2020年第11期。

身过程的现场直播画面认定为"录像"更为合理，因此应纳入邻接权保护领域。而戎朝、赵双阁、严波等学者则认为体育赛事直播节目是著作权法意义上的作品，① 学者严波认为镜头要素与衔接要素所运用的技术手法复杂，艺术表达充分，从而其独创性不低于传统影视作品。② 而在体育赛事直播中，就思想表达而言，导播、摄影、剪辑师和解说员通过选择画面、调度镜头、视频剪辑和现场解说等技术及表现，可以达到渲染气氛、捕捉画面，使赛事更具有感染力的目的。就技术层面而言，现场直播将前期拍摄同后期剪辑在同一时间空间完成。这一过程中，各个主体毫无疑问地进行了创作及个性化选择，据此可知，体育赛事直播画面是具有独创性的。但由此展开的争议是将其适用何种作品类型予以规制的问题。我国学者丛立先和赵双阁认为整体的体育赛事直播节目可以构成汇编作品，③ 而学者戎朝却认为体育赛事直播节目属于"以类似摄制电影的方法创作的作品"。④ 此外，《著作权法》的修订对于作品类型予以更改，将电影作品以及以类似摄制电影的方法创作的作品区分为电影作品、电视剧作品和其他作品，其他作品的分类又或许给网络直播画面保护带来新的出口。由此可知，法律定性问题成为体育赛事直播画面面临的一大困境。

针对体育赛事直播画面能否适用反不正当竞争的问题，在现有案例中，绝大多数体育赛事直播案件以著作权和不正当竞争同时作为诉讼案由，仅有央视国际网络有限公司与暴风集团股份有限公司一案仅以侵害著作权纠纷为由提起诉讼。这种诉求主要体现出两方面原因：

---

① 参见戎朝《互联网时代下的体育赛事转播保护——兼评"新浪诉凤凰网中超联赛著作权侵权及不正当竞争纠纷案"》，《电子知识产权》2015年第9期；赵双阁、艾岚《体育赛事网络实时转播法律保护困境及其对策研究》，《法律科学》（西北政法大学学报）2018年第4期；严波《论体育直播节目作品性质判定的两难之境与解题关键》，《苏州大学学报》（法学版）2019年第4期。
② 参见严波《现场直播节目版权保护研究》，博士学位论文，华东政法大学，2015年。
③ 参见丛立先《体育赛事直播节目的版权问题析论》，《中国版权》2015年第4期。
④ 参见戎朝《互联网时代下的体育赛事转播保护——兼评"新浪诉凤凰网中超联赛著作权侵权及不正当竞争纠纷案"》，《电子知识产权》2015年第9期。

第一，知识产权与不正当竞争关系密切，关于《知识产权法》与《反不正当竞争法》之间的关系，学者们有诸多讨论。不正当竞争一定程度上为知识产权提供兜底保护，以著作权与不正当竞争同时作为诉争理由，也是具体规定与兜底规定同时出手，以提高胜诉概率；第二，将著作权与不正当竞争同时作为诉讼案由，也体现出目前有关体育赛事直播节目著作权性质界定不清的问题，由于单以著作权为诉讼案由，并不能确保案件胜诉，以不正当竞争作为兜底保护，提出诉讼请求，也是保险的策略。

从裁判观点来看，法院判决不尽相同，目前观点主要有三种。第一种观点认为体育赛事直播节目构成作品，如2015年的央视国际网络有限公司与北京风行在线技术有限公司案，法院认为对体育赛事现场画面进行加工、制作并直播，直播过程中有多镜头切换，有不同位置的摄像进行信息截取，辅以解说员解说和回顾，付出创造性劳动，该赛事节目具有较高独创性，应属于作品。[1] 虽然法院认定赛事节目属于作品，但并未明确指出该节目属于何种作品，仅是通过论述镜头切换及解说员解说使得节目具有较高独创性。第二种观点认为体育赛事节目为录像制品，如央视国际与华夏城视案、央视国际网络有限公司与暴风集团股份有限公司案及未来电视有限公司与华数传媒网络有限公司案。[2] 由于后两个案子涉案侵权行为为点播行为，并非针对直播，因此主要介绍央视国际与华夏城视案法院观点。该案中，法院认为赛事直播画面并不能达到我国《著作权法》规定的电影作品的创作高度，赛事直播节目应认定为录像制品，但根据《著作权法》规定，录像制作者并不具有网络实时转播权，因此无法指控网络实时转播的盗播行为。第三种观点认为

---

[1] 参见北京市海淀区人民法院央视国际网络有限公司诉北京风行在线技术有限公司侵犯著作权及不正当竞争纠纷案民事一审判决书（2015）海民（知）初字第14494号。
[2] 参见广东省深圳市福田区人民法院央视国际网络有限公司诉华夏城视网络电视股份有限公司不正当竞争纠纷案民事一审判决书（2015）深福法知民初字第174号；北京知识产权法院央视国际网络有限公司与暴风集团股份有限公司侵害著作权纠纷上诉案民事二审判决书（2015）京知民终字第1055号。

赛事直播节目不构成作品，相应盗播行为构成不正当竞争。

2. 网络游戏直播画面特殊困境

近年来，游戏直播产业发展极为迅速，网络游戏直播画面引发的知识产权问题集中在以下几个方面：其一，网络游戏直播画面是否具有独创性，属于作品？其二，网络游戏直播画面属于何种作品类型？其三，网络游戏直播画面侵犯了何种专有权利？其四，网络游戏直播画面是否构成合理使用？其五，能否使用反不正当竞争手段对网络游戏直播画面予以规制？

网络直播的困境侧面来源于丰富的网络直播内容。如在游戏直播门类下还分为技术主播与娱乐主播：技术主播是指通过在游戏中发掘游戏策略获得胜利或进行游戏技术教学以吸引观众的主播；娱乐主播则以游戏为辅助贡献直播的效果及笑点，其本身较为容易形成独特的个人风格，此类主播虽有一定的创新，但其节目的模式大同小异也较容易被他人模仿。除此之外，游戏直播还可以分为剧情类游戏直播、竞技类游戏直播与休闲类游戏直播。其中剧情类游戏直播是指在游戏开发者的设定下，玩家通过某些操作达成游戏目标，此类直播的内容大量依赖于游戏本身设定，直播画面即为游戏画面，主播在游戏过程中的不同选择并不会导致不同结果的出现，也不会贡献独特的游戏画面；在竞技类游戏直播中，玩家的主要目标是赢得胜利，而在游戏过程中如何发挥游戏角色的最大优势、如何与队友配合、如何走位、进攻时机、策略选择都会对游戏画面产生影响，主播在此类游戏中的创作空间较大，对此类游戏的解说也能够体现主播本身的判断与选择；休闲类游戏直播画面简单，操作简单，重复性较高，很难体现主播的思想表达。仅游戏直播的不同门类就存在独创性的多种讨论，况且在现实生活中，各类游戏直播并非泾渭分明的，许多主播兼顾游戏技术与娱乐节目的呈现，竞技类游戏中也会融入剧情元素，对不同内容的网络直播进行定性需要考虑到种种情况。

对于网络游戏直播画面是否达到独创性，构成作品的问题，目前大

◆ 网络直播的知识产权保护

多数学者都认为网络游戏直播画面是著作权法意义上保护的作品。其认为游戏连续动态画面是文学艺术领域的综合表达，游戏素材的有机结合体现了作者的选择与安排，具有独创性，且该画面可以被客观感知，具有可复制性，是著作权法上的作品。

但对于网络游戏直播画面构成的作品类型问题，在学理上和实践上都存在着一定争论。此争论与电竞直播产业发展，游戏类型的多样化密不可分。如我国学者蒋胜华以网络游戏玩家有无个性操作空间、有无创作独立作品，将网络游戏直播画面划分为演绎作品、视听作品予以保护；[①] 而我国学者冯晓青认为网络游戏直播画面达到类电作品保护标准的可构成类电作品。[②] 由此可知，对于网络游戏直播画面的作品类型目前并无认定，司法实践中对游戏直播节目的性质认定也不统一，需要加强对相关法律问题的研究，促进法律制度的完善，以解决此项难题。

针对网络直播画面侵犯何种专有权利的问题，现有的对网络直播画面进行保护的权利体系主要存在于广播组织者权和信息网络传播权两类权利的争论当中。但其专有权利依此二者进行保护都存在着一定的不适性。《著作权法》的修改可以将网络游戏直播画面纳入广播权体系当中，事实上解决了有线传播、网络直播和网络转播等长期游离于《著作权法》明确赋予著作权人享有的专有权利之外的问题，或许为网络游戏直播画面的著作权问题打开了出路。

对于网络游戏直播画面讨论最多的问题存在于是否能够适用合理使用制度。合理使用制度的重要性在于实际上确定了侵权抑或不侵权的问题。在一定意义上，网络游戏直播画面使用他人作品是否构成合理使用行为，影响着网络游戏直播行业的发展。我国学者王迁认为网络游戏直

[①] 参见蒋华胜《网络游戏直播画面的著作权侵权判定研究》，《法律适用》2021年第6期。

[②] 参见冯晓青《网络游戏直播画面的作品属性及其相关著作权问题研究》，《知识产权》2017年第1期。

| 第三章 | 我国网络直播画面知识产权保护困境及原因分析 ◆◇

播过程当中,满足一定条件的转换性使用他人作品的行为属于一种合理使用行为,不构成侵权。而我国学者祝建军却认为个人直播的谋利性使用他人作品以及网站直播画面对游戏的完全使用性行为不构成合理使用。①

对于最后一个问题,有关网络游戏直播画面案由多为著作权侵权与不正当竞争,部分司法案例认为游戏画面可以通过《反不正当竞争法》对涉案直播行为进行规制,如斗鱼案中,法院认为未经授权对于游戏整体画面的使用可以构成不正当竞争,应当受《反不正当竞争法》规则。② 关于游戏直播案件以著作权和不正当竞争同时作为诉讼案由的问题,上文已经分析,在此不再赘述。

3. 综艺节目直播画面特殊困境

近年来,随着综艺直播节目经济效益的显现,针对综艺直播节目的侵权盗播行为不断增多,相关纠纷也逐渐增多。网络综艺节目直播画面知识产权纠纷主要在于:其一,综艺直播节目是否构成作品,构成何种作品?其二,针对综艺直播节目的实时转播行为是否属于著作权权利调整范围?其三,被诉行为侵犯了何种权利?

就综艺直播节目是否构成作品这一问题,法院持有不同的观点。第一种观点认为,综艺直播节目创作方法与电影作品差别较大,无法达到相应的独创性高度,不构成电影作品,同时由于该节目也是由一系列连续画面构成的,所以可作为录像制品获得保护;另一种观点认为,综艺直播节目由多个构成著作权法上的作品组成,节目组织者的贡献主要体现在节目的选择及顺序的安排上,这种选择具有独创性,因此,综艺直播节目可以构成汇编作品。

之所以出现上述差异,主要原因在于两方面:一是我国《著作权法》对作品的定义、独创性标准的规定比较模糊,法官在对相关案件

---

① 参见祝建军《网络游戏直播的著作权问题研究》,《知识产权》2017 年第 1 期。
② 参见上海市浦东新区人民法院上海耀宇文化传媒有限公司诉广州斗鱼网络科技有限公司著作权侵权纠纷案民事一审判决书(2015)浦民三(知)初字第 191 号。

进行审判的过程中，不同法官对于独创性的理解不同，就会出现不同的判决结果；二是我国《著作权法》中对相关权利内容的规定具有滞后性，产生了相应的法律空白，使得司法实践中产生不同的解释方法与解释思路。

针对第二个问题，综艺节目直播在新技术形式下取得了新发展，具有传统综艺不具有的特点，支持"直播+点播"模式，不受节目时长和播出时间的限制，主要特色还是在于实时性、互动性和多元性，制作方、嘉宾和观众之间可以通过直播进行交流，解决了摄制和互动场景割裂的问题，观众可以发表看法参与节目的制作，节目也可以针对反馈及时调整，从而达到交互沟通的效果。因此内容更加丰富多元，方式也灵活多变，但在价值导向、质量内涵上还有提高空间。综艺直播由于需要专业的创作和摄制团队，因此多为PGC类型，这不仅解决了直播内容深度的问题，也使得综艺同直播平台深度合作，比如映客直播同《我是歌手》的合作。对于平台原创节目来说，类型不受限制，因此更加丰富新颖，比如熊猫TV自制的电竞节目真人秀 *PandaKill* 等，甚至会同电视综艺节目分庭抗礼。

4. 网络秀场直播画面特殊困境

涉及网络秀场直播画面的法律难点之一是原作品的著作权使用纠纷，因此确定其是否为作品的过程相对困难。除了主播的原创作品外，未经许可再次演绎歌曲、舞蹈等作品通常会侵犯他人的著作权。以音乐作品为例，主播在进行音乐翻唱、改编或将作品作为背景音乐时，通常需要获得相关著作权人的许可并支付相应的使用费用，否则就可能侵犯著作权人的表演权、改编权和播放权等。许多网络直播平台在意识到这一问题后采取了向音乐著作权协会支付使用费等措施进行补救，但仍存在难以获得许可的作品侵权现象。

除了各类型直播在侵权方面存在差异，由于网络直播的技术特性，几乎所有网络直播面临着被侵权后难以取证和举证的困境。

网络秀场直播的主要特点在于"秀"，主播通过表演才艺进行直

| 第三章 | 我国网络直播画面知识产权保护困境及原因分析

播以获取经济收益,在诸多直播类型中最受公众欢迎。对于秀场直播,进行著作权分析实际上就是判断秀场直播内容是否构成"作品",而要成为受《著作权法》保护的"作品"需要满足三个条件:独创性、可复制性和智力成果。独创性一般可以从"独"和"创"两个方面进行归纳,其中"独"指独立完成,在实践中通常没有争议,争议焦点通常在于"创"。"创"要求作品具有最低限度的创造性,在普通直播中可能缺乏独创性,但随着市场形势的发展,观众对主播的要求也在不断提高,这与"创"的要求相契合。一方面,在直播内容的创作上,简单的音乐翻唱已经无法满足观众的需求,且缺乏独创性,因此主播开始对音乐作品进行改编,无论是改写歌词还是改变曲调,都加入了主播独特的创作,使得作品具有独创性;另一方面,在直播画面的设计上,单纯的听觉已经越来越不能满足观众的需求,主播需要朝着更高层次的视听结合方向发展。因此,主播在直播画面的设计上需要进行创造,将自身、画面和音乐有机结合起来,这个过程就是创新的过程。因此,直播画面若满足以上情形也应具有独创性,属于智力成果。

秀场直播的可复制性除了用户通过录屏、摄影等手段复制保存画面外,在通过PC端和移动端进行直播并将内容传送至客户端的过程中,直播画面实际上也存储在直播平台的服务器上,提供用户可以在错过直播后进行回放观看的服务。从这个角度来看,直播画面的可复制性是无可争议的。通过对秀场直播内容和画面独创性的探讨以及可复制性的确定,可以认定秀场直播在满足独创性要求时,可以被视为"作品"并受到保护。

涉及网络秀场直播画面保护的法律难点之二在于仅仅将网络秀场直播纳入"作品"范畴还不能使其得到《著作权法》真正彻底的保护,只有合理区分秀场直播应归属的作品类型,才能促进其版权保护。但是在对网络直播进行著作权归属时,学界存在争议。在现有作品分类中与秀场直播最为相近的就是电影作品和类电作品,但是该作品定义中将创作手法限制在"摄制"上,且需要摄制在"一定介质上",但是网络直播一般都是经由数据或信号进行处理,从这个角度,很难将网络直播粗略地归入类电作品当中,而将其归入"其他作品"依旧得不到有效保护。此外,当今已存在很多由摄制以外的手法创作出来的视听作品,典型的比如Flash视频,同时结合国外相关立法及司法实践,能发现少有以"摄制"手法来限制作品的规定。为了解决这种争议,我国《著作权法》对作品分类进行重划,以"视听作品"取代"类电作品",对"摄制"手法这一限制予以删除,从而得到一个外延扩大的作品概念。这样看来,将秀场直播纳入视听作品进行保护是最为可行的。虽然《著作权法》已将视听作品纳入作品范畴,但其外延辐射到秀场直播还需要过程,很难立即改变秀场直播可版权性认可程度低的现状。

二 网络直播画面知识产权司法保护困境

（一）网络直播画面的保护路径的不统一

当前我国针对网络直播画面司法保护的首要困境表现为对于其保护路径并不统一,具体有以下三个路径。

第一,采用狭义著作权路径。因为其具有一定的独创性,能够体现制作者的选择,故而可以将网络直播画面定义为作品。在狭义著作权保护模式中,又存在将网络直播节目认定为多种类型作品的情形,如电影作品与类电作品、汇编作品、其他作品等。就体育赛事直播节目为例,部分学者认为体育赛事直播节目具有一定的独创性,可以成为作品,获得《著作权法》保护。具体而言,体育赛事是客观事实,不是作品,但是体育赛事直播节目创作中,导演对镜头进行了取舍和编排,满足独创性的要求,体育赛事直播节目可获得版权保护。也有学者从体育发展视角出发,认为我国可以通过司法解释或指导性案例将具有独创性的体育赛事节目认定为视听作品或扩张录像制作者的保护范围,最终目的在于使体育赛事节目权利人可以控制网络实时转播行为。①

第二，采用邻接权保护模式。采用邻接权保护模式也存在录像制品与广播组织权两种保护路径，这种模式认为网络直播画面不能构成作品，但网络直播虽然在镜头选择与后期制作中的选择空间较小，但涉及传播者的权利，可以依据《著作权法》中的录音录像制作者权、广播权、表演者权等邻接权予以保护，但保护范围较小，保护期限较短，只是针对现有立法状况的争议的妥协。有一部分观点认为网络直播仅仅是对当前客观事实的记录与传播，不具有独创性，只能通过录音录像制作者权予以保护。如在北京学而思教育科技有限公司与黄杰侵害作品信息网络传播权纠纷（2020）京 0491 民初 8329 号中，北京互联网法院就认为涉案网络直播课程是"对该些老师讲课过程的再现，系机械录制，缺少《著作权法》保护的作品的独创性，属于录像制品的范畴"。体育赛事节目的独创性空间有限，尤其是直播节目，往往是对现场赛事的客观记录，虽然在镜头选择、慢动作回放等方面存在着一定的独创性，但不能达到作品独创性的标准，因此有观点主张通过完善广播组织权的规定对体育赛事直播画面进行保护。由于我国现行法律没有规定网络直播节目的法律属性及其所涉权利，多数法院持保守态度，将涉案节目排除在作品范围之外。

第三，采用反不正当竞争保护模式。考虑到将其认定为录像制品无法提供充分的保护，部分法院转而寻求《反不正当竞争法》的原则条款作为裁判依据，新兴技术的出现导致现有《著作权法》难以充分保护网络直播画面，在此种情况下，通常将《反不正当竞争法》作为《著作权法》的补充，例如广州斗鱼与上海耀宇著作权侵权及不正当竞争纠纷（2015）沪知民终字第 641 号一案，上海知识产权法院就采取了反不正当竞争的模式对涉案电竞类赛事直播进行保护。法院普遍认为，该种规制方式具有理论和立法的正当性、适用的普遍性，但是

---

① 参见彭桂兵《完善广播组织权：体育赛事直播画面的法律保护——评"凤凰网案"》，《湖南师范大学社会科学学报》2020 年第 1 期。

《反不正当竞争法》的保护模式具有十分明显的局限性，无法为网络直播节目提供有针对性的保护，不能介入网络直播节目版权保护的私权领地。此外，《反不正当竞争法》没有明确规定网络直播节目的性质和权利内容，造成对于盗播等侵权行为只能进行事后规制，而无法展开事前预防，即只有发生争议、遭受损失后，权利人在侵权行为发生后被动地依据《反不正当竞争法》获得保护，无法依据《著作权法》获得事前的全面保护。[①] 笔者认为，纵然诚实信用原则和利益平衡原则系《著作权法》与《反不正当竞争法》之共同遵循，但我国《著作权法》对视听节目的保护已经设定了较为完整的权利体系（众多法院适用《著作权法》进行裁判即为例证），法院再通过《反不正当竞争法》进行补充保护将使《著作权法》复杂的权利体系设计丧失意义。并且，《著作权法》是权利法，它可以为权利人提供事前的、确定的、积极的保护，而《反不正当竞争法》则由一系列禁止性规范构成，只能为经营者提供事后的、不确定的、被动的保护。因此，不宜选择反不正当竞争保护路径。

（二）网络直播画面权利救济途径不明确

上文介绍了我国网络直播产业的发展现状以及侵权盗播情况，可以看出针对网络直播节目的实时转播行为较为普遍，这对网络直播节目权利人的利益造成了极大的损害。当网络直播节目权利人的利益受到侵害时，他们目前缺乏适当的法律规定来保护自己的权益。此外，根据有关网络直播节目知识产权司法保护状况的统计分析，可以发现在涉及网络直播节目的具体权利类型时，有的通过信息网络传播权进行保护，也有的通过广播权进行保护，还有的通过《著作权法》第十条的"其他权利"进行保护。不同法院在不同案件中对这些权利的认定方式不一，这增加了法律适用的难度，不利于统一法律适用标准，也不利于维护司法的公信力。

---

① 参见杨幸芳《体育赛事节目的法律性质与保护之评析——兼评新浪诉凤凰网中超赛事案》，《电子知识产权》2019年第12期。

| 第三章 | 我国网络直播画面知识产权保护困境及原因分析

《著作权法》第十一条确实规定了作品的著作权归属于作者，而第十七条第一款则规定了视听作品中的电影作品和电视剧作品的著作权归属于制作者，但编剧、导演、摄影、作词、作曲等作者享有署名权并有权按合同获得报酬。对于网络直播作品，它们并不属于电影或电视剧作品。根据《著作权法》第十七条第二款的规定，除了电影和电视剧作品之外的视听作品的著作权归属由当事人约定。如果没有约定或约定不明确的情况下，著作权归属于制作者，但作者仍享有署名权和获得报酬的权利。因此，对于网络直播构成的连续画面，如果符合独创性的标准，可以归类为视听作品。《著作权法》第十一条第二款的规定为网络直播著作权的归属提供了参考，尊重当事人的意愿自治。在没有约定的情况下，著作权属于直播制作者。然而，法律并未明确规定谁是制作者。在司法实践中，法院在认定网络直播符合独创性标准，能够认定为作品的情形下，也很难判断被告的行为侵犯了原告的何种著作权。在司法实践中，部分原告主张被告侵犯了自身的信息网络传播权，然而信息网络传播权是指"以有线或者无线方式向公众提供作品，使公众可以在其个人选定的时间和地点获得作品的权利"，交互性是信息网络传播权的专有特征，这意味着用户可以在个人选定的时间和地点观看节目，核心是用户的选择，而网络直播则是由主播确定时间，用户只能在该时间段内观看直播，不具备交互性的特征，也就不属于信息网络传播权的调整范围。与此同时，根据上文分析，网络直播也难以通过邻接权进行有效规制，但网络直播产业的迅速发展产生了大量的侵权案件急需司法回应，《著作权法》第十条第一款第十七项的"著作权人享有的其他权利"成为许多案件的选择，如2020年北京高级人民法院审理的美商NBA与上海众源、北京爱奇艺公司侵害著作权和不正当竞争纠纷中，涉案NBA赛事节目直播符合独创性与固定性的要求，应受到著作权保护，法院认为被诉侵权行为不能纳入第十条第一款一到十六项的保护范围，而被诉侵权行为确实损害了原告利益且如果不加以制止会使得原告的著作权难以行使，且制止侵权行为并不会导致作者、传播者与社会公

众之间的重大利益失衡，从而使用"著作权人享有的其他权利"确认被告侵权。

2011年，《著作权法》增加了著作权的"兜底条款"。在讨论网络直播节目知识产权保护的过程中，部分学者和法院认为广播权和信息网络传播权等权利均不能适用，因此采用了其他权利对网络直播节目进行保护。然而，"兜底条款"的设置主要原因在于著作权权利内容随着科学技术的发展而发展，为了在相对稳定的法律制度与快速变化的科学技术之间寻求平衡，"兜底条款"可以缓冲技术发展带来的挑战。《著作权法》第十条的"兜底条款"因其开放性而得到了广泛适用，在当前的立法和司法状况下，利用该条款制止侵权行为也取得了一定的效果。然而，随着网络直播纠纷案件数量的增长和类型的多样化，适用"兜底条款"只是一种权宜之计，而非长久之策。

由此可见，目前网络直播节目涉及的权利类型较多，针对网络直播节目涉及的权利保护内容也较为混乱。根据现有法律规定，上述权利类型在规制网络直播节目的实时转播行为过程中存在不足，这表明法律规定存在一定的空白，需要进一步讨论与完善。同时，在现实生活中，网络直播的制作主体之间的合作关系及模式多种多样，导致各自拥有的著作权归属存在多种情形，著作权的归属依然难以确定，各主体之间的权利分配尚不明确，著作权的归属仍需进一步讨论。

（三）网络传播平台的著作权利益未被认可

随着传播技术的发展，作品价值的实现越发依赖于对传播权的行使，而互联网的崛起更是为传播者拓宽了利益获取的市场，由此刺激了大量网络传播平台的产生。

随着"三网融合"的不断推进，广播组织的传播职能开始逐渐扩展到网络环境，网络技术也在向传统广播电台、电视台延伸，由此也引发大量有关网络广播组织（以下简称网播组织）权益保护讨论。但是不难发现，网播组织所传递出的数据流与广播组织所控制的信号在实际传播效果上并无差异，均是由特定信息源确定对内容的传送，由公众

"同时不同地"地接收到相关信息的传送，二者仅存在传播技术上的区别，由此为网播组织邻接权人身份的认定提供了可能性。不过，对于法律权利主体身份的认定必须要有明确的法律依据。根据我国于2017年修订的《广播电视管理条例》，广播组织涵盖范围依然限定于广播电台、电视台，并未涉及互联网。

可以看出，对网播组织提供邻接权保护，存在着法律身份正当性的责难，其完全陷入当前著作权法体系的空白，在既有法律制度下，无法认定网播组织具有广播组织的身份，也没有充分的法律依据为其提供邻接权保护。此外，我国《著作权法》中广播组织的转播权属于"禁止性权利"，即法律仅保护其他组织对广播组织未经许可的转播，而没有表示广播组织可允许其他主体转播其内容。因此，网播组织难以基于法定广播组织的授权取得广播组织身份，而即使"授权"，也可能因欠缺法律依据而受到节目内容著作权人的控诉。但在"央视诉风云案""央视诉我爱聊案"中，原告央视国际公司作为网播组织却主张其享有广播组织权，这一身份认定的正当性也值得质疑。

（四）保障网络直播"合理使用"价值未被保障

著作权"限制与例外"制度，即是在某些情况下对著作权不提供保护或只提供有限保护的制度，如"合理使用""法定许可"等制度。作为对著作权法体系的有益补充，"限制与例外"制度是为平衡著作权与公共利益的关系而存在，而其正当来源之一便是管理产业实践和维护正当竞争之需要。某些行为本身可能侵害著作权，但考虑到相关产业发展的客观需要，其获得了广泛认可，并逐渐演化为《著作权法》的限制与例外。

那么尚未将网络直播明确纳入规制时，能否将其视为《著作权法》的"限制与例外"而进行保护呢？在我国首个网络游戏直播侵权案"网易诉华多案"中，就涉及有关"合理使用"认定的争议。华多公司认为，用户非营利性地直播游戏属于《著作权法》中的个人合理使用，游戏直播与游戏本身也不具有替代性。而法院认为，用户使用华多公司的直播平台直播游戏，导致游戏画面价值丧失，侵害了网易公司著作权，不属于"合理使用"范畴，判决华多公司败诉，并赔偿网易公司2000万元。与认定相关专有权不同，我国《著作权法》对于"合理使用"制度采取了"封闭式"立法，"合理使用"仅限于法律明文列出的十二项规定，而其中并不包括网络直播。由此看来，法院的判决有明确法律依据。不过，由最高人民法院在2011年出台的《关于充分发挥知识产权审判职能作用推动社会主义文化大发展大繁荣和促进经济自主协调发展若干问题的意见》对于"合理使用"司法认定又有新解释。其第八条提出的司法认定路径，要求法院充分考虑利用行为的市场价值，可见，当前司法实践对于"合理使用"的认定并未因循守旧，将"网络直播"纳入著作权法的"限制与例外"制度仍存在可能性。

此外，在现有著作权法体系下，对网络直播行为的授权并无明确法律依据，因而站在产业发展的角度，也无法奢求平台主动寻求相关授权。在著作权纠纷的既有司法实践对"合理使用"的认定有所松动的情况下，不能轻易否决网络直播有陷入《著作权法》"限制与例外"制度的可能。然而，在既有司法实践对于网络直播的认定中，"侵权"似乎成为法院先入为主的判断，而几乎没有关于网络直播可形成"合理使用"的探讨，这一制度价值被司法的忽视，对于直播产业的发展而言是十分不利的。

(五) 网络直播画面赔偿标准缺乏统一性

著作权人权利意识的崛起与网络直播画面侵权案件的增多，暴露出我国在网络直播画面侵权诉讼案件中，无论是法定赔偿抑或是惩罚性赔偿制度都存在着赔偿标准和赔偿数额缺乏统一标准的问题。网络直播画面侵权赔偿案件最主要的问题是赔偿标准缺乏个案化差异。在司法实践当中，法官往往会依照被诉侵权人的恶意、过错程度、行为次数、行为历史、影响程度等诸多因素作为侵权行为的情节之中确定法定赔偿数额的考量因素，但受制于网络直播画面作为新兴著作权保护客体在立法上存在缺失的情况，法官在审理案件时为提高效率、规避风险，大多采

| 第三章 | 我国网络直播画面知识产权保护困境及原因分析 ◆◇

取形式上的机械化处理,没有考虑网络直播画面自身的动态特性,做到具体案件具体分析,导致了侵权损害赔偿数额的确定缺乏个案差异性考量的问题。例如随着现在网络直播行业竞争加大,各主播为了使自己的直播画面脱颖而出进行大量投资,但也有不少仅通过简单设备开启的直播画面,直播画面制作成本的不同应作为侵权赔偿一个参考因素予以考量。

没有统一的标准就难以做出符合个性化差异的判决。这一点也延及《著作权法》新增的惩罚性赔偿制度之中。著作权侵权赔偿案件赔偿数额的确定主要有依照权利人的实际损失或侵权人的违法所得进行赔偿、参照该权利使用费给予赔偿、给予500元以上500万元以下的法定赔偿三种方式,而惩罚性赔偿作为一种惩戒、震慑作用的补充性赔偿,法官将在司法实践当中根据案件的具体情节,包括被诉侵权人的主观恶意、造成的后果与对被诉侵权人的威慑程度予以确定。其判决所涉及的是法官自身的自由裁量权,尤其是在面对新兴的受《著作权法》保护的网络直播画面客体时,是否适用、如何适用、标准是什么将会更加突出。

三 网络直播画面知识产权执法保护困境

在网络直播行业中被监管主体侵权乱象频发的根源在于以行政机关为核心的监管主体搭建起来的网络直播监管体系存在漏洞。监管主体的监管漏洞是因,被监管主体违法侵权行为是果。其纰漏表现在行政机关执法失灵和行政机关执法失控两方面。

(一)执法主体执法失灵

除以知识产权领域内相关立法的形式对网络直播画面予以保护,目前我国对网络直播领域的监管规范多以规章等规范性文件的形式展现。如《互联网视听节目服务管理规定》(以下简称《视听节目规定》)、《互联网直播服务管理规定》(以下简称《直播管理规定》)、《互联网等信息网络传播视听节目管理办法》(以下简称《网信管理办法》)、《互联网文化管理暂行规定》(以下简称《网络文化管理规定》)、《中国互联网行业自律公约》（以下简称《互联网自律公约》）等规范性文件。这些法律和规范性文件是保护网络直播画面的基石，是保护网络直播画面所生成的智力成果不受侵犯的基本规范，但仍存在着灰色地带导致执法失灵现象常有发生。

首先，规范性文件尚不统一。从网络直播画面之间的监管规范来看，各项规章多数仅对事实做原则性规定，文件的协调性和衔接性差，甚至存在相互冲突的规范性文件。例如，《网信管理办法》第二十二条要求："传播视听节目的名称、内容概要、播出时间、时长、来源等信息，持证机构应当至少保留三十日。"而《网络文化管理规定》第二十条则要求："互联网文化单位应当记录备份所提供的文化产品内容及其时间、互联网地址或者域名；记录备份应当保存六十日，并在国家有关部门依法查询时予以提供。"网络直播的节目记录信息应当保存 30 日还是 60 日，这种最基本的保存期限规定都不统一，[①] 可见行政主体作为监管主体，作为应及时提供协助予以司法救助的主体，在保护网络直播画面的智力成果时尚不能提供有效保护。

其次，执法部门存在政出多门、各自为政的状态。受规范性文件协调性差的影响，网络画面直播领域的公众维权道路堵塞，特别是涉及画面种类繁多、案情复杂的知识产权类案件时，没有高效畅通的渠道，执法部门的执法监管效力将会大打折扣。

最后，规范性文件多为原则性指示，可诉性弱。政府监管机关多是通过规范性文件所赋予的权力行使行政处罚权。在网络游戏直播所致侵权案件的司法实践当中，具体侵权行为实施人是网络游戏主播，而侵权的连带责任承担者多是网络游戏直播平台。但这样的一般规制模式却存在着无法全面覆盖网络游戏直播侵权案件特殊性的问题。[②] 当监管规范

[①] 参见李爱年、秦赞谨《网络游戏直播监管困境的法律出路》，《中南大学学报》（社会科学版）2019 年第 5 期。

[②] 参见王丽娜《网络游戏直播画面是否构成作品之辨析——兼评耀宇诉斗鱼案一审判决》，《中国版权》2016 年第 2 期。

的原则性和可诉性成反比时，当事人在寻求救济的过程中几乎不会以这些规范为诉讼依据主张自身实体权利。

（二）执法主体执法失控

受现有法律及规章的影响，当前网络直播画面的监督管理规范和意见都为原则性指示，具体操作还需进行进一步的细化及完善。呈现到行政执法中就是行政机关执法失控。网络直播领域负有知识产权权利授予以及监管职责的机构不在少数，比如网信办、文旅部、广电总局等。但目前来看并没有一个专责机关及专属配套规范性文件予以规定，也没有一个完整的协调体系在面对如此纷繁的现实情况时对网络直播的知识产权，特别是著作权做一个合理的解释。执法机关乱象频出，往往出现在面对涉及知识产权类这种专业性和复杂程度都较高的网络直播画面侵权案件时，社会热点报道的影响导致网络直播领域执法经常出现"要不都不管，要不都来管"以及"一管就死、一放就乱"的怪象，如何走出执法失控的怪圈，拿捏监管力度，达到放管的平衡，真正贯彻比例原则在知识产权类案件中的适用已然成为执法部门面临的难题。

基于网络直播行业的现实情况、技术难度以及网络主播和平台趋利因素的多种影响，收集网络直播画面侵权行为的取证难度大。执法部门在行使行政处罚权时要考虑法律规定、现实情况以及社会影响力，一旦缺乏合理性将使政府部门的公信力下降，公众信念丧失。

第二节 我国网络直播画面知识产权保护困境原因分析

一 社会视角下我国网络直播画面知识产权保护困境原因分析

（一）趋利性下的产业特点

伴随着互联网技术的革新，网络直播平台迅速发展，网络直播在2016年呈现"井喷式"增长，其即时性的特点吸引了大量的用户，网络直播也在游戏、购物、娱乐等行业得到了广泛运用，但也由于网络直播平台门槛低、关注度大、开放性强，各种网络直播的质量参差不齐，这成为网络直播画面知识产权保护困境的首要原因。

  国内网络直播平台数量较多，市场规模较大，既有以游戏直播为主的虎牙、斗鱼，有以秀场直播为主的快手、映客，有以电商直播为主的淘宝等，也有存在各类直播分区的哔哩哔哩，但各类网络直播平台极为相似，经营模式单一，直播形式雷同，本质上都是通过优质主播吸引流量从而盈利。网络直播从业人员创新精神薄弱，优秀主播能够形成个人风格以留住观众，而大部分主播则流于模仿，这也就导致了直播内容的同质化，对网络直播节目的独创性认定造成了极大的困难。

  网络直播内容十分丰富，如在游戏直播门类下还分为娱乐主播与技术主播。技术主播是指通过在游戏中发掘游戏策略获得胜利或进行游戏技术教学以吸引观众的主播；娱乐主播则是以游戏为辅助贡献直播的效果及笑点的主播，其本身较为容易形成独特的个人风格，此类主播虽有一定的创新，但其节目的模式大同小异也较容易被他人模仿。除此之外，游戏直播还可以分为剧情类游戏直播、竞技类游戏直播与休闲类游戏直播。其中剧情类游戏直播是指在游戏开发者的设定下，玩家通过某些操作达成游戏目标，此类直播的内容大量依赖于游戏本身设定，直播画面即为游戏画面，主播在游戏过程中的不同选择并不会导致不同结果的出现，也不会贡献独特的游戏画面；在竞技类游戏直播中，玩家的主要目标是赢得胜利，而在游戏过程中如何发挥游戏角色的最大优势、如何与队友配合、如何走位、进攻时机、策略选择都会对游戏画面产生影响，主播在此类游戏中的创作空间较大，对此类游戏的解说也能够体现主播本身的判断与选择；休闲类游戏画面简单，操作简单，重复性较高，很难体现主播的思想表达。仅游戏直播的不同门类就存在独创性的多种讨论，况且在现实生活中，游戏直播的分类并非泾渭分明的，许多主播兼顾游戏技术与娱乐节目的呈现，竞技类游戏中也会融入剧情，对不同内容的网络直播进行定性需要考虑到种种情况。

  （二）公众意识低下与信任丧失

  公众对此类直播行业侵权行为的态度大多是不以为然，特别是体育赛事直播行业的转播行为。不少公众因为网络直播平台的高收费会员现象转投具有侵权行为的非官方网站观看直播。公众意识的低下导致的市场需求无形催化了侵权行为的频发。此外，直播行业的全民化侧面反映出主播法律意识的良莠不齐，社会著作权、知识产权保护意识尚未形成。

在《著作权法》修改之前，法律规定的对著作权侵权的经济赔偿的数额的上限为50万元，但知名网络直播如NBA体育赛事直播、春晚综艺节目直播的价值高、传播量大、知名度高，造成的损失也就比较大，尤其是赛事直播、春晚、元宵晚会等综艺节目直播有很强的瞬时性，直播后回看人数大幅度减少，价值与收益也就相应降低，如果在节目直播过程中侵权人对该节目进行转播会极大影响节目吸引的流量，造成的损失难以估计，且现实中如何对损失进行评估本身就是一个困难的问题，50万元的经济赔偿上限远不足以弥补权利人的损失。这无疑在一定程度上削弱了人们的积极性，导致公众对司法救济的信任降低。《著作权法》修改之后，虽提高了经济赔偿的上限至500万元，但从法院最终判决的赔偿金额与原告请求数额的来看，其赔偿数额的偏低在一定程度上影响了著作权人诉讼的信心，加之举证困难、诉讼周期过长、上诉率高等种种原因，公众的信任缺失使得网络直播画面的知识产权保护存在困境。

（三）侵权易与监管难的双重冲击

科技的发展为网络直播的侵权提供了更多途径，侵权随处可见。网络直播画面和其他传统传播所存在的最大区别在于网络直播画面充分利用了互联网的无线方式进行传播，这使得使用作品的方式增加和作品的传播成本大大降低，侵权变得更简单。在网络空间可以接近零的边际成本复制和传播数字化形式的直播画面；简单操作的软件技术对网络直播画面，使得剪辑和发布相关直播画面成为全民性活动；通过技术手段设置链接等方式，网络直播画面可以被轻而易举地获取。

同时，网络直播平台不计其数、良莠不齐使得平台难以监管到位。

◆ 网络直播的知识产权保护

截至 2020 年，我国大大小小的网络直播平台在 40 至 50 个之间，其中比较出名的网络直播平台主要有斗鱼 TV、虎牙直播、企鹅电竞直播、哔哩哔哩直播、YY 直播、抖音和微信公众号等。具有较强监管意识的头部直播平台虽已加强监管，对内设立了审查平台和机制，人工检验可能存在的侵权行为，对外设置了投诉窗口，并对可能涉嫌侵权的直播画面开拓举证渠道，但由于其数量过于庞大，因此无论是人工审查还是外部监督都难以对网络直播画面的侵权行为进行确定性辨别，"不知道就代表未侵袭"成了一种常态。只能等待受害者主动声讨。而大部分小型直播平台，因资金链薄弱、投入少等原因，责任感较差，对存在的侵权行为视而不见。直播平台与主播签订的相关禁止侵权等违法行为的协议，在真正实施方面存在着较大的漏洞，平台没有尽到审查与监管的义务，面对侵权行为置若罔然。

除去自我监管外，网络直播行业监管行政部门虽然众多，包括文化和旅游部、通信管理局、国务院新闻办、广电总局等，但其部门间的沟通和合力成本大，不能及时根据最新的法律规范开展监管，著作权领域特有的集体管理制度也很难真正在网络直播行业发挥作用。这就使得对于网络直播行业的监管执法力度弱，全部依靠着被侵权人的自我声讨开展事后司法救济，不能从源头对于侵权行为予以制止也就意味着保护困境将会更加严重。

二　网络直播知识产权立法保护困境原因分析

（一）知识产权自身属性桎梏

第一，知识产权本质特性桎梏立法发展。知识产权的本质属性在于其无形性的特征，以非物质的知识或信息为对象，在法律规定之外一切人类智力劳动成果实际上都可以划入知识产权予以保护的范围。无形性的特征使得公众乃至法律学者都不能将知识产权的周延范围予以明确界定。正所谓无救济则无权利，只有权利明晰化才能使知识产权在法律适用过程中保护得当。可以说，以声音和图像结合的网络直播画面所生成的新型智力成果，其非物质性将会使现行立法承受细化权利、保护知识产权的更多压力与责任。

第二，知识产权利益平衡对立法提出更高要求。当我们回归到知识产权制度的立法目的当中，知识产权设定的最终目的是保护知识产权人的专有权利和确保社会公众对知识产品的需求，实现两者的利益平衡，从而达到促进社会经济发展、科学和文化进步的社会目的，这体现了对整体的社会利益的追求，也构成了知识产权制度的社会目标。与知识产权的本质属性相结合，知识产权既缺乏物权所具有的天然的物理边界，又缺乏债权所具有的清晰的法律边界，因而在保护范围和保护强度方面，都特别需要政策上的考虑和利益上的衡平，保留弹性的法律空间。[①] 平衡好知识产权人的专有权利和社会对知识产品的需要已然是知识产权保护的难题，而网络直播画面作为新兴知识产权领域的客体，其文化传播影响力大、范围广、效率高，若难以保证天秤的两端平衡，将对知识产品的创造、传播与社会进步带来巨大不利影响，这实则是对立法调整提出了更高要求。

第三，法律在社会变迁中存在天然弱势。网络直播画面背后的知识产权与传统知识产权的不同在于其将涉及大量的科学技术。随着网络直播技术的迅速发展和社会政策的不断变化，网络直播画面对象范围的扩大将成为必然趋势，这意味着成文法在自身存在天然弊端的同时对设计网络直播画面的相关立法规定过程的难度将进一步加大。法官显然也不能固守条文、不顾现实地去解决此种网络直播画面的新型争端。

(二) 知识产权法起步晚

网络直播画面知识产权保护存在的困境还受制于我国知识产权法的发展现状。在立法领域，我国知识产权伴随着改革开放起始于70年代末期，立法起步时间较晚，同时立法技术的问题以及"宜粗不宜细"的立法传统，导致了知识产权立法存在许多的空白和漏洞，知识产权制

---

① 参见宫小汀、陈聪《知识产权司法政策对法官自由裁量权的引导》，《人民司法》2014年第23期。

度的不完善使得法官在适用法律上存在很大的困难。传统的知识产权领域尚存很多困难，面对网络直播画面新兴知识产品客体时，自然也无法提供全面保护。

目前，国家越来越重视知识产权在维护国家安全，促进国家发展中的作用。2015年国务院发布了《关于新形势下加快知识产权强国建设的若干意见》，将知识产权强国作为国家战略提上议程，最高人民法院也发布了《关于新形势下加快知识产权强国建设的若干意见》的白皮书以及《关于充分发挥知识产权审判职能作用推动社会主义文化大发展大繁荣和促进经济自主协调发展若干问题的意见》，都明确了知识产权建设在社会中的重要作用。但我国对于知识产权的司法政策大多采取以民刑为主的保护方式，执法领域定位缺失，空白领域大且应用程度低下。大多数规章多采取指示性的原则性规定，执法领域对于知识产权并没有提出明确保护路径，涉及知识产权的各行政主体部门冗杂，权利义务尚不明确，能够对知识产权保护提出明确保护路径的规章尚少。

三 网络直播知识产权司法保护困境原因分析

（一）司法保护协调机制不畅

目前，网络直播画面司法保护存在困境的原因主要在于司法保护与非诉讼保护之间衔接机制不畅通，主要表现在人民调解以及行政执法两个领域。一方面，司法保护与调解程序解决途径并不畅通。其具体表现为网络直播画面这一新兴保护客体，对调解人员的知识产权专业知识以及专业背景提出了更高要求，同时缺乏专业第三方调解机构，人民调解在涉及网络直播画面的知识产权案件解决中发挥作用不够。另一方面，司法保护与行政执法解决途径衔接不畅。网络直播的特点在于范围广，影响力大，传播速度快。著作权人在权利受到侵害的同时，大多数的侵权行为还将扰乱正常的社会秩序，危害社会公共利益，因此存在着运用公权力进行行政执法保护以及运用私权利提起诉讼的交叉保护路径，也即在行政违法与民事侵权领域交叉情况下，这两种保护模式极有可能造成矛盾和冲突,最终影响到知识产权对于网络直播画面保护的终极效力问题。产生这一现象的原因主要在于司法诉讼制度和行政违法制裁程序各自在运行的目的和方向上存在差异,以及目前二者的协调机制不健全所导致的法院判决和行政制裁可能做出两种完全截然不同的处理结果,将使保护效力大打折扣。最后,在传统知识产权领域,专门针对知识产权行政执法衔接的12部规范性文件,其颁布主体多种多样,在《立法法》上的效力位阶较低,加之没有出台相应细则,基层执法人员对适用哪种法规无所适从,这同样导致行政执法部门陷入执法困境。

(二)法官自由裁量权的影响

法官在北大方正案的判决书中道出了法官的"苦衷":"尽管法律对于违法行为作出了较多的明文规定,但由于社会生活的广泛性和利益关系的复杂性,法律更多时候对于违法行为不采取穷尽式的列举规定,而是确定法律原则,由法官根据利益衡量、价值取向作出判断。"[1] 由此可见,法官在审理具体案件时都需要将抽象的规定具体化来适用到个案当中。可以说法官自由裁量权是法律适用过程的必然结果,任何法律规定都不能涵盖每一个案件事实。法官在审理网络直播的知识产权案件过程中,需要在个案中灵活地分配当事人的举证责任、酌情判决赔偿数额以及参考国外立法判例和判决等方式,同时为以后类似案件的判决提供借鉴。[2] 这种自由裁量权的必要性暴露出其存在的弊端。我国学者宫小汀曾对在直辖市从事过知识产权一线审判工作3年以上的29名法官对于行使自由裁量权的情况进行了一次问卷调查,结果显示法官在行使自由裁量权时大多都希望通过上级法院对个案做出批示或者通过审判委员会对案件做出决定。[3] 由此可知在自由裁量权下,法官的魄力受限制于同案不同判以及改判风险的顾虑。此外,案件事实的了结还受制于

---

[1] 最高人民法院办公厅:《北大方正公司、红楼研究所与高术天力公司、高术公司计算机著作权纠纷案》,《最高人民法院公报》2006年第11期。
[2] 参见王言《知识产权案件中的能动司法研究》,《焦作大学学报》2017年第2期。
[3] 参见宫小汀、陈聪《知识产权司法政策对法官自由裁量权的引导》,《人民司法》2014年第23期。

当事人恶意信访的压力、法院内部的考核机制、法官个人的职业素养水平以及个人的道德修养。在面对立法不明的情况下，法官的自由裁量权在处理网络直播画面侵权的新型案件中将会举步维艰，难免会在法律适用途径、赔偿数额等方面存在着不一致。

（三）权利人举证困难、维权成本高

网络直播知识产权司法保护困境表现在诉讼程序的举证困难之中，首先，在进入诉讼程序之前，网络直播类型多样且内容广泛，新媒体、自媒体的崛起丰富了网络空间的同时也为权利人发现侵权行为，明确被告制造了难题。对相关案件的原被告主体身份进行分析可以发现原被告多为法人主体，而很少会对个人用户提起诉讼，除个人用户经济力量有限、诉讼所得较少的原因外，也有部分原因为有些个人用户主播关注度较低、侵权行为轻微难以被及时发现。同时，互联网时代虽极力提倡用户实名制，但从实践当中仍然可以发现存在着不经登记或者虚假登记的实施侵权行为的公司，皮包公司躲避追讨的行为已然变成常态，这些情况都使得权利人难以确定被告以进入侵权诉讼过程获得救济。即使进入诉讼过程后，科技的发展为网络直播侵权提供了便利，网络具有快速删除的功能，权利人的举证尚未完成之时侵权内容可能就被及时删除。另外，通过网络直播的侵权更加难以被发现，在直播行为结束后，进行回看的观众大幅减少，且视频制作者能够对直播内容进行删除、剪辑等操作，更是加剧了举证难的问题。在举证被诉侵权人存在侵权行为时，法院首先认定的就是网络直播画面的著作权可版权性的问题，著作权保护的是形式而非思想，这也就导致了大量模仿引流的行为难以得到有效规制，如在游戏直播技术教学中，很难证明谁首次发现或分享了该技术手段，而大批主播分享同一游戏策略到底是照搬他人想法还是独自创新更是难以证明。由此可见，不管是进入侵权诉讼之前还是进入诉讼程序之后，举证困难的问题加大了网络直播画面的知识产权保护的司法困境局面，亟待破解。

同时，受举证困难等因素的影响，高昂的费用正不断降低权利人维

|第三章| 我国网络直播画面知识产权保护困境及原因分析

权的积极性,成为影响权利人进入司法程序保障自身权益的原因之一。诉讼流程拉长意味着著作权人在维权过程中投入的成本将会不断增加,很大程度上会因此降低著作权人进入司法程序维权的积极性。权利人的维权成本不单单包括被侵权人在维权过程中投入的人力、财力,还包括时间成本。权利人的维权成本高侧面表现在其投入的人力、财力以及时间等成本与其最终所获得的赔偿不能成正比,得不偿失,获益与投入相差悬殊。除此之外,网络环境下的著作权人对自己权利的控制力不断下降,难以对侵权行为进行及时有效的救济,往往只能采用事后救济即利用司法手段进入诉讼程序对自己的权益予以保护,此时往往已经受到了不可挽回的损失,此时再面临烦琐的举证程序难免会使不少著作权人放弃维权。

四 网络直播知识产权执法保护困境原因分析

(一) 行政主体权责不清、职能分散

网络直播行业的复杂性辐射到与互联网有关的监管部门之中。目前,与我国网络直播行业有关的行政主体主要有五个,它们分别是国家互联网信息办公室(简称"网信办")、文化和旅游部(简称"文旅部")、国家广播电视总局(简称"广电总局")、工业和信息化部(简称"工信部")以及公安部,数量居于全球发达国家的网络直播行业首位。从上述主体就可以发现网络直播行业侵权现象如今屡禁不止的端倪,没有合理的职权划分,没有明确集中的机关,多机关协同困难,监管效果往往不够理想。面对网络直播这一新类型的知识产权侵权和违法行为,此种分散性的执法体制,使得在网络领域中知识产权行政执法存在协作不畅、执法资源不足、执法手段缺失、执法能力有限等问题,特别是对跨区域、跨行业行政执法造成很大的钳制。职能分散将导致权责不清,权责不清就会引发冲突,最突出的矛盾暴露在网信办与广电总局的职责冲突之中。依据《直播管理规定》第四条,全国网络直播服务信息内容的监管执法工作由国家网信办和地方各级网信办分别负责,国务院相关的网络直播管理部门实施相应的监管职责。而《视听节目规定》第三条要求："国务院广播电影电视主管部门作为互联网视听节目服务的行业主管部门，负责对互联网视听节目服务实施监督管理，统筹互联网视听节目服务的产业发展、行业管理、内容建设和安全监管。国务院信息产业主管部门作为互联网行业主管部门，依据电信行业管理职责对互联网视听节目服务实施相应的监督管理。"由上述规定可知，网络直播监管主体的职权划分还是存在一定的争议。[①] 多个行政监管机关行使最大职能效率的前提是职权划分明晰，职权划分本身就是难题，难以明确，再明晰的划分在面对纷繁复杂的现实时也需要明确解释，否则也将会产生不同的理解，更何况规范性文件的出台跟不上网络直播行业迅速发展的脚步。直播行业的监管权该归于何处？执法机关之间权力冲突时如何协调？这都成为现实的阻碍。

（二）行政主体技术参与度差、效率低下

受直播产业特点的影响，直播行业发展逐步壮大，与此同时网络游戏直播的执法部门开始遭遇技术监管瓶颈。行政主体仅仅依托公众投诉、举报等方式开展救济，其效力往往只存在于与行政相对人一方，在行业内发挥实际作用的效率较低。结合目前的监管现状，技术监管往往是直播平台采用的监管方式，平台多采用机器审核与人工审核相结合的方式。机器识别指的是应用第三方图像识别服务，通过关键帧画面的截图来分析和鉴别不良内容。目前对网络直播内容的审核仍以人工为主，需要人员进行实时监察，对人力成本的耗费较大，[②] 直播平台监管人员的职业水平及素质、监管平台自身能否担任其监管职责都会影响到运用技术手段进行监管效果。行政主体采取技术手段开展执法行为处于被动状态，参与度较低，这令执法部门的执法效率大打折扣。同时，执法主体应采取多元化的技术方案应对执法难题以提高执法效，然而，直播实

---

① 参见李爱年、秦赞谨《网络游戏直播监管困境的法律出路》，《中南大学学报》（社会科学版）2019年第5期。

② 参见王欢、庞林源《网络直播监管机制及路径研究》，《出版广角》2017年第6期。

时监测难以真正实现，且需要研发新的技术，才能有效应对网络直播中侵权事件。因此不难发现，当前正在使用的网络直播监管技术存在较大缺陷，这也是造成网络直播领域侵权事件频发且得不到有效遏制的重要原因之一。

（三）行政主体执法方式较为单一

将行政执法手段作为涉及知识产权的网络直播画面保护的方式必不可少。在传统的著作权领域，运用行政执法手段予以规制主要表现在《著作权法》和《著作权法行政处罚实施办法》第三章的有关规定之中，行政处罚手段是作为处理涉及侵犯著作权案件的主要行政手段，除此之外均没有任何规范性文件赋予行政机关通过行政裁决、行政调解以及行政强制措施、行政处罚等执法行为对著作权侵权案件进行规制，在传统的著作权领域存在着执法程序单一化的特点。当网络直播画面作为受著作权保护的新型客体时，行政执法手段面临的问题呈现复杂态势。

第一，原有的行政执法手段单一问题尚未解决。分散性的行政处罚行为在统一的立法模式下对行政违法行为、行政法律责任和行政处罚及其程序联系提出了更高要求，要求具备更高的灵活性和更强的适应性，然而，从我国知识产权保护现状来看，仅有专利行政处罚程序规定详尽，传统著作权领域本身存有弊端。

第二，受行政执法措施单一性的影响，现有行政处罚行为处置力度不足。《著作权法》第五十三条规定："侵权行为同时损害公共利益的，由主管著作权的部门责令停止侵权行为，予以警告，没收违法所得，没收、无害化销毁处理侵权复制品以及主要用于制作侵权复制品的材料、工具、设备等，违法经营额五万元以上的，可以并处违法经营额一倍以上五倍以下的罚款；没有违法经营额、违法经营额难以计算或者不足五万元的，可以并处二十五万元以下的罚款；构成犯罪的，依法追究刑事责任。"网络直播画面作为新兴的受著作权保护的客体，通过行政处罚行为予以处罚时多采用责令停止侵权行为，予以警告、没收违法所得等方式予以制裁，其向社会传递的维护公共利益的力度较弱，同时通过行政处罚手段处理侵权案件主要集中在于线下打击侵权复制品的行动当中，在网络线上领域适用存在一定不匹配性，由此产生滞后局面。

（四）行政主体执法存在管辖权异议

针对知识产权案件，我国采取了以司法诉讼为主、行政裁决为辅的双轨制保护模式。这种模式充分发挥了知识产权行政法保护的优势，特别是在处理网络知识产权侵权案件，尤其是涉及网络直播画面等新型客体侵权案件中的重要性。

在传统著作权的机构管辖权设置方面，知识产权案件的行政执法受理机关主要根据属地原则确定，由侵权行为地或请求人所在地的相关机关受理，以保障权利人获得救济。同时，对于涉及侵犯信息网络传播权的著作权案件，《著作权行政处罚实施办法》第五条规定，"侵犯信息网络传播权的违法行为由侵权人住所地、实施侵权行为的网络服务器等设备所在地或侵权网站备案登记地的著作权行政管理部门负责查处。"此外，随着科技的高速发展，传统的属地原则面临来自网络环境突破地域限制的挑战，特别是对于设计网络直播画面侵权问题的相关案件。确定此类案件的侵权行为地以及受理行政执法机关行使管辖权的问题成为当务之急。通常情况下，与网络相关的案件查处由侵权人服务器所在地的相关行政执法机关负责行使相应的管辖权。然而，由于目前尚未出台具体的规范性法律文件，涉及管辖权问题存在一定的模糊性，在实践中处理方式多种多样，甚至出现了踢皮球现象，势必会影响对著作权人合法权益以及社会公共利益的有效保护。

因此，当务之急是需要在相关领域进一步研究和完善法律法规，以应对不断变化的网络环境和技术发展，确保对网络直播画面等知识产权的合理保护，并解决相关案件中的管辖权问题，以维护著作权人的合法权益和社会的公共利益。

第四章
域外网络直播知识产权保护

第一节 域外网络直播知识产权保护概述

一 域外网络直播知识产权保护概述

互联网的发展推动了网络直播这一全新媒体形式的产生。世界各国的法学研究者和立法机关在网络直播及其传播技术不断发展的进程中逐渐形成了各自独特的理解。例如，英国、新西兰等国家将直播的定义拓展到互联网传输领域，将"网络直播"纳入版权法所保护的"广播"中；在韩国，"互联网广播"替代了"网络广播"的概念。"互联网广播"指"通过互联网向特定或指定数量的人提供语音或视频等多媒体信息，并需要用户积极参与的服务"。此外，不同的国际组织对这一新兴事物也有着不同的界定。例如，国际网络广播协会（International Webcasting Association，IWA）将网络广播定义为"通过互联网协议网络分发数字编码多媒体（尤其是音频和视频）内容"；世界知识产权版权组织（WIPO）草案将网络直播定义为"利用计算机通过有线或无线方式传输，以供公众接收声音或图像，或通过程序携带信号。它可以基本上同时为公众成员所访问，而这种传输在加密时应被视为网络直播，其中的解密手段由网络广播组织直接或其他组织在经原网络广播组织同意后提供给公众"。

◆ 网络直播的知识产权保护

通过对不同国家、不同组织的研究可以发现，网络直播技术在全球范围内的发展并不是同步的，因此，国外学界、国际组织等对于网络直播知识产权保护研究的进程也各不相同。由于世界各国著作权体系的地缘政治和社会科学文化背景不同，部分国家和地区对网络直播知识产权保护持积极态度，也有部分国家和地区对其持中立态度。

（一）英美法系国家

英美法系国家的著作权体系更多表现为版权体系，版权的设立目的在于给予作者经济方面的回报。因此，英美法系国家认为作品的创作和传播均属于可以受版权法同等保护的行为，而无须过多关注作品创作的独创性要求。在美国、英国等英美法系国家的版权法中，"广播组织权"等邻接权概念并无具体规定，网络直播节目的传播者同样可以成为作者。

1. 美国

从整体看，美国《版权法》对"公开传播权"采取开放性解释，其中涵盖了能够传播作品的所有手段，当然也包括网络直播这一途径。美国《版权法》通过设立"公开表演权"规制网络直播，并赋予版权人"对于作品公开表演或展示"（to perform or display a work publicly）的权利，其内涵包括将作品"以任意传输手段"进行表演或展示。在理论层面，美国区分审视网络服务商责任和网络用户责任，在网络传播作品条件下的帮助侵权和替代责任的理论部分适用于网络服务商。[1] 基于这个特点，美国司法机关在整合了大量判例后，于后续制定了《数字化时代版权法》并在其中明确了"避风港"条款。[2] 美国于1961年制定的《体育转播法》规定职业俱乐部享有对赛事节目的转播权，其在自行直播的同时有权许可他人转播。关于对体育赛事直播节目如何进

---

[1] 参见姚捷《网络直播著作权研究》，硕士学位论文，长江大学，2020年。
[2] "避风港"条款：是指在发生著作权侵权案件时，当ISP（网络服务提供商）只提供空间服务，并不制作网页内容，如果ISP被告知侵权，则有删除的义务，否则就被视为侵权。如果侵权内容既不在ISP的服务器上存储，又没有被告知哪些内容应该被删除，则ISP不承担侵权责任。"避风港"原则包括："通知+移除"。

| 第四章 | 域外网络直播知识产权保护

行著作权保护，部分学者以数字时代频发的体育赛事盗播现象为研究落脚点。斯蒂芬尼对在体育赛事直播中产生的权利及保护方式予以了明确，并认为盗播行为可以通过《数字千年版权法案》"删除通知"的规定予以规制。而该条款之后演变成了"避风港"规则，一方面弱化网络服务提供者的重要义务——注意义务，保护了网络服务提供者；另一方面也为版权持有人提供了便捷的救济路径。

从美国的立法整体可以看出，美国《版权法》的保护重点更倾向于作品的实际价值。美国于1976年修改了《版权法》，并规定："法律应充分保护能够以某种形式固定下来的体育赛事或其他节目。"从作品是否具备独创性的标准看，相关节目的直播行为因导演、编辑、录制等环节而具备独创性，在经过特定的有形形式固定后可认定为作品。1998年，美国制定了《数字化时代版权法》，其中规定了："因作品网络传播而产生的各项权益应归属于作品的所有人，作品通过网络发行的行为除了包括上传与下载外，还包括将作品及其复制品从一个计算机复制至多个计算机等行为。"基于此，涉及网络传播的侵权之诉可由作品所有人围绕其发行权、复制权等权利提出。美国立法机关先后通过了《组织网络盗版法案》《保护知识产权法案》《电子通信隐私法》等法案，同时立足于网络直播所面向的广大年轻群体而颁布了具有针对性规则的《儿童网络隐私规制》《儿童互联网保护法》等法律法规。[①] 在网络直播的规制与管理工作中，法律起到了辅助作用，而对于在实践中发生的一般违法行为或危害性较低的行为，当事人或相关部门多以合同或市场作用予以规制；对于重大违法行为则使用《合同法》《不正当竞争法》等相关传统部门法。此外，美国还设立了专业性和自主性更强的版税裁判所，其成员由总统任命并独立于司法机关。由于裁判所的业务集中于版权问题的管理，且最终给出的裁定和司法机关的判决有着同等效力，因此在实践中可以保持纠纷解

---

① 参见高荣伟《国外网络直播相关法律法规》，《检察风云》2018年第11期。

决的时效性与稳定性。

2. 英国

英国对广播和电信的内容和权利均制定了相应的规制措施，但作为数字科技带来的新生产物，网络直播融合了广播和电信双方的部分特征，目前暂时在该领域尚未通过普通法予以规制。对于网络直播的著作权问题，英国《版权设计与专利法》没有做出明确规定，而是通过国家层面和行业层面的共同监管来解决。为此，在国家层面上，英国政府成立了英国通信管理局；在行业层面上，英国设立了电视点播协会以实现自治监督，要求协会内的网络直播平台为消费者提供必要指导，并制定了协会管理的专门规则。①

3. 新西兰

为适应数字环境下科学技术的不断进步，新西兰于2008年修订了《版权法》。2002年，新西兰政府提交了内容为"建议对版权法进行必要修改"的工作文件，该文件围绕着在通信环境中实现技术中立的方法提出了建议，即：单独确立网络直播权；明确"有线节目服务"的定义（包括网络直播）；以广泛的技术中立的通信权利（该权利规制的对象涵盖广播、网络直播、纳入有线节目的服务或任何未来可能出现的技术组合）取代直播及有线节目服务权利。随后，内阁文件以该政府文件为基础，提出了删除现有关于直播、广播定义的建议。该文件的主要内容为："鉴于在数字社会中传播手段所扮演角色的重要性，委员会建议修订相关法案，其中包括关于技术中立的传播权利，以及相应类别的将受到版权保护的传播作品。同时这将取代目前有关广播或直播以及相关有线节目服务的特定技术规定。"

新西兰政府发布的立场性文件也转载了同样内容。随后，为赋予通信语境以技术中立性，相关法律删除了广播、网络直播及有线电视节目中含有版权内容的信号的广播定义。与英国相似，新西兰也将网络直播

---

① See Isik Onay, Regulation webcasting, "An analysis of the Audiovisual Media services Directive and the current broadcasting law in the UK", *Computer Law & Security Review*, 2009, Issue. 7.

视为个人作品。新西兰《版权法》赋予作者有关传播作品的所有权利，并规定制作传播作品的人应被视为作品的著作权所有人。除此之外，新西兰《版权法》丰富了作者利用其作品的权利，并规定所有权利均应被赋予直播内容或作品的所有者，而不是直播组织或平台。①

4. 新加坡

新加坡《版权法》将音乐作品、录音录像作品、广播、网络程序等纳入法律的保护范围内。随着近年来网络直播的兴起，尽管《版权法》未明确将其规定为受保护的具体对象，但综合其与其他保护对象的相同特征来看，可以合理推断网络直播的著作权受到新加坡《版权法》的保护。在英美法系版权法理念的影响下，新加坡《版权法》中的版权被定义为财产性权利，且不具备精神性权利内容。1998年，在《伯尔尼公约》的影响下，新加坡《版权法》才开始关注著作人身权。现行新加坡《版权法》的著作人身权包括发表权、署名权、保护作品完整权等；著作财产权包括发行权、出租权、表演权、广播权等。由于法律并未详细规定关于网络直播著作权的规制方式，因此，在实践中可以表演权或广播权中的类似情形进行借鉴。

5. 印度

印度对网络直播著作权的保护在整体上持保守立场。印度的著作权法案（the Indian Copyright Act 1957，ICA）仅规定了对直播、广播作品邻接权的保护，却未将直播、广播作品纳入法案的保护对象。该法案将广播定义为："可以通过有线、无线等传播方式实现将信号、声音等向公众传播的目的的作品。"此外，立法对传播手段进行了扩张解释，即任意相似的传播手段均受此法规制。以此为依据猜测，网络直播手段理应也在该法案的规制范围内。但从法案通过的时间看，该著作权法案在其通过时将作品的传播手段限定于1984年之前印度所存在的传播手段内，而网络直播在印度出现的时间至少在21世纪初，因此该法案无法形成对网

---

① See M. Sakthivel, "Webcasters' protection under copyright—A comparative study", *Computer Law & Security Review*, 2011, Issue. 27.

络直播的有效规制。而在2010年提出的本法修正案中,立法者认为将网络直播纳入作品传播的手段中并予以规制至少还需10年以上的时间。故而网络直播著作权至今仍未明确体现在印度的著作权法中。①

(二) 大陆法系国家

大陆法系国家的著作权法律体系侧重强调对作品人格性权利的保护,即著作人身权。相关立法重视作品的独创性,而作品在传播过程中产生的权益则会因其独创性弱于作品的创作而只能通过位阶低于作者权的邻接权予以保护。具体来看,不同国家对网络直播著作权的保护方式也各有不同。

1. 韩国

网络直播在韩国的发展更为兴盛,经纪公司签约的主播会接受更为多样和专业的直播技能培训,直播平台会努力为直播者提供更广阔优质的直播环境,网民则会通过平台付费的方式观看网络直播。出于对著作权制度的重视,韩国修订相关法律较为频繁,并形成了趋于完善的著作权保护体系,为网络直播的发展提供了必要保障。1981年,韩国通过设立的著作权审议调停委员会实现了对网络作品著作权纠纷的解决,同时国会也将"危险通信信息"纳入《电信事业法》的规制范围内。此后,韩国颁布了《信息通信基本保护法》等法律,明确了不良网站的评判标准以及破坏网络直播环境的违法行为。广播通信委员会对于侮辱、诽谤、侵权等违法行为将在统一核实后对违法行为人或网站做出罚款或断开链接等处罚。②

2. 意大利

意大利在其《著作权法》中规定,著作权不给予低独创性的广播节目等同于作品的直接保护。对于通过链接技术、特定网络等完成的实

---

① See Sakthivel M., "Indian Copyright Act and New Communication on Technologies: A Special Focus on Webcasting", *Computer Law & Security Report*, 2012, Vol. 28, Issue. 1.

② See Daniel Pruzin, "WIPO Agrees on Two-Track Approach for Advancing Broadcast Treaty Conference, BNA's Patent", *Trademark & Copyright Tournal*, 2006.

时转播，意大利最高法院在总结判例的基础上认定："尽管链接中呈现的相关节目不属于独创性作品，但链接行为仍可能侵犯直播、广播节目在网络环境传播的过程中产生的归属于广播组织的专有权利。"①

3. 德国

德国的学界理论对于作品独创性的要求标准更高。在这样的理念下，直播画面普遍被认为是缺乏独创性和作品属性的动态画面。② 但德国关于图像画面保护的权利内容与影视作品相似。另外，德国《著作权法》为进一步保护作者的权益而创设了"广播与网络再现权"，允许作者通过各种形式的技术传播作品。③ 这项权利充分扩大了传播权在网络环境中的行使范围。

4. 日本

日本《著作权法》基本涵盖了包括直播在内的所有作品传播途径，其充分整合了具有传播属性的各项专有权利，并规定了作者享有涉及作品公开的一系列权利，例如通过口述、表演、放映等向公众传播作品的权利。另外，《著作权法》也规定了作品邻接权人"对有线转播"的禁止权，确保作者享有作者权等权利的同时也能通过邻接权规制网络直播。

5. 法国、匈牙利、瑞典

为了规制网络直播、转播行为，实现著作权、传播权在网络环境中的延伸，法国在其《著作权法》中规定了新型邻接权，即："只有在经过视听传播企业许可后才可通过网络直播视听节目。"④ 与法国类似，匈牙利和瑞典也随之扩大了传播权在网络环境中的适用范围。⑤

---

① M. Sakthivel, "Webcasters' Protection under Copyright-A Comparative Study", *Computer Law & Security Review*, 2011, Vol. 27, Issue. 5.
② 参见 [德] M. 雷炳德《著作权法》，张恩民译，法律出版社 2005 年版，第 154 页。
③ 参见《德国著作权法》，范长军译，知识产权出版社 2013 年版，第 28 页。
④ 《法国知识产权法典：法律部分》，黄晖译，商务印书馆 1999 年版，第 42 页。
⑤ 参见赵双阁、艾岚《网络广播法律保护研究》，《武汉大学学报》（哲学社会科学版）2014 年第 4 期。

(三) 国际组织

1. 欧盟

与英国相类似，欧盟于 2005 年通过立法确立了视听媒体服务指令（AVMS）。该指令对互联网、移动通信网络等新兴作品传播途径实现了规制，并进一步加强了对线上服务的监管，其中包括自我监管和共同监管。自我监管体现为作品传播者、作者对自身的监管；共同监管体现为国家主体与非国家主体间的协作。两种监管方式共同推进，既确保了自我监管模式下的市场灵活性，同时也融入了共同监管模式中的国家权威性。欧洲治理白皮书和相关问题的解决方案已经将 AVMS 指令和上述监管模式充分运用于实践之中。[①]

2. 世界知识产权组织

由于广播、直播领域的快速发展，原有的《罗马公约》已不足以适应当前的技术变化，甚至《与贸易有关的知识产权协定》也没有很好地解决广播组织所关注的问题。基于此，世界知识产权组织开始就相关问题展开讨论。世界知识产权组织充分讨论了现代技术对广播组织版权的影响，以及《罗马公约》中的不足之处。版权及相关权利常务委员会自 1998 年起开始讨论关于广播机构的保护问题。美国在第八次 SCCR（版权及相关权常设委员会）会议上提出了保护广播机构的基本提案，其中涵盖了传统广播、有线广播、卫星广播等所有类型广播，当然也包括网络直播。提案建议中关于网络直播的定义为："网络直播是指通过计算机网络，以有线或无线方式使公众能够接收到声音、图像的传输或声音和图像的表示。"这一定义试图涵盖包括下载在内的所有互联网传输类型，并且涵盖了任何声音、图像或两者的任何传输，这些均通过计算机网络向公众提供。随后，美国在第九次 SCCR 会议中提交了保护广播机构的修订案，并重新定义了网络直播："指在基本同时通过计算机网络以有线或无线方式传输相同

[①] See M. Sakthivel, "Webcasters' protection under copyright—A comparative study", *Computer Law & Security Review*, 2011, Issue. 27.

的声音、图像或其表现形式。"①对比前后两个定义，可以看出网络直播要求消费者应在同一时间接收到直播内容，类似于电视广播。

第十四次 SCCR 会议提出了一项保护广播机构的基本建议草案以及保护网络广播机构的非强制性建议。除美国等少数国家以及欧盟外，参加 SCCR 会议的大多数成员国都强烈反对该草案。当前，网络广播组织的权利保护问题被作为一个单独问题予以保留，并在将来会着重考虑。这就表明，即使作品作者的权利内容扩展至包括流媒体在内的数字传输，但暂时还没有国际规范对广播或流媒体组织的内容直播进行单独保护。根据合约关系或合同条款，广播或网络广播机构可就未经授权而在电脑网络上使用其数字信号或流媒体的行为采取行动。

二 域外网络直播知识产权保护的相关规定

（一）英美法系国家

1. 美国

作为互联网技术的发源地，美国拥有在世界范围内影响力最大的直播平台，因此，相关的立法工作较于其他大部分国家或地区起步较早。美国的互联网法律体系以法律和判例作为重要组成部分，对于网络直播作品的保护与规制主要采取以"联邦法律为主，行业规范为辅"的理念。其中最为重要的法律渊源则是《美国数字千禧版权法》。

为更好地保护网络直播者和网络服务提供者的正当权益，美国立法机关在维持现行法律正常运行的前提下确立了"避风港"规则，在一定程度上放宽了对作品侵权的认定条件及其产生的侵权责任。换言之，"避风港"规则是美国模式下的版权作品保护制度，从成文法角度规定了网络服务提供者的责任，对网络作品传播领域提供了法律保障。与"避风港"规则相关联的还有"通知—删除"规则，该规则对美国乃至世界的网络作品保护起到了重要作用，其既是美国模式的主要代表规

---

① M. Sakthivel, "Webcasters' protection under copyright—A comparative study", *Computer Law & Security Review*, 2011, Issue. 27.

则，同时也是"避风港"规则的核心。[1]

对于具有电影性质的作品，《美国版权法》则将其认定为雇佣作品，其权利归属的认定原则为"雇主能够作为其雇员所创作作品的作者"。因此，对于具有电影属性的作品而言，应当由其雇主，即作品的制片者享有作者的相关权利。在这一理念的指导下，对此类作品版权归属的判断将更为容易。

在实践中，美国的司法机关往往会在其司法管辖区内承认并扩大网络直播者通过互联网传播其作品的权利。在整体的大背景下，使用流媒体技术进行互联网传播也会被认为是直播内容创作者的权利。这就意味着，内容创作者是传统广播的权利持有者，同时也是相关网络直播作品的所有者。因此，只有直播内容创作者或直播作品所有者才能对侵权行为采取相关行动，这是美国法律落实在实践活动中所秉持的立场。

针对网络直播这一新兴事物，美国通过其新开发的"延时监管"技术加强了对网络直播的监管。对于在监管过程中发现的侵犯他人网络直播合法权利的现象，监管部门有权将违法的直播信号及时切断。

2. 英国

根据英国于1988年制定的《版权设计和专利法》规定："广播是一个独立的作品，就像文学、艺术、音乐等作品一样。"这意味着以此为内容的相关节目也应被视为个人版权作品，应当享有其他类型作品可获得的相关权利。[2] 在2003年的修订案中，法律将广播的定义扩展至数码范畴。其中的第6条第1款规定："广播指声音或视觉图像或两者兼而有之的电子传输。"这意味着该定义涵盖了所有类型的广播，例如有线、无线、地面、卫星传输以及互联网传输。一般来说，互联网传输

---

[1] 参见姚震《网络直播平台著作权侵权制度研究》，博士学位论文，中国政法大学，2021年。

[2] See M. Sakthivel, "Webcasters' protection under copyright—A comparative study", *Computer Law & Security Review*, 2011, Issue. 27.

是指通过签署互联网协议而进行的所有类型的传输,例如下载、直播、点播等。由此可以理解,英国立法者已将广播的定义扩展到互联网环境,包括网络直播,并同时将相关权利授予直播内容的创作者,司法部门对此也持同样观点。

《英国版权法》早期并未过多重视对影视作品以及视听作品的保护,但随着《伯尔尼公约》将二者纳入保护范围,越来越多的国家开始逐渐完善其相关法律规定。英国于1993年修订了版权法并完善了相关法律。《英国版权法》对于影视作品及视听作品版权的规定随着社会经济和法律的发展而不断调整,其立法理念经历了从不保护作品精神权利到保护作品精神权利的过程。1988年,《英国版权法》允许影视作品、视听作品的作者与制片者或合作平台以合同的形式确定因作品版权而产生的经济收益归属。[1]

3. 印度

在1911年《英国版权法》的基础上,印度于1914年制定了第一部版权法,并一直沿用到了1956年。1957年,印度议会颁布了ICA(Indian Copyright Act,印度版权法案)。与《英国版权设计和专利法》(CDPA)不同,ICA不承认广播是一个独立作品。但是,广播的再生产权已被承认为保护广播机构利益的相邻权利。该法案第2条对广播做出了定义:"广播是指向公众传播的过程中,以任何一种或多种符号、声音或视觉图像形式的无线扩散方式,或通过电缆等途径传播作品的形式。"同时,法案进一步规定了"向公众传播"的概念:"无论公众是否能实际看到、听到或以其他方式欣赏,都能够被公众直接看到、听到或以其他方式欣赏,或通过任何不包括发行该作品副本而展示或传播的方式。"很明显,该定义涵盖了与公开演出非常相似的电子传播,而不是单纯意义上的发行作品原件。[2]

---

[1] 参见郑成思《版权法》,中国人民大学出版社1990年版,第339页。

[2] See M. Sakthivel, "Indian Copyright Act and new communication technologies: A special focus on webcasting", *Computer Law & Security Review*, 2012, Issue. 28.

(二) 大陆法系国家

大陆法系国家认为应当由作者享有其视听作品的著作权。需要注意的是，此处规定的作者并非是平台或相关组织，而是指赋予视听作品独创性的自然人主体。但是由自然人享有作品的著作权在实践中也将面临诸多问题，例如作品的使用、作品的使用效率等。因此，为应对上述问题，相关法律同时会对作品的转让做出规定。

1. 德国

德国的著作权法在某种程度上认可了网络直播内容的可版权性，且在结合司法实践的基础上，德国学术界得出了如下观点：界定网络直播节目是电影制品还是活动图像的关键在于其是否具有独创性。若仅是通过没有独创性的图片衔接而成的作品，则认定其是活动图像。网络直播节目作为视听作品的种类之一，可参考《德国著作权法》中关于影视作品的规定。根据《德国著作权法》规定：其一，在创作过程中所使用的已存在作品的作者不是制作中的视听作品的作者；[①] 其二，只有付出创作性劳动的主体才可成为视听作品的作者，换言之，仅是单纯地参与作品创作的主体不享有作品的著作权。[②] 同时，《德国版权法》规定了版权推定转让和许可使用制度，其中法定的转让权涵盖了修改、复制、放映、演绎视听作品等。此项规定在拓宽视听作品使用范围的同时保障了作品在使用过程中的合法性，为视听作品收益的提高提供了基础。

2. 法国

法国对视听作品的认定与德国相同，关于网络直播节目的知识产权保护也可参照其中关于视听作品的规定。《法国知识产权法典》规定："视听作品的作者应以自然人为主体，且特指为作品的创作提供

[①] 参见［德］M. 雷炳德《著作权法》，张恩民译，法律出版社2005年版，第198—199页。

[②] 参见［德］M. 雷炳德《著作权法》，张恩民译，法律出版社2005年版，第200页。

独创性智力劳动的自然人主体。"①《法国知识产权法典》对视听作品作者的规定体现为两方面：其一为视听作品的原创作者；其二则包括了如作品导演、音乐作者、编剧作者等各类自然人主体。同时，为避免各自然人主体封闭式地行使自己对其作品的权利，出于鼓励传播作品的考量，法律也规定了在行使相关权利时的限制条件。②除此之外，法律规定了视听作品版权转让的相关条款来解决视听作品作者和制作者之间的版权归属问题。其中，作者不能干扰制作者合理行使受让的权利，制作者在行使权利时也要以权利转让合同的约定和行业惯例为依据。③

3. 日本

《日本著作权法》在关于视听作品的规定上与德国和法国有所不同。不同于德国和法国对视听作品作者的界定模式，《日本著作权法》认为视听作品的概念具有集体性质，对其作者的界定要考虑相关主体在作品创作过程中的贡献。作者对视听作品独创性的形成具有最主要的贡献，创作过程中的行为形式可包括但不局限于制作、导演、拍摄等。④而制片者则享有对视听作品的公开、发行等权利。

4. 意大利

《意大利著作权法》将视听作品认定为合作作品，其中参与作品创作的多个主体即为合作的作者。《意大利著作权法》规定："视听作品的合作作者包括文字写作的作者、视频编剧、视频导演等。同时，视听作品的制片者享有作品的经济使用权、修改权、改编权等。"⑤

同时，法院在司法实践中也积累了相应的裁定经验。法院认为："只有当作品属于可适用版权保护的作品时，才可以适用著作权法第

---

① 《法国知识产权法典》，黄晖、朱志刚译，商务印书馆2017年版，第7—8页。
② 参见郑成思《版权法》，中国人民大学出版社1990年版，第339页。
③ 参见《法国知识产权法典》，黄晖、朱志刚译，商务印书馆2017年版，第36页。
④ 参见《日本著作权法》第16条。
⑤ 转引自郝明英《网络直播节目著作权保护研究》，硕士学位论文，中国政法大学，2020年。

171条，反之，法条将不会对作品的传播提供保护。"① 在适用法律的同时，法院在审判的过程中也会以作品在传播、转让等过程中存在的合同条款为依据。②

5. 韩国

《韩国著作权法》中对直播、广播等同样明确了相关规定。《韩国著作权法》将直播、广播等作品定义为："能够通过有线或无线通信等方法使公众同时接受到声音或影像的作品。"作者对其作品在播出、传输、发送等过程中享有排他性的财产性权利。在韩国，与网络版权相关的执法工作主要由著作权委员会承担，该委员会在实践中往往通过与韩国版权保护中心合作以实现对网络侵权行为的打击。此外，著作权委员会还负责对数字版权进行取证的工作。为规制网络非法内容分享的现象（包括影视作品等多类型视听作品），2011年11月，韩国制定了网络内容存储登记制度，规定："如果不符合政府登记的要求，通过网络传播作品的作者个人将有可能承担相应的刑事责任。"

（三）欧盟

在互联网不断发展的大背景下，欧盟于2001年发出了一项关于协调资讯社会某些方面的版权及相关权利的指令。该指令涵盖了所有传播途径和作品作者的传播权利。这一点从如下的序言中可以看出：

"本指令应进一步协调作者向公众传播作品的权利。这一权利应从广义上的角度加以理解，包括向通信发出地未在场的公众进行的所有通讯。同时，这一权利应包括通过有线或无线方式（包括广播）向公众传送作品的任何此类权利。"

---

① 《意大利著作权法》第171条（f）项规定：违反本法第79条，通过有线或无线转播，或通过留声机录音或其他类似发明的无线电播送或转播，或出售非法制造的留声机录音或其他发明，如果上述行为涉及他人非出于公开披露目的的作品，或盗用该作品作者的身份，或对该作品进行变形、损毁或其他修改，并且行为侵犯作者荣誉或声誉的，处以一年以下监禁或不低于1000000里拉的罚款。

② See M. Sakthivel, "Webcasters' protection under copyright—A comparative study", *Computer Law & Security Review*, 2011, Issue. 27.

该指令将作者与公众的交流权利延伸至数字环境中,其中的第 3 条规定了向公众传播作品的权利和向公众提供其他标的物的权利:

1. 成员国应向作者提供授权或禁止通过有线或无线方式向公众传播其作品的专有权,包括公众可在其个人选择的地点和时间访问其作品的方式。

2. 成员国应规定授权或禁止通过有线或无线方式向公众提供的独家权利,以使公众可以在其单独选择的地点或时间访问:(1)作品表演;(2)音像制品;(3)影视作品;(4)有线广播或卫星广播。

3. 第 1 款和第 2 款所述权利不得通过本条规定的向公众传播或向公众提供的任何行为而用尽。

很明显,从欧盟指令看,互联网传输,例如下载和点播流媒体已被视为内容创作者的权利。而当前法律存在的空白是关于直播传输的。点播和直播没有技术上的区别,二者采用了相同的技术和相同类型的传动装置。因此可以说,如果内容创作者已经可以享有与流媒体点播相关的权利,那么直播也应该成为内容创作者权利的一部分,即网络直播产生的一系列与之相关的权利应当是内容创作者的权利。[1]

(四)国际公约

世界知识产权组织尝试通过不断完善相关法律、公约来进一步明确视听作品的概念。1989 年,世界知识产权组织主持制定了《视听作品国际登记条约》,将视听作品定义为:"能够被复制,在创作和传播的过程中能够被公众看到或听到,并以特定形式固定,最后以镜头、声音或二者的组合呈现出来的作品。"[2]《视听作品国际登记条约》将概念界定的重点放在了作品的表现形式和组成要件上,以及其是否能通过固定的媒介固定下来。

---

[1] See M. Sakthivel, "Webcasters' protection under copyright—A comparative study", *Computer Law & Security Review*, 2011, Issue. 27.

[2] 《视听作品国际登记条约》第 2 条,转引自郑成思《版权法》,中国人民大学出版社 1990 年版,第 128 页。

《伯尔尼公约》对影视作品、视听作品和类电作品的保护明确了较为完善的规定。影视作品和视听作品是《伯尔尼公约》制定以来一直被保护的重要客体。而类电作品则是在录像、广播技术出现并逐渐发展起来后才形成的概念。相较于影视作品和视听作品，类电作品的制作略显粗糙，但其制作过程和作品特征与前两者有相似之处，因此也受到《伯尔尼公约》的规制。就影视作品和视听作品的相关规定来看，各成员国对其中要求的"固定"形式存在异议。最后，《伯尔尼条约》在作品列举的板块中未再做出"固定"的要求，但允许其成员国将"固定"作为保护作品的条件。

综合上述不同法系中的不同国家、地区、组织以及国际公约对版权的保护制度和相关规定来看，立法模式、立法理念以及制度的侧重点各有不同。但其中也存在着相通之处，在关于视听作品权利归属的问题上，所有国家、地区、组织和国际公约均致力于推动视听作品领域持续发展及其在商业活动中的应用。大陆法系国家将自然人视为作者并享有相应权利；英美法系国家则普遍将创作者或制片者视为视听作品或影视作品的作者。但是在促进视听作品版权保护的过程中，所有立法活动都有相似的理念，可以说在法律制度的构建上，各立法主体殊途同归。

第二节 域外网络直播知识产权保护典型问题分析

一 域外网络直播知识产权保护的基本问题

（一）网络直播的属性问题

由于各地区对网络直播的界定不同，各国立法机关和学者在关于网络直播的研究与讨论中持不同立场。

《英国版权法》规定："广播组织可享有版权人身份，而'随录随播'的'广播'可视作'通讯作品'来进行保护。"《英国版权法》未详细区分"录像制品"和"类电作品"，其对于电影或录像都予以相同的作品认定和版权保护。在本法规定的认定条件下，网络直播的画面保护路径自然可以受到《英国版权法》的认可。

《美国版权法》认定作品的标准同样采纳了"低独创性"。[1] 1976年，美国法院在一起因橄榄球比赛报道而引起的版权纠纷中认定："导演指挥四台电视摄像机对比赛进行拍摄，并由他决定以何种角度、何种顺序将画面呈现给观众……具有足够独创水平，可以受到版权保护。"但《美国版权法》并没有将录制与播出同时进行的"广播"视作独立的作品类型，而是根据法律的传统规定，认定作品应当固定在有形的载体之上。为了解决现场直播的版权保护问题，美国采用"法律拟制"的手段，将"随录随播"的网络直播视作符合"固定于有形载体之上"的情形，从而在他人未经许可而对广播电台、电视台的现场直播进行同步转播时，该行为能够受到《版权法》的规制。[2]

同时，欧洲各国家对网络直播的属性也均有其各自的认定方式。德国基于其构建的作者权体系而对于作者独创性有着严格认定标准，其学界内的通说认为直播画面只可认定为"活动画面"，而不具有作品属性；意大利的学界通说认为广播组织所播放的低独创性的广播节目不能作为作品而受到著作权的直接保护，但广播组织可以对于其创作的广播节目在网络环境中享有专有权利；法国针对广播组织的网络实时转播行为创设了新型邻接权，并且根据《法国著作权法》规定："网络直播视听节目，应当获得视听传播企业的许可"；匈牙利、瑞典等欧洲国家著作权法则将直播传播权延伸至信息网络环境。

(二) 网络直播著作权的归属问题

一般而言，除非著作权法规定了明确限制条件，所有与作品使用相

---

[1] See Hugh Laddie, Peter Prescott, Mary Vitoria, *The Modern Law of Copyright Designs*, London: LexisNexis, 2011, p. 421.

[2] See 17 USCS § 101. Definitions: "A work consisting of sounds, images, or both, that are being transmitted, is 'fixed' for purposes of this title if a fixation of the work is being made simultaneously with its transmission."

◆◇ 网络直播的知识产权保护

关的权利均由其作者享有，各国著作权法对作者的著作权都予以了开放式解释。例如，《美国版权法》第106条规定："向公众传播权由演绎权、公开表演权和展览权构成";《日本著作权法》将网络游戏直播画面视为视听作品予以保护；1996年的《世界知识产权组织著作权条约》第8条规定："在不损害《伯尔尼公约》有关规定的情况下，文学与艺术作品的作者可授权将其作品以有线或者无线方式向公众传播，包括使公众在其个人选定的地点和时间可获得这些作品的权利"，这使得公众传播权顺应了信息时代的技术发展（包含信息网络传播权），提升了作品的国际保护水平。但随着技术的发展，网络直播所包含的要件越来越呈现出复杂化的趋势，开放式的著作权体系可能已不足以支撑网络直播所涉及的知识产权问题。

以网络游戏直播为例，游戏玩家衔接了游戏的开发者与网络直播平台。玩家操作的画面是直播作品的主要元素，甚至是基础。关于玩家操作画面的著作权保护应当兼具两个条件：其一，玩家在操作游戏时有足够的操作空间；其二，游戏操作画面系玩家独立创作产生。只有当以上两个条件同时具备时，玩家操作画面才能得到著作权法保护。而判断玩家操作画面的版权归属是判断相关行为是否构成侵害著作权的重点，对于开发者、玩家以及直播平台等主体而言，享有游戏操作画面或直播画面的版权是获得相关版权收益的关键。部分学者认为，玩家操作画面的版权应归属于游戏开发者，其创设了游戏画面并为玩家提供了操作游戏的重要基础，是游戏操作画面独立作品属性的来源，故著作权当然应属于游戏开发者；也有学者认为，应由玩家享有游戏操作画面的版权，网络游戏软件本质上只是用来创造游戏画面的工具，游戏画面的产生源于游戏玩家的操作，玩家依据程序的设定获取其创作直播画面所需的游戏素材，最后形成了操作界面所呈现出的动态画面，因此该著作权应归属于玩家；还有部分学者认为，游戏操作画面应当解释为演绎作品，只有经过开发者的同意后玩家方可进行直播。综合上述各方观点可以看出，游戏玩家已经成为游戏直播产业的重要资源，在推动该领域发展的过程中起到了重要作用。①

(三) 网络直播的侵权责任问题

美国宾夕法尼亚州立大学学者马特·杰克逊指出,网络直播一旦涉及他人作品,其对权利人产生的利益威胁也将不可小觑;② 加拿大达尔豪斯大学学者杜哈·阿拉米里和詹姆斯·布卢斯坦也指出:相比于安全和隐私,人们更担心网络直播会侵害他人的知识产权。③ 关于网络直播引发的侵权责任问题主要体现在以下四个方面。

其一,法律对于音乐传播产生的版权问题在互联网产生之初并未形成有效规制,因此,国内外各大音乐推广平台普遍形成了歌曲可以免费播放的观念。尽管这一做法将音乐顺利推广至各消费人群,却也造成了版权人合法权益的严重受损。在近十年间,音乐创作者通过音乐传播的可获利益呈现出肉眼可见的下降趋势。为保护音乐创作者的合法权益,各大音乐创作团队以及国际唱片协会(IFPI)开始共同整治音乐推广平台上的付费歌曲侵权行为。然而,尽管 Spotify 软件统计的付费用户已经达到 5000 万,但所占比重仍然只占据全部音乐消费者 30% 左右,音乐付费使用的消费观念尚未在消费者群体中形成。

其二,尽管网络直播、网络翻唱的兴起为许多歌手拓宽了传播其作品以及获得利益的途径,但音乐创作者却无法获得因表演者的翻唱行为而产生的收益,这种情况引发了许多音乐创作者的不满情绪。互联网传播的便利性使得音著协难以知晓网络翻唱者的表演动向,并且也难以阻止在网络上未经版权人许可而翻唱他人歌曲的商业性行为。因此,近年来发生在音乐创作者个人与网络表演者之间的诉讼纠纷频繁出现。

其三,网络直播者在直播的过程中通常以某特定音乐为背景音乐,

---

① 参见侯宇《网络游戏直播的著作权问题研究》,硕士学位论文,河北地质大学,2022 年。

② See Matt Jackson, "From Broadcast to Webcast: Copyright Law and Streaming Media", *Texas Intellectual Property Law Journal*, 2003.

③ See Alamiri D., Blustein J., "Privacy Awareness and Design for Live Video Broadcasting Apps", *International Conference on Human-computer Interaction*, Springer, Cham, 2016, pp. 459 – 464.

而该背景音乐往往是直播者在未经原版权人许可的情况下通过剪辑或改编他人音乐作品制成，并非源于直播者原创。在作品上传的初期，直播作品的创作者可能难以获利，但作品若因其使用的背景音乐而得到关注，则直播者可能将得到来自广告商或平台的补助。例如，世界知名唱片骑师 Zedd 认为抖音创作者擅自将自己的音乐作品作为视频背景音乐会侵犯自己的权益，因此他在推特上要求抖音视频创作者不得未经其许可而使用自己的音乐作品。

其四，未经授权转播也是网络直播侵犯知识产权的一种显性表现。例如，转播平台或载体未取得直播制作者授权而直接转播相关画面或内容，或者转播平台、载体在未取得直播平台许可的情况下直接采纳并转播了相关直播平台的画面或内容。

（四）网络直播的技术中立问题

美国在 1984 年的"环球诉索尼案"中确立了技术中立制度。在这项制度的指导下，网络直播的传播、复制等行为将不再产生侵权责任。立法者更加关注的是复制的结果是否合理、合法，并对相似的行为予以同样的规制，而不再考虑复制行为究竟是使用印刷、拓印、复录等类似实际手段。在实践中，美国对于"公开表演权"的认定也包含了技术中立的理念，其涵盖了传播作品的任意手段，自然也包括了网络直播。关于作品表演的任意传播和展示行为，都可纳入"公开表演权"范畴，且不因传播技术不同而存在差异，这在间接上实现了"信息网络传播权""放映权""广播权"等基于不同技术而设立的不同专有权的整合统一。相较之下，《日本著作权法》的相关条款中也存在着类似设计。

2001 年 6 月，欧盟颁布了首条针对信息技术的版权指令——《关于在信息社会中统一版权和相关权若干方面的指令》（Directive on the harmonisation of certain aspects of copyright and related rights in the information society）（以下简称《信息社会版权指令》）。其在规定作品的传播技术中增设了"以有线或无线方式传播"的技术中立式表述，并成为了欧盟解决成员国网络著作权纠纷的基本指南。其中明确了作者和邻接权人均可行使"向公众传播权"。

包括欧盟大多数成员国在内均对作者权与邻接权做出了区分，在此前提下，技术中立原则可以惠及包括邻接权人在内的所有著作权权利主体，避免因传播技术不同而导致不同传播者的邻接权待遇存在差异，实现了以技术平等理念为基础的立法平等。[①] 由此可见，技术中立的理念使直播作品的保护不再偏向权利人的利益或公众利益，而是以中立的立场揭示网络直播技术的本质，从而更加贴近著作权法中"规制作品利用行为"的立法本意。

二 域外网络直播知识产权保护典型问题分析

（一）网络游戏

网络游戏是一种集音乐、情节、视频、人物等多种元素于一体的复杂的创作作品。随着近年来网络技术的不断发展，网络游戏直播作为新兴领域引发了如下思考：网络游戏受到版权保护的同时，玩家操作游戏产生的游戏画面在直播过程中是否也应受到版权法保护？结合各国的立法与判例看，将网络游戏画面直播作为视听作品或影视作品纳入版权法的保护范围已成为当前的主要趋势。综合各国的保护模式可大致分为以下三类：其一，将游戏直播视为视听作品的保护模式。例如美国、巴西。其二，将游戏直播视为文学作品的保护模式。例如欧盟、加拿大、以色列等。其三，未明确特定作品类别的保护模式。例如法国、俄罗斯、新加坡、西班牙、阿根廷等。

1. 将游戏直播视为视听作品的保护模式

（1）美国

1982年，美国法院在相关案件的审理活动中将游戏视频的动态画面归入对视听作品的保护范围：游戏视频中多次出现的画面与声音的结

[①] 参见邹举、朱浩然《模式、竞争与规制：媒体融合背景下的欧洲体育传播市场》，《体育与科学》2018年第5期。

合体应当视为具有版权的视听作品。美国联邦法院在将游戏直播认定为视听作品的同时赋予其比文学作品更大的权利。部分学者也同样认为应当重视游戏直播画面的著作财产权属性。理查德·A. 波斯纳（Richard A. Posner）总结了财产作为法律概念应当具备的条件：其一，具有一定价值；其二，归属于特定主体，具有排他性；其三，在通过价格衡量后具有可转让性。由于游戏直播画面兼具以上三个条件，故而应当作为财产予以保护。《美国版权法》未对作品的独创性明确过高的要求，因此游戏直播画面可以被定性为版权法的所保护客体。

美国部分学者认为应当取消关于游戏直播作品合理使用的相关规定，并在一定程度上接受侵权的合法化。其原因在于：其一，直播最主要的目的之一在于使受众获得享受，而不在于是否具备教育目的。其二，版权保护对象从本质上看是游戏本身。游戏由设计人员制作，且公众自身并无为游戏的复制和传播提供辩护的过高兴趣。其三，侵权现象的出现频率以及实质应视特定情况而异。在只有一个玩家操控游戏的情形下，只需要关注该玩家的侵权事由以及归责条件。换言之，该玩家只是游戏在操作过程中可能出现的众多侵权路径之一。但是当游戏推向公众时，游戏将有很大可能被复制，出现侵权现象的频率和可能性也将升高。其四，侵权行为对版权所有者造成的实际利益损失难以估算。尽管游戏直播能够推动游戏的发行或订阅，但在相关过程中很难确定侵权行为对版权所有者应得获益所造成的损失。

（2）巴西

巴西的学界理论和司法实践活动都将电子游戏解释为视听作品，并且将相关理论通过学术论文、诉讼文书、立法意见等载体予以明确。

《巴西版权法》认为视听作品应当由有声或无声的图像构成，且能够通过复制等手段进行传播。由于游戏视频是集合众多独创性元素（例如声音、图像、文字、剧情等）而创造出的作品，所以明确游戏视频作品的版权是巴西最常用的法律手段。

此外，巴西部分学者认为电子游戏中的某些技术、方案等可以视为商业秘密。凡是和商业活动相关，并且具有经济价值和创意元素的产品均可受到商业秘密法的保护。同时，为便于相关产品得到更好的保护，开发商需要制定合理的预防措施，例如，要求与作品创作相关的科研人员签署保密协定，或在重要文件上注明"机密"标识。需要关注的是，电子游戏中还可能蕴含商标、商号、徽标等元素，这些都是受商标法保护的客体，因此对电子游戏相关权利的保护可能会逐渐趋于复杂。

2. 将游戏直播视为文学作品的保护模式

（1）欧盟

多数欧盟成员国的相关法律将游戏视频作品视为计算机程序，对其版权保护重点的讨论主要体现在到底是保护游戏整体还是游戏的设计程序。TRIPs协议（《知识产权贸易相关方面协定》）第10条、WCT（《世界知识产权组织版权条约》）第2条以及欧盟2009/24EC指令（简称软件指令）均将游戏的设计程序视为版权保护的对象。

在《数字化单一市场版权指令》（简称《欧盟版权法》）适用的同时，需要确定游戏视频作品是否受到软件指令的规制或受到NISD（《网络与信息系统安全指令》）的监管。其中，软件指令在适用的过程中具有优先性。欧盟委员会负责数字议程相关工作的前副主席尼莉·克罗斯认为："如果法律与技术的发展状况不相适应，那么单一市场将阻碍版权制度改革持续推进。"国际知识产权研究中心副教授吉安卡洛·弗洛西奥认为："在版权制度改革的过程中贯彻公平理念能够更好地保护用户权利，特别是能够加强对在线版权的管理。"[1]

瑞典乌普萨拉大学学者艾里克·准格尔认为游戏直播使游戏开发商向公众传播其作品的权利受到损害，而在特定情况下，可以言论自由为原则对直播者予以规制。[2] 这种做法虽然存在使版权持有人可获利益受损的可能，但如果不这样则可能致使流媒体的合法性受到版权持有人想法任意性的影响，甚至破坏市场的稳定。一方面，设立版权的

---

[1] 转引自陈煜帆《网络直播著作权法规制研究》，硕士学位论文，华东政法大学，2020年。
[2] 转引自姚捷《网络直播著作权研究》，硕士学位论文，长江大学，2020年。

129

目的在于鼓励创新而非扩大收入；另一方面，游戏视频可以成为提高人群互动性以及帮助人们了解良性文化的媒介。由于版权能够形成对相关作品的有限垄断，所以言论自由能够在一定程度上保障想法和信息交流的自由。言论自由原则的适用可以形成对版权的外部限制。《欧洲人权法》对该原则予以了进一步明确："言论自由是民主社会发展的重要基础，同时也是公民个人实现自我的重要条件。"而游戏直播为流媒体提供了一个创造性的基点，可以将其视为用于自我表达的工具。在《美国版权法》的影响下，越来越多的学者将对版权作品的侵占使用视为对作品的合理使用。流媒体的创造力既可以通过其原创方式表现，也可以通过赋予其创造性实现面向公众，例如在游戏直播领域与受众进行充分互动。

（2）加拿大

尽管加拿大并未将视频游戏划分到既有的法定分类中，但《加拿大版权法》保护源于原创的文学、戏剧、音乐、艺术作品等。由此合理推论，对于各领域具有独创性的原创作品，无论其通过何种载体表现都可以受到版权法保护。

《加拿大版权法》认为网络游戏具有和计算机程序相同的特征，因此将其归入对计算机程序的保护范畴，在整体上视其为文学作品。同时，游戏视频通常会涵盖其他作品或其中的元素，例如电影本身、音频、背景音乐等。因此，游戏视频也可被归为"汇编作品"，即通过将其他作品的整体或其中的某部分汇总而创作出的作品，包括音乐、文学等各类作品。

（3）以色列

以色列通常将和游戏相关的作品作为计算机程序作品予以保护，在整体上视其为文学作品。相关法律将计算机程序定义为：能够以任何形式表达的计算机程序。1995年，《计算机法》将程序认定为计算机语言中的命令。在此指导下，计算机将进行后续的相关运行。同时，命令可以通过电子、电磁、电光或其他途径并入或标记在媒介之中，或以任何方式集成于计算机中或与计算机分离。

3. 未明确特定作品类别的保护模式

（1）法国

尼乔·拉斯·内格罗蓬特所秉持的"版权法已经完全过时"的观点对巴洛的理论进行了强化。[①] 最初制定的版权制度可能会阻碍技术的创新和社会经济的增长，同时随着"版权废除主义"呼声的出现，新的数字科技模式需要新的版权保护制度。CIP（《法国知识产权法典》）既没有明确划分电子游戏的类别，也没有为其设立专有的制度。CIP 规定的重点在于保护作者对其作品享有的各项权利，无论其作品种类为何、以何种形式表现以及作品的创新点如何。在此背景下，电子游戏可以被视为一种精神作品，受一般版权制度的保护。

此外，法国判例法认为："电子游戏本身是一种复杂的作品，其中的每一个组成部分都根据相应的性质适用于相关的法律保护。"在这样的理论指导下，网络游戏直播被视为一种经过复杂程序而创作出的作品，无法将其简单地归于某个特定的既有类别中，而且作品的每个组成部分都应符合适用于它的法律规定。

（2）俄罗斯

俄罗斯对知识产权的管理与保护主要以《俄罗斯联邦民法典》为依据，其中所保护的客体包括文学、科学、艺术作品以及计算机程序，并且对作品的价值以及呈现方式、承载媒介等没有特别规定。因此，俄罗斯法律并未将电子游戏归为一个明确的保护类别。关于电子游戏及其相关作品的保护，法律仅规定："如果游戏中例如角色、图形、音乐等个别元素符合法律规定的创新性和独创性要求，则其有权获得版权制度的保护。"

（3）新加坡

《新加坡版权法》没有规定游戏作品的具体概念，但《2008 年版权

[①] 1994 年，约翰·佩里·巴洛提出观点："我们认为我们所知道的几乎所有知识产权制度及保护模式都是错误的。"

(排除作品)令》(以下简称《条令》)围绕《新加坡版权法》不予保护的作品进一步明确规定了适用于《新加坡版权法》第261C(1)a条所保护的部分作品不适用于技术规避措施。该《条令》的第4(b)条与《新加坡版权法》第261C(1)条规定不同,即排除了"以过时格式传播的任何计算机程序或电子游戏只有通过设计用于使用或操作后,才能获得对原始介质或媒介的访问权"的规定。本项规定似乎仅针对有关电子游戏的技术保护,因此在此情形外,电子游戏作品应当受到与计算机程序相同程度的保护。

(4) 西班牙

西班牙对知识产权的保护与监管主要以1996年通过的第1/1996号皇家法令为依据。该法令批准了《西班牙知识产权法》的综合文本,同时针对相关法律规定也进行了规范与整合。在经过多次修订后逐渐成形为西班牙的版权法。西班牙法律保护各种领域的创作作品,作品无论以何种方式或媒介展示,无论有形或无形都会在当前及未来得到法律的保护。同时,法律进一步明确了受保护作品的清单,虽然并未针对电子游戏做出规定,但确定了对音乐作品、影视作品、视听作品、计算机程序等类型作品的保护方式。总体看来,法律既没有规定保护游戏作品的专有条文,也没有将其归为具体的保护类别。然而,《西班牙版权法》的理念认为:"任何具有独创性的原创作品都有权得到版权制度的保护",因此作为新兴产物的游戏直播作品也当然受《西班牙版权法》保护。

(5) 阿根廷

阿根廷的游戏直播产业具有较为成熟的发展模式,但阿根廷的版权法却并未规定对游戏直播的保护制度。阿根廷以第11.723号法律,即《知识产权法律制度》(以下简称《阿根廷版权法》)为依据实现对作品及其主题的保护,例如影视作品、音乐作品等。虽然法律没有明确规定应该如何保护电子游戏及其直播作品,但可以通过类比其他类型作品的保护方式解决实践中的问题。阿根廷的法律中唯一和游戏及其视频作品相关的规定是第 26.043.11 号法律："游戏及其视频作品的制作者或进口商应当在作品的包装上做好标记,明确消费者可享有的权利以及应当注意的事项。"但是此法并未规定电子游戏的概念以及监管方式。《阿根廷版权法》虽然没有明确电子游戏及其相关作品的法定分类,但此类作品在实践中往往被视为具有创新元素的软件而被法律予以保护。

(二)体育赛事

《广播电视辞典》将直播的概念界定为:"能够使广播电视节目的后期合成与播出同时进行的播出方式,并且可以播出场所为分类依据将直播划分为现场直播和播音室或演播室直播。"报道与播放同时进行,在一定程度上,报道的过程即为播放的过程。《奥林匹克宪章》规定,"奥林匹克运动会的相关赛事完全归属于国际奥委会,并且对赛事享有一切相关权利,包括对赛事的组织以及许可电视广播传播和复制的权利"。通俗地说,对体育赛事的网络直播具体表现为赛事主办者自己或许可其他主体对正在进行的比赛通过网络的途径进行播送。

纽约城市大学巴鲁克学院齐克琳商学院的法学副教授马克·埃德尔曼教授对于以商业目的为出发点的体育企业是否享有体育赛事直播权持怀疑态度,其原因在于:部分体育企业对直播的过度垄断,在一定程度上妨碍了球迷对赛事观赏的自由。例如,体育企业为制止其他直播者将电视上的赛事节目直播到互联网上的行为,以《美国版权法》为依据提起诉讼;要求设计直播程序的公司或设计者对网络用户承担侵权责任等。此外,体育企业也会依据《反不正当竞争法》对他人的直播行为进行限制:其一,他们首先需要明确直播者的目的为商业目的;其二,体育企业需要证明自己享有对体育赛事的传播权以及宣传权,同时部分企业也会尝试限制或规避除自己以外的主体将互联网接入自己播放路径的行为;其三,体育企业能够通过采取场内直播的方式为直播受众提供更佳的互联网观赏效果。尽管商业体育领域与网络直播领域之间尚未形成稳定的联动关系,但可以预见的是对体育赛事的网络直播将在未来获得持续性发展。

◆ 网络直播的知识产权保护

1. 美国

美国的版权法和体育转播法为其体育娱乐业的发展提供了必要保障。随着体育产业和赛事直播产生的收益不断增加，以及《反不正当竞争法》的规制作用有限，美国为保护体育赛事节目带来的商业化利益而将体育赛事直播纳入进了《美国版权法》的保护范围。

美国在其版权法律制度中并未释明著作权和邻接权的区别，而是在明确作品受法律保护的条件时，提出了作品受著作权保护应满足最低限度的独创性要求。《美国版权法》明确规定了受保护的作品应当具备独创性并能够通过固定的载体呈现出来，同时，受保护的客体仅指作品，如表演者权、录制者权、广播组织权等邻接权均未在法律中进行明确规定。关于独创性的认定，法律认为只要作品具备个性化元素，且作者在创作的过程中付出了具有实际价值的独立性努力，作品即符合独创性条件。1991年，美国联邦最高法院以"菲斯特出版公司诉乡村电话服务公司案"为契机弃用了原有的独创性认定标准。法院认为版权法所保护的作品独创性应当是：由作者独立创作且包含最低程度的创造性，而不仅是简单意义上的体力劳动。尽管如此，《美国版权法》对作品独创性的要求标准相较于其他国家或地区而言依旧不高。因此基于《美国版权法》对作品保护条件的规定，体育赛事仅作为比赛本身是不具有版权的，但在通过摄录赋予其用于表现或传播的载体后，则具备相应的版权权利。

《美国版权法》将体育赛事直播归入视听作品的保护范畴，并规定"随录随播"符合作品"固定形式"的要求。关于视听作品，美国法律规定："在司法实践中，只有两种情形不予认定为视听作品，即全部由机器自动摄录的作品和简单意义上的翻拍。"因此，体育赛事直播作品可以被作为视听作品并予以保护。1976年，美国国会在《美国版权法》报告中提出："比赛直播的作品由导演和摄影师在现场架设设备摄录完成，其中的摄录行为属于创作行为。"此外，美国在修订的《美国版权法》中也明确释明了体育赛事直播节目的作品属性。因此可以看出，

| 第四章 | 域外网络直播知识产权保护 ◆

美国对于体育赛事直播作品的版权保护更多是通过保护其著作权实现的，而非通过作品的邻接权。同时，美国也保护节目作品的转播权。美国于1961年通过的《体育转播法》规定了职业俱乐部享有对赛事节目的转播权，其在自行直播的同时也有权许可他人转播。

关于对体育赛事直播节目的版权保护，部分学者以数字时代频发的体育赛事盗播现象为研究落脚点。斯蒂芬尼对在体育赛事直播中产生的权利及保护方式予以了明确，并认为盗播行为可以通过《数字千年版权法案》（DMCA）的"删除通知"条款予以规制。[①] 而该条款之后演变成了"避风港"规则。

"避风港"规则在一定程度上放宽了对作品侵权的认定条件及其产生的侵权责任。美国《数字千年版权法案》第512条规定，"当网络服务商实际上不知道也没有意识到能明显推出侵权行为的事实或情况时，在接到权利人的合格通知后，及时移除侵权内容的，不承担责任"[②]。"避风港"规则的创设，其最主要的目的就是针对网络服务提供者是否应承担间接的侵权责任。具体来说，网络服务提供者所实施的行为是提供空间服务，从本质上来说是一种技术行为，并不提供实质的网页内容；当网页内容涉及侵犯他人合法权益的时候，网络服务提供者在接到权利人送达的通知后，了解可能涉及侵权时，其有义务立即删除侵权网页，如果在接到通知后还不删除，则认定为侵权。这里认定的要点在于，侵权内容是不是存储在网络服务提供者运营的服务器上、有没有接到通知存在侵权内容、通知其删除而未予删除。简言之，接到"通知"之后有没有立即进行"删除"，是认定网络服务提供者间接侵权责任是否成立的关键。[③]

但是，关于"避风港"规则的理解有比较复杂的判断，该规则没

---

① See Stephanie N., Horner D. M. C. A., "Professional Sports Leagues' Answer to Protection Their Broadcasting Rights Against Legal Streaming", *Marquette Sports Law Review*, 2014, Issue. 24.
② 参见曹静、桂莹《避风港原则适用条件的再认识》，《群文天地》2011年第5期。
③ 参见姚震《网络直播平台著作权侵权制度研究》，博士学位论文，中国政法大学，2021年。

有要求网络服务提供者承担通常意义上的一般审查义务或者叫作普遍审查义务，但"避风港"规则并不是完全免除网络服务提供者的任何责任。美国国会众议院在《数字千年版权法案》立法报告中提出"红旗"规则。"红旗"规则是一个比喻，是指当网络空间（或网络服务平台）发生了明显的侵权事实，明显得像红旗飘扬一样，那么网络服务提供者当然应该履行合理的注意义务，即：主动及时地采取行动进行应对。这个规则也就是根据侵权事实发生的具体情况，判断网络服务提供者应否承担相应的侵权责任，要点在于采用推定的方式来判断网络服务提供者对发生的侵权事实主观上是否已经知晓，继而要求其采取必要措施制止侵权。如果网络服务提供者对红旗一般飘扬的侵权行为视若无睹，那么就应该承担相应的侵权责任。[①]

2. 英国

英国对体育赛事节目是否符合作品条件的认定主要在于体育赛事节目是否满足独创性的要求。《英国版权法》对独创性的认定体现为：作品应独立创作而成，且具备足够的技巧性和劳动投入，对于通过复制其他作品而制成的作品不符合法律对作品的规定。这一原则扩大了《英国版权法》的作品保护范围，体育赛事节目因此也当然受到法律保护。在法律规定中，体育赛事直播并未归入电影作品，而是被确立为"广播"这一独立类别。不同于影视作品和视听作品，广播作品并没有固定传播媒介的要求。

"英国天空广播集团"诉"三名个人"是英国关于体育赛事直播版权的判决案例中具有代表意义的存在。"三名个人"擅自复制并传播"英国天空广播集团"录制的体育赛事节目，被法院认定为侵犯了原告对直播节目及其衍生作品所享有的著作权。任何具有创造性的作品甚至是元素都会受《英国版权法》的保护。因此，被告应对其侵害原告著作权的行为承担赔偿责任。体育赛事的现场视频直播或音频直播都可以

[①] 参见张艳丽、董媛媛《网络直播翻唱与背景音乐使用的侵权风险研究》，《中国广播》2019年第12期。

归入版权法规定的广播作品类别,其他非权利主体未经许可转播体育赛事所侵犯的是广播作品的版权,而非影视作品或视听作品的版权。

3. 日本

日本的学术领域和实务领域在关于体育赛事直播节目的作品类别上没有形成统一观点。一种观点认为:体育赛事直播节目是作者意志的呈现,是作者独创性的体现,作品的形成是作者个性与主观能动性的选择而非仅对体育赛事的机械性记录。体育赛事直播节目的创作需要如实客观地记录赛事,在运用摄录技术的同时附以相应的解说,继而满足受众的观感需求,就单纯的体育赛事本身而言则无法具备这样的效果。因此,体育赛事直播节目应当归入作品的保护范畴。另一种观点认为:镜头的录制只是形式上的问题,其作用都是为了完成对赛事情况的记录,因此赛事直播节目的创作过程不具备独创性,不应当将其归入作品的保护范畴,而应认定其为录像制品。

但值得注意的是,《日本著作权法》对上述两种类型作品都明确规定了网络传播的权利,即无论体育赛事直播节目是否符合作品认定的条件,传播者都可以依据本国著作权法中的相关规定保护自己的合法权益。日本对于节目放送者创作的体育赛事直播作品所采取的法律保护模式为邻接权保护模式。

4. 德国

截至目前,德国的学界理论普遍认为体育赛事直播节目不具备足够的独创性,不能受到其著作权法的保护。德国对录像制品版权的保护主要体现为三个类别:视听作品;影视作品;其他不能作为影视作品保护的录像、影像制品。前两者对独创性的要求较高,一般被作为著作权保护的客体,而其他录像、影像制品则一般仅作为邻接权保护的客体。德国法律对独创性的理解可概括为:新颖性、独特性、具有必要的思想表现以及有多样的表达方式。其对作品的规定可概括为:其一,能够表达出作者的思想、个性等作者个人特征;其二,创作过程中投入的劳动需要具有创造性;其三,必须保证作品的质量,即满足著作权法所规定作

137

品的最低要求。一般而言，体育赛事直播的创作往往达不到影视作品的高度，创作人对其制作的连续画面仅享有邻接权，这体现的仅是对创作人所投入资本、劳动与技术的保护。不过虽然著作权法规定了较高的独创性要求，但对邻接权的规定相对完善，这对体育赛事直播作品创作人的智力成果起到了一定程度的保障作用。

此外，《德国著作权法》中的一系列规定也融合了欧盟部分法令的思想，在实践中对作品独创性存在两种判断标准：其一，以作品的创作高度为标准，即无论作品的形式如何，其表达的内在思想对其他作品产生排他性。该标准对独创性的要求较高，被德国长期采用；其二，能体现作者主观层面具有独创性即可，即作品需要具备最低要求的独创性，要求相对较低。该判断标准吸收了《欧洲共同体计算机指令》《著作权保护期指令》《数据库保护指令》等规定中有关作品独创性的要求，并调整了其中各领域作品独创性要求的高低程度，继而达到保护创作者创作热情的目的。不过该标准评判下的独创性程度也可能会存在部分作品达不到《德国著作权法》要求的情况。总体来说，只要作品创作完成后都能体现出法律规定的独创性并对外表达出来，无论其是否能够以物质形式固定下来，都能够得到著作权法的认可和保护。

《德国著作权法》对不属于作品的创作产物也进行了种类划分，即上文所提及的三个作品类别中的第三个分类。通过对作品情形的列举可以大致判断出该分类中的活动影像作品与第二类作品（影视作品）的区别。前者主要指形式内容最为简单的录像或摄影制品，只要其中前后的画面、音频等可以正常衔接即可。例如，对访谈节目、体育赛事等拍摄而制作成的节目即属于活动图像；后者则必须达到作品所要求独创性的高度，其与作者的内在个性关系密切，是作者个性及意志表达的重要体现。故而根据《德国著作权法》的规定，体育赛事的直播节目只能作为第三分类中的活动影像或录制作品。

《德国著作权法》规定："作者对其作品享有复制权、发行权以及展览权,即使作品呈现的表现形式为非物质形式,包括直播、广播等。"法律并未规定关于体育赛事的转播权,如果体育赛事不是通过电视或广播等媒体形式直播的,那么该转播行为则可能构成侵权。德国联邦最高法院的案例法规定:"体育组织者可通过援引'房屋权'来维护自身的合法权利。"① 另外,根据德国《反不正当竞争法》的规定,如果某人模仿他人的服务并利用相关服务为自己谋利或损害原服务所有人的合法权益,则认定该行为人的行为系不公平行为,对于原服务所有人可能或已经受到的不公平损害,原服务所有人可以提出救济请求。

5. 欧盟

欧盟在早期不承认体育赛事享有版权法规定的受保护主体地位。欧盟法院曾在2011年"英超诉QC休闲案"中指出:只有是经过作者自身原创出来的作品才能受《欧盟版权法》保护,因此体育赛事不符合《欧盟版权法》规定的保护条件。法院还指出,与体育赛事相关的具有知识产权性质的权利均不受欧盟法律保护,包括作品的邻接权。随着体育赛事直播领域的发展,欧盟创设了"首次固定权",即不以作品独创性为条件,第三人取得权利人许可后可以通过互联网传播作品的权利。由此看出,虽然体育赛事直播的相关作品不符合法律对作品的认定,但相关权利人依旧能够获得一定保护。② 此外,欧盟法律中的知识产权制度及其补救措施也能够为体育组织者或直播者提供保护。例如,部分体育赛事需要在专门场地开展,组织者或直播者可以申请场地以及节目的专属使用权。该权利的产生基础为"房屋权",所谓"房屋"指的就是为举办体育赛事而投入使用的专用场地。欧盟成员国的判例法同时也对"房屋权"的概念进行了进一步阐释。例如,荷兰最高法院裁定:荷兰

---

① 马戈尼:《欧盟体育赛事保护:知识产权以及不正当竞争和特殊形式的保护》(IIC2016.386)。

② See Thomas Margoni, "The Protection of Sports Events in the EU: Property, Intellectual Property, Unfair Competition and Special Forms of Protection", *IIC: International Review of Intellectual Property and Competition Law*, 2016, Vol. 47, Issue. 04.

足球协会或俱乐部有权以"房屋权"为依据，继而实现禁止或要求其他广播组织付费转播的目的。因此，任何未经许可而在体育场地播放体育赛事的行为均属违法行为。但需要注意的是，仅向公众通报或向公众宣告比赛结果的行为不属于违法行为。综上所述，尽管欧盟法律并未为体育赛事直播制定特有的规定，但现有的法律体系依旧有能力为该领域的权利主体提供保护。[①]

虽然欧盟法律没有规定对体育赛事的保护制度，但大多数欧盟成员国认为有必要对体育赛事直播节目或作品提供保护，欧盟委员会提交的名为《欧盟体育组织者权研究》的报告显示：大多数成员国均赞同将体育赛事直播节目划入法定的作品保护范围。这一态度在各成员国的版权法中也均有体现。2015年，经欧盟法院裁定，体育赛事直播（包括网络在线直播）将受到《欧盟版权法》保护。自此，体育赛事直播节目在欧盟法律中也开始被视为应当受版权法保护的客体。

（三）音乐作品

音乐作品能够丰富社会生活，为听众的心情提供调节渠道。基于此，网络直播在进行的同时往往会将部分音乐作品作为直播的背景音乐。作为直播者获取网络直播收益的重要工具之一，很多音乐作品在被使用的过程中并未得到其原权利所有人的授权，大部分网络直播平台对直播者应当遵守的保护音乐作品著作权及著作权人合法权益的义务也没有进一步明确，更不必说制定必要的规制措施。因此，直播者对音乐作品的违规使用造成了对音乐作品著作权人的侵权，冲击了法律对其合法权益的保障。在网络环境下，各地区及条约关于音乐作品使用行为的著作权法律规定各不相同。

1. 国际条约

（1）《伯尔尼公约》

《伯尔尼公约》在对表演权的规范中提出："授权公开表演和演奏

[①] 马戈尼：《欧盟体育赛事保护：知识产权以及不正当竞争和特殊形式的保护》（IIC2016.386）。

作品（包括各种手段和公开形式）；授权通过各种途径公开播送相关作品的表演和演奏。"① 以此分析音乐作品使用者的使用行为和传播行为：前款规定适用的情形一般为真人实时的现场直播或通过机器现场播放的机械表演，受众主体多为现场观众；后款规定适用的情形一般为音乐作品使用者通过传播途径将自己的现场表演传递给现场以外的受众。后者呈现出的行为方式与网络直播表演的行为方式相符，直播者就是通过网络平台实现将自己的表演向公众传播的目的，且直播者对于音乐的使用和需求也符合表演的规定，因此通过表演权予以规范具备一定的合理性。

对于类似网络直播这种非交互式网络传播行为，《伯尔尼公约》同时规定行使表演权的方式涵盖了任意传播手段，其权利内容也充分包括了各项传播手段所具备的权利内容。

(2)《世界知识产权组织版权条约》

《世界知识产权组织版权条约》（简称 WCT）为国际互联网环境的维护以及作品在网络传播过程中形成的知识产权提供保护。其中第 8 条阐释了"授权将其作品以有线或无线方式向公众传播"的相关规定，②明确了向公众传播作品的途径包括例如有线、无线等各种形式，这样既能够确保法律最大限度地适应时代的发展，也能够避免网络直播者在直播过程中侵犯音乐作品权利人的合法权益。

(3)《世界知识产权组织表演和录音制品条约》

《世界知识产权组织表演和录音制品条约》（简称 WPPT）主要针对作品制作者和表演者在网络领域内的权利保护。其中第 15 条规定："对于向公众传播出于商业目的而发行的录音制品，其制作者和表演者均应享有一次性获得合理报酬的权利。"③ 该规定同样适用于向公众传播音乐作品所使用的所有方式，并且对于之后随科技发展可能产生的新

---

① 《保护文学和艺术作品伯尔尼公约》第 11 条第 1 款。
② 《世界知识产权组织版权条约》第 8 条。
③ 《世界知识产权组织表演和录音制品条约》第 15 条。

传播方式而言,该规定也具备了足够的包容性与前瞻性。

(4)《视听表演北京条约》

2012年,在世界知识产权组织(WIPO)的主持以及国家版权局和北京市政府的承办下,保护音像表演外交会议签署了《视听表演北京条约》。该条约于2014年全国第十二届人民代表大会常务委员会第八次会议表决通过。其中明确规定了"向公众传播表演"的内涵,即通过广播以外的任何途径实现向公众传播未录制的表演或以视听录制品录制的表演。[①] 由于该规定能够适用于向公众表演传播的任何行为,因此也当然可适用于规制在网络直播中使用音乐作品的行为。

2. 主要国家的规定

(1)美国

美国的司法实践将"公开表演作品"这一概念定义为:不以受众的接收作品的时间或地点为前提条件,相关传播或传输作品的表演。[②] 关于音乐作品的表演,美国法院将其定义为:通过数据流实现的网络传播方式。在此情形下,受众中的每个个体都能同时接收到播放的音乐作品。同时,美国法院并未具体列举表演的传播方式和途径,因此使得表演权的行使在实践中的认定条件较为宽泛,部分通过网络途径传播作品的行为(例如网络直播等)也能够适用于表演权的相关规定。

美国计算知识产权赔偿数额的方式有两种,分别是依据权利人的实际损失或侵权人的违法所得。权利人不仅可以择其一适用,也可以在部分特殊情形下选择二者兼顾适用。例如,《美国版权法》第504条b款规定:"著作权人在侵权之诉中胜诉后有权请求侵权人赔偿其实际损失,并且返还通过侵权行为获得的不当利益。"[③]

---

① 《视听表演北京条约》第2条第4款。
② 转引自王迁《论网络环境中表演权的适用——兼评〈著作权法修改草案(送审稿)〉对表演权的定义》,《比较法研究》2017年第6期。
③ 转引自王迁、谈天、朱翔《知识产权侵权损害赔偿:问题与反思》,《知识产权》2016年第5期。

此外，美国于1998年对著作权的第三者间接侵权责任问题做出了解释（"避风港"规则）。1998年，美国通过了《千禧年数字版权法》并在其中规定了网络服务提供者承担间接责任的规则："其一，网络服务提供者没有主动监控或发现侵权行为的义务，即权利人不能仅因侵权行为的发生而请求网络服务提供者承担侵权和赔偿责任；其二，网络服务提供者在收到相关内容确认侵权的通知后应当及时删除所涉内容，或者断开能够提供浏览该内容的相关链接等途径；其三，对于传播内容是否侵权的存疑情形，网络服务提供者即使未收到删除通知也应及时删除。"[1]

（2）其他国家

虽然各国对作品传播的规定各不相同，但均将"交互式"与"非交互式"行为纳入对传播行为的规范之中。[2] 部分国家的法律将其统一定义为广播权。例如，《德国著作权法》的第21条规定："广播是作品向公众传播过程中所采用的类似于卫星广播、有线或无线广播等传播途径"；《韩国著作权法》的第2条第8款规定："广播是能够通过有线或无线等途径实现向公众传播声音或图像信息的方式"；《匈牙利著作权法》在第26条的第7款中规定："能够以电缆或其他媒介向公众传播信息或作品的方式即可定义为广播"。可以看出，以上述国家为例的部分国家均通过广播权实现对有线或无线传播方式的规制。

其他国家对"向公众传播"也有各自的规定方式。例如，《澳大利亚版权法》第10条将传播归纳为："通过电子或网络等在线途径为公众提供信息或作品"；[3]《意大利著作权法》第16条在释明法律规定适用于任何传播途径的同时，具体列举了不同种类的传播活动，包括广

---

[1] 转引自王迁《网络环境中版权制度的发展》，《网络法律评论》2008年第9期。
[2] "交互式"与"非交互式"：交互式是指发生在可以相互影响的两方或更多方之间的行为形式。非交互式与交互式性质相反。
[3] 澳大利亚《版权法》第10条规定的"在线"传播即交互式传播行为。

播、电报、电台等；《西班牙著作权法》第 20 条第 1 款将"不以获得作品复制件为条件，两人及两人以上依旧能接收作品"的行为定义为"面向公众进行作品传播"。[1]

在计算因侵权产生的损害赔偿数额方面，德国知识产权法规定了三种方式：以作品权利人实际损失为准、以侵权人的违法所得为准以及许可费，在计算赔偿时三种方式择一适用。《德国商标法》第 14 条规定："在计算因侵权产生的赔偿数额时，可以侵权人通过其侵权行为获得的不当收益为参考依据。作品权利人也可选择在诉讼过程中不行使返还不当得利的请求权而主张侵权人支付必要的作品使用许可费。"[2] 另外，在美国的影响下，部分国家法院在司法实践中也完善了著作权侵权中的第三者间接侵权责任的认定方式。例如，澳大利亚高等法院于 2005 年因涉案网络平台未及时删除、整改侵犯他人音乐作品著作权的相关链接，而判决其承担间接侵犯他人著作权的责任。

第三节　域外网络直播知识产权保护对我国的启示

域外各国知识产权相关制度以及对网络直播著作权的保护方式都有值得我国借鉴之处。例如，从我国《信息网络传播权保护条例》第二十二条规定的"网络服务提供者能够在履行特定义务的前提下免除责任"中可以看出，美国的"避风港"制度已逐渐被我国接受并应用于实践。该规定也同样适用于对网络直播的规制。关于网络直播知识产权的保护，前文提到的各个国家普遍确立了较为宽松的法条规定，所采取的具体方式大多表现为：以原有法律为依据并扩大相关法律解释、以行业规则为管理依据、创设专门机构以及加强行政监管等。[3] 相较于仅依

---

[1]　转引自王迁《我国〈著作权法〉中"广播权"与"信息网络传播权"的重构》，《重庆工学院学报》（社会科学版）2008 年第 9 期。
[2]　转引自王迁、谈天、朱翔《知识产权侵权损害赔偿：问题与反思》，《知识产权》2016 年第 5 期。
[3]　参见詹启智《网络直播内容著作权侵权行为研究》，《科学与管理》2018 年第 6 期。

靠法律的方式，上述的一些做法具有更高的灵活性，对于可能随时变化的市场或环境而言可以在一定程度上避免适用法律所要面临的复杂程序。这些都可以为我国的法律和实践所借鉴。综合域外国家的相关法律制度，其中可以对我国产生以下启示。

一 以《著作权法》的调整作为修正路径

（一）明确网络直播信号的客体地位

从技术层面看，转播他人的网络直播内容实际上是用于传递内容的各类信号的拦截使用，继而达到与原直播画面内容与收视效果相同的目的，这一点与广播、电视信号等转播几乎相同。同时，网络直播技术的关键之一在于实现音乐与直播画面二者同步，相关收益的获得更是需要依赖于信号载体的运用，并非仅是简单意义上的画面传送。而就目前的司法实践来说，对侵权的认定往往将着眼点过多放在是否对直播画面构成侵权的判断上，忽视了网络直播信号这个本质载体。保护信号不等于保护画面，这样的做法可以说忽视了信号的法律地位和法律价值。转播画面的实质在于对信号的截取和利用，因此只有将信号列为保护对象才能在真正意义上规制转播行为。[1]

另外，为了贯彻立法中的技术中立原则，以及在法律层面给予未来可能随技术进步而出现的新模式传播者以发展的空间，对于广播组织权客体的认定也应当以技术中立原则为标准。同时，在对信号进行认定的过程中，应关注其内在的内容而非信号的生成技术，扩大信号的概念范围（例如将网络数据流解释为信号）才能更好地保护权利人的合法权益。

（二）完善对广播组织的相关规定

1. 扩大广播组织概念的范畴

作为拥有和电视台、广播电台相当的传播职能的主体，网络直播者

---

[1] See Asbell M. D., "Progress on the WIPO Broadcasting and Webcasting Treaty", *Cardozo Arts & Entertainment Law Journal*, 2006, Vol. 24.

群体（下文简称网播组织）在立法中同样应当被给予必要的法律地位。但是立法活动和司法实践目前均未在真正意义上保护网播组织的合法权益。

网络科技与直播技术的发展使得网络直播产业的发展呈现上升趋势，不仅原有直播者发布的作品越来越多，不少起初通过视听呈现的节目也将播放途径转为网络直播，因此产生的关于网络直播节目著作权被侵犯的现象也频频发生。传统的传播组织对其节目甚至是信号均有相关的邻接权保护规定，而与之相比，情形相近且实质客体同为信号的网播组织却缺少必要的法律保护。[①] 同时值得注意的是，我国现行《著作权法》规定的能够鼓励并保护广播组织的合理使用和法定许可制度也并未充分适用于网播组织。

因此，为了能够使法律充分保护网络直播这一新兴产物，著作权法律体系不妨以技术中立原则为基础，统一将有关电视台、广播电台等表述变更为"广播组织"，并进行重新界定，即：能够在自行规划的时间范围内向公众播送其创作作品的个人或组织。[②] 在此定义的基础上，一方面广播组织的职能行为将区分于作品内容著作权人的创作行为，继而更为合理地保护作品的著作权；另一方面，网播组织也能够被确定为邻接权的保护对象，对网络直播产业的发展有重要的推进与保障作用。

2. 明确广播组织对网络传播途径的规制途径

我国于2001年完善了《著作权法》中有关广播组织权益保护的条文规定，采取禁止性规定模式的同时也明确了转播权的行使主体，即电视台和广播电台。由此看出网播组织并不在法律保护主体的范围内。此外，尽管创设的信息网络传播权明确了表演者或录音录像制作者在利用

[①] 参见彭桂兵《网络环境中广播组织权的主体辨明与制度构想》，《西南民族大学学报》（人文社会科学版）2018年第5期。

[②] See WIPO Doc. SCCR/12/2 REV. 2, *Second Revised Consolidated Text for a Treaty on the Protection of Broadcasting Organizations*, https：//www. wipo. int/edocs/mdocs/copyright/en/sccr_ 12/sccr_ 12_ 2_ rev_ 2. pdf. , 11/15/2019.

信息网络这一传播路径时应得到法律保护，但有关"信息网络"的表述却并未出现在广播组织权的相关规定中。据此推理，广播组织在网络环境下转播节目或作品的行为没有足够的法律保障，同时对于他人通过网络转播广播组织节目或作品的行为也没有予以有效规制。面对网播组织群体日益扩大以及网络直播、转播活动不断发展的局面，法律确有必要进一步制定和完善相应的规制途径。

基于网络技术以及网播组织的发展现状及未来预期，法律可重新界定广播组织的转播权，即将原有的禁止性规定调整为许可性规定：许可其他个人或组织通过有线或无线的途径转播其通过电视或广播播送的节目或作品。同时，对广播组织之间相互转播的行为加以规定，即应在得到节目或作品内容的著作权人及其他权利人的许可后进行，以此保护各主体的合法权益与合理诉求。

二 以《反不正当竞争法》作为兜底路径

（一）适用《反不正当竞争法》的合理性

1. 《反不正当竞争法》是解决著作权纠纷的兜底性法律

《著作权法》与《反不正当竞争法》共同构成了我国著作权保护的法律体系，后者为解决著作权纠纷提供了兜底性的保护。[1] 未经许可使用著作权人的作品并给权利人造成损害，无论是侵权行为本身还是损害结果都符合不正当竞争行为规定的不正当性。在学界领域与司法实践中，以《反不正当竞争法》作为解决新型著作权纠纷的法律依据已经得到了认可。需要明确的是，本法的适用与竞争关系是否存在并无必然关联，同时也不以造成竞争对手利益的直接性损害为条件，行为人或组织的任何非法使用权利人作品的行为都可能形成不正当竞争。[2] 因此，网播组织在应对不正当竞争行为时可以本法为依据，通过不正当竞争之诉实现维权目的。

---

[1] 参见孔祥俊《反不正当竞争法的创新性适用》，中国法制出版社2014年版，第232页。
[2] 参见孔祥俊《反不正当竞争法新原理·原论》，法律出版社2019年版，第26页。

2.《反不正当竞争法》对《著作权法》予以"扩大解释"

直播作品内容的独创性与新颖性是网播组织发展和相互竞争的重要元素和依托。因此，对作品内容著作权以及著作权人的争取成为各方在竞争市场中脱颖而出的关键。而现行《著作权法》的体系尚不完善，在实践中难以从容应对当前网络直播领域中"著作权泛滥"的现象。[①] 需要清楚的是，这一现象的存在可能将压缩相关产业的公共领域，继而造成"公地悲剧"，阻碍产业作品整体的创新与进步。[②]

在司法实践中，如果因案件情形超出立法规定的适用范围而扩大对法条的解释，则在某种程度上违反了法定原则。且《著作权法》的保护对象更多是着眼于权利人的个人权益，难以对市场的整体秩序形成有效保护。因此，将《反不正当竞争法》作为补充既可以确保既定法律的稳定性与公信性，也可以在维护个人权益的同时维护市场的公共利益。此外，相较于《著作权法》的垄断性保护模式，《反不正当竞争法》可以有效降低网络直播著作权纠纷对公共领域造成的不良影响，推动网络直播产业健康发展。

总的来说，《著作权法》和《反不正当竞争法》都会对网络直播作品著作权人的合法权益起到保护作用，并在实践中形成私益保护与公益保护的互补。但同时也需要明确的是，后者在适用于著作权纠纷的解决时应当居于次要地位。换言之，《反不正当竞争法》对《著作权法》起到的是补充作用，更多体现的是辅助性质，在适用中不应优先于《著作权法》。

（二）《反不正当竞争法》的具体适用

在实践中，对于著作权纠纷的解决可以适用《反不正当竞争法》规定的一般条款。例如，本法规定的不正当竞争的具体类型以及本法适

[①] "著作权泛滥"也为"泛著作权化"，即大量网络直播者以作品传播者的身份争取作者利益的情形，继而导致竞争市场出现泛著作权化的现象。

[②] "公地悲剧"：哈定悲剧，指因过度开发公共资源致使市场失灵。（注：公共资源是指非排他性但具有竞争性的部分公共物品）

用的基本原则。随着纠纷情形和形式不断变化,《反不正当竞争法》中有关对既定具体情形的规定难以完全适用于司法实践,因此其中的一般条款也逐渐开始被援引。根据学者汇总的904个相关案件的判决可以看出,其中超过三分之一的判决援引了一般条款。①

我国《反不正当竞争法》在制定时期没有出现网络及其相关产物,且在实施后的相当长时间里未进行过大的变动,因此其中没有可直接适用于网络环境的特殊规定。在此情形下,司法机关在处理与网络直播著作权有关的纠纷时可以参考或援引其中的一般条款。2017年,《反不正当竞争法》增设了四项有关网络环境中的不正当竞争情形的规定,其中第四项通过兜底条款的表述就除前三项情形外的其他情形予以规制。② 但从其整体的关注点来看,其重点更多是在于保障网络产品或网络服务的顺利运行,并未着眼于网络直播侵权问题的解决。换言之,如果网络直播者在直播过程中转播他人先前已有的作品,只要原权利人能正常使用其作品,则新增条款无法予以规制,这显然难以从根本上制止侵犯网络直播著作权的行为。因此,在司法实践中,通过《反不正当竞争法》规制网络直播著作权侵权行为仍多以原有的一般条款为依据。

三 将安全保障义务理念引进网络直播平台

网络空间具有公共空间的属性,有其管理人或者叫作控制者,网络服务提供者就是这个角色,由此其应承担一定的安全保障义务,即:应当采取合理必要的技术措施,制止和减少网络侵权行为的发生,保障网络用户的生命健康等人身权益及财产权益的安全。在网络空间这样的虚拟公共空间里引入安全保障义务,有其合理性和必要性。

---

① 参见谢晓尧《在经验与制度之间:不正当竞争司法案例类型化研究》,法律出版社2010年版,第89页。

② 参见王磊《"网络转播体育赛事"的法律保护路径探讨》,《电子知识产权》2018年第10期。

◆　网络直播的知识产权保护

（一）安全保障义务的内容

安全保障义务，是指法律在充分考量市场活动秩序后而为经营者、管理者等主体创设的保障公民、法人或其他社会组织人身或财产安全的法定义务。这种义务以诚实信用原则和公平原则为理念，体现了社会经济层面和道德层面的双重价值。面对网络直播著作权侵权现象的频频发生，网络直播平台有必要将安全保障义务引进自身日常的管理活动和运行模式中，通过履行该法定义务，实现保护著作权人合法权益的目的。对于网络直播平台而言，安全保障义务更类似于一个复合的概念，其涵盖的内容大致可以体现为三个方面：其一，取舍、整合公共领域的资源，明确安全保障的限度，避免因保护力度过大或过小而致使公共领域限缩或侵权现象增多；其二，对利用网络直播平台进行直播的内容要承担积极的审查义务，虽然不必主动审查直播内容，但在获悉相关内容侵犯他人著作权的情况或整改删除的通知时，应当对所涉及的作品内容予以审查；其三，鉴于网络直播平台和相关运营者拥有高于该行业领域之外主体的技术能力，在对直播内容进行审查和管理的活动中，直播平台及其运营者应在成本可控的范围内积极运用相关技术，继而更高效地履行安全保障义务。

网络服务者提供者安全保障义务应不同于传统的安全保障义务方式，毕竟网络空间最大的特点是虚拟性，与现实空间存在较大差异。网络空间的虚拟性决定了网络服务提供者所承担的安全保障义务应与和现实空间中的不一样。但网络空间治理也是社会治理的重要部分，网络服务提供者从自身能力的角度完全可以采取符合网络空间本身特点的措施来制止侵权的继续和损失的扩大。此外，这些措施应具有一定的有效性，也即能够发现、防范、避免或消除相应的风险，从而实现对网络用户人身和财产安全的保障。

网络服务提供者首要的危险审核防范义务，不应该是完全强制的、全面的、不加区分的，而应该根据具体不同的情况予以限定。这一义务的范围应当结合平台自身性质、所提供交易类型以及致使侵权发生可能性大小等因素，在理性人的认知能力之下予以综合考量，① 不应超出现行技术与商业发展之限度要求网络平台经营者承担普遍的防范义务。比如，上述案例中网红吴某坠亡系列案中，法院针对不同平台关于防止损害结果发生可能的论述，实际上便是基于危险防范义务。

（二）安全保障义务的来源

1.《民法典》

我国《民法典》第一千一百九十五条第二款从责任构成、承担责任的范围的角度来规定了我国的"避风港"规则。网络服务提供者没有及时采取必要措施，应认定其与侵权的网络用户承担连带责任，承担连带责任的范围限于扩大的损害部分。从行为导向上讲，这样会推动网络服务提供者更加积极采取相应的措施。这也是该法条的行为规范意义，该条的适用无疑对于快速便捷化解纠纷具有积极意义。

网络服务提供者的危险审核防范义务是一种事先义务。从管理思维与法律价值导向上，网络服务提供者为了免于承担责任可能会进行更加严格的信息审核，也可能会错误删除网络用户的一些信息或内容，并以安全保障义务或"避风港"规则、"红旗"规则等为删除依据或理由。当然在诉讼当中，这只能是网络服务提供者的一个抗辩事由，而且从法理基础上看，认定网络服务提供者应承担侵权责任的类型，本质上应该是一个间接侵权责任，其前提是网络用户承担侵权责任。如果网络用户的行为没有被认定为侵权，当然网络服务提供者也就不应成立侵权责任。

另外，从侵权责任构成的角度上讲，《民法典》第一千一百九十七条中明确规定了网络服务提供者的"知道或者应当知道"为构成要件，表明侵权成立与否与网络服务提供者的主观方面直接相关，即主观上是明知，明知的认定包括知道或者应当知道，实际上应当知道的范围可能比上述显著性范围还要广。从损害赔偿的角度上讲，《民

---

① 参见王道发《电子商务平台经营者安保责任研究》，《中国法学》2019年第6期。

法典》第一千一百九十七条更能体现网络侵权行为的一般条款的特点，只要权利人有证据证明网络服务提供者"明知"，即：网络服务者已经接到通知，主观上就已经是知道或者应当知道侵权行为的存在却没有采取措施制止侵权行为，这种情况下，网络服务提供者属于消极的不作为，与积极的侵权行为一样，对权利人造成了损害，应认定其承担相应的侵权责任。这时无须再采用第一千一百九十五条的"通知—删除"规则。但是在网络侵权当中，考虑到网络传播的速度和广度，权利人一方往往不会更多地强调损害赔偿，而是要更多地考虑消除侵权行为造成的影响，因此，第一千一百九十五条的规定仍然具有十分重要的适用价值。

2. 规范性文件

有关保障网络直播著作权的义务在法律、行政法规、部门规章，甚至是司法解释中均有提及。不同层级和性质的规范性文件对安全保障义务的表述与规定也各不相同。

3. 行业规范

行业规范对网络直播著作权的安全保障义务的要求主要体现在以下三方面：其一，由于网络直播平台相较于普通人而言有着更高的管理能力和专业资质，因此在认知能力上应高于普通个人或组织，同时各领域内的直播平台应明确符合其行业领域一般管理标准的义务规定；其二，鼓励不同行业的自我管理组织制定与行业发展状况相适配的行业要求，以此对网络直播著作权保护的发展起到良好的引导作用；其三，关注在法律法规和司法解释规定之外的新类型案件，从中进一步考察和明确符合行业规范所要求的安全保障义务。

4. 管理人义务

在上述两种情形中均未明确规定安全保障义务，管理人应基于诚实信用原则尽到必要的保护和防范义务。在考察这一义务来源时，应明确以下几个前提：其一，该情形的适用前提为各规范性文件和行业规范均未做出明确规定；其二，在评价管理人义务时应综合各方主体的义务，

第四章 域外网络直播知识产权保护

表4-1 规范性文件中有关安全保障义务的介绍

法律		《民法典》	从总体上确立了安全保障义务的原则性规定，具有较高的权威性和普适性
		《著作权法》	是安全保障义务的基本来源，但未明确规定网络服务提供者的侵权制度
		《网络安全法》	安全保障义务体现于网络服务提供者义务的原则性要求
行政法规＆司法解释		《信网权条例》	基于美国的安全保障义务模式而制定，但需进一步完善。例如：就不同类型的网络服务提供者制定不同一标准；在行政法规及司法解释中的相关规定列为参考而非唯一标准；在行政法规及司法解释中对网络直播著作权安全保障义务做细化规定，并给予实践发展以一定的余地
		《信网权司法解释》	
规范性文件	部门规章＆部门规范性文件	《互联网信息服务管理办法》	相关规范性文件中均有涉及网络直播著作权保护义务方面规定。
		《互联网视听节目服务管理规定》	
		《互联网文化管理暂行规定》	
		《互联网音频信息服务管理规定》	
		《互联网直播服务管理规定》	
		《关于加强网络视听节目直播服务管理有关问题的通知》	
		《关于加强网络直播规范管理工作的指导意见》	

兼顾私人利益和公共利益的保护；其三，符合安全保障义务的内在要求和价值理念，将对网络直播平台的科学管理和网络直播著作权的保护作为出发点和落脚点。

（三）违反安全保障义务的法律责任

1. 直接责任和第三人连带责任

不同于传统意义上的安全保障义务人，网络直播平台的直接责任主要体现在因其直接提供了侵权内容或参与了共同侵权活动而承担责任。而其中所谓的第三人，即网络直播活动过程中的参与用户。

表4-2　　　　不同社会交往空间的危险来源对比

社会交往空间	危险来源
实体空间	物理危险（自然因素、设施损毁等）
	第三人介入
	经营者自己实施侵权行为
虚拟空间	网络服务提供者自身管理不善
	第三人介入
	网络服务提供者自己实施侵权行为

结合表4-2关于不同社会交往空间的危险来源对比，网络直播显然应归为虚拟的社会交往空间。在实践中，因网络服务提供者自身管理不善而造成著作权人受损的情况并不多见，更多的是后两种情形。在后两种情形中，大多是网络服务提供者自己实施了侵权行为。总体看来，判断网络直播平台应就网络直播著作权侵权应承担何种责任，可以从判断其应履行作为义务还是不作为义务的角度出发，具体如表4-3所示。

表4-3　　　不同情形违反的义务种类以及相关的责任形式

具体情形	违反的义务种类	责任形式
网络直播平台自身管理不善	作为义务	直接责任

续表

具体情形	违反的义务种类	责任形式
第三人介入，网络直播平台未尽注意义务	作为义务	连带责任
网络直播平台积极实施了侵犯著作权行为	不作为义务	直接责任
第三人与网络直播平台合作，第三人实施侵犯著作权行为	作为义务	连带责任

2. 替代责任

替代责任，是指当网络直播平台有能力及时规制侵权行为时，网络直播平台不仅没有及时规制，还通过侵权行为获得经济收益，此种情形则认定网络直播平台违反了其负有的更高要求的注意义务，应承担相应的替代责任。可以看出，替代责任的承担需要具备三个前提条件：其一，网络直播平台有能力及时规制侵权行为；其二，网络直播平台未及时规制；其三，网络直播平台以此获得经济收益。① 此时在归责原则的适用上无须考虑网络直播平台是否具有过错，可直接以无过错责任认定。究其实质，对网络直播平台是否承担替代责任的判断，主要关注网络直播平台是否有更高要求的注意义务以及其是否从中直接获得了经济收益即可。

（四）"避风港"规则在我国的运用

1. "避风港"规则与"红旗"规则的借鉴移植

在2000年实施的《最高人民法院关于审理涉及计算机网络著作权纠纷案件适用法律若干问题的解释》中，最早规定了我国"避风港"规则，明确了网络服务提供者承担责任的构成和具体条件以及不承担责任的构成等。认定网络服务提供者承担共同侵权责任的构成包括：一是明知网络用户利用自己的网络服务，通过网络实施了侵犯他人著作权的行为；二是有确切证据证明著作权人已经发出通知或警告，但网络服务提供者对可能存在的侵权行为没有立即采取相应措施去停止侵权行为，

---

① 参见吴汉东《侵权责任法视野下的网络侵权责任解析》，《法商研究》2010年第6期。

消除侵权后果。如果网络服务提供者在收到著作权人的通知或警告后，积极采取停止侵权的行为，例如前述的移除侵权内容等行为，被控侵权人如果因此要求网络服务提供者承担违约责任，则网络服务提供者不承担违约责任。

2006年我国出台了《信息网络传播权保护条例》，当时已经充分意识到过去仅仅规定"明知"这一种主观状态是不足以保护著作权人合法权益的，在网络服务提供者"应知"网络用户提供的网页内容侵权的情况下也应构成"帮助侵权"，从而吸收了DMCA中"红旗标准"的精神[1]。《信息网络传播权保护条例》确立中国的"避风港"规则时，参考了美国的"避风港"规则，借鉴吸收后体现在第二十二条中，网络服务提供者在积极履行了与自己提供的网络服务相关的特定义务的前提下免除侵权责任。这一规定同样适用于对网络直播的规制。

我国《民法典》以第一千一百九十五条和第一千一百九十六条共同构建了我国的"避风港"规则。《民法典》第一千一百九十五条规定了"通知—删除"的基本规定。该条规定中，首先，明确了权利人的通知义务，权利人在知道有人利用网络对自己实施侵权行为、造成损害后，有权采取通知网络服务提供者的方式，要求网络服务提供者采取停止侵权的措施。通知应清楚明确，要表明权利人的真实身份以及提供侵权人构成侵权的初步证据。其次，明确了网络服务提供者应负有停止侵权与一定条件下的责任承担，即：网络服务提供者在接到权利人的通知后，一方面要及时将该通知转送给相应的网络用户，另一方面，应采取必要的措施停止侵权。即：根据侵权构成的初步证据，结合具体的服务类型，进行删除、屏蔽、断开链接等技术措施。再次，明确权利人错误通知的法律责任，即：权利人对于错误通知导致网络用户、网络服务提供者受到损害的，权利人承担由错误通知致损的侵权责任。第一千一百九十六条对反通知及法律后果进行了规定。前述被通知侵权的网络用

---

[1] 参见王迁《再论"信息定位服务提供者"间接侵权的认定：兼比较"百度案"与"雅虎案"的判决》，《知识产权》2007年第4期。

户，在收到网络服务提供者的涉嫌侵权的通知后，可以表明自己的真实信息身份，提供自己没有实施侵权行为的证据，向网络服务提供者发出不存在侵权行为的声明。网络服务提供者在接到该网络用户的声明后，转送给发出通知的权利人，并告知权利人应该在合理期限内向有关部门投诉或向人民法院提起诉讼，如果权利人在收到转送声明后，没有在合理期限内投诉或提起诉讼的，网络服务提供者应及时终止所采取的相关停止侵权的措施，即是借鉴"避风港"规则做出的具体规定。《民法典》第一千一百九十七条，明确了网络服务提供者承担连带责任的情形，即：网络服务提供者在明知网络用户利用其提供网络服务实施了侵权行为后，没有采取必要措施，则其应与该侵权的网络用户承担连带责任。该规定是对于"红旗"规则的借鉴吸收。当网络服务提供者能够根据链接内容和其他信息，对相关内容或行为的合法性或者可能发生的危险风险进行判断时，就应该知道该内容侵权或者可能发生损害后果，即不应再设置链接或者立即断开并予以警示，否则就应承担相应的侵权责任。

2. 《民法典》关于网络安全保障义务的特殊规则

我国的"避风港"规则与美国法中的"避风港"规则有所不同，美国法对此更多地侧重于从免责事由的角度界定，但是《民法典》第一千一百九十五条第二款则明显是从责任构成、承担责任的范围的角度来规定的。网络服务提供者没有及时采取必要措施，应认定其与侵权的网络用户承担连带责任，承担连带责任的范围限于扩大的损害部分。从行为导向上讲，这样会推动网络服务提供者更加积极采取相应的措施。这也是该法条的行为规范意义，该法条的适用无疑对于快速便捷化解纠纷具有积极意义。

网络服务提供者的危险审核防范义务，如上所述，是一种事先义务。从管理思维与法律价值导向上，网络服务提供者为了免于承担责任可能会进行更加严格的信息审核，也可能会错误删除网络用户的一些信息或内容，并以安全保障义务或"避风港"规则、"红旗"规则等作为删除依据或理由。当然在诉讼当中，这只能是网络服务提供者的一个抗辩事由，而且从法理基础上看，认定网络服务提供者应承担侵权责任的类型，本质上应该是一个间接侵权责任，其前提是网络用户承担侵权责任。如果网络用户的行为没有被认定为侵权，当然网络服务提供者也就不应成立侵权责任。

另外，从侵权责任构成的角度上讲，《民法典》第一千一百九十七条明确规定了网络服务提供者的"知道或者应当知道"为构成要件，表明侵权成立与否与网络服务提供者的主观方面直接相关，即主观上是明知，明知的认定包括知道或者应当知道，实际上应当知道的范围可能比上述显著性范围还要广。而美国法中的"红旗"规则强调侵权行为的显著性，更多的是从客观表征来界定。而从损害赔偿的角度讲，《民法典》第一千一百九十七条更能体现网络侵权行为的一般条款的特点，只要权利人有证据证明网络服务提供者"明知"，即：网络服务者已经接到通知，主观上就已经是知道或者应当知道侵权行为的存在却没有采取措施制止侵权行为，这种情况下，网络服务提供者属于消极的不作为，与积极的侵权行为一样，对权利人造成了损害，应认定其承担相应的侵权责任。这时无须再采用第一千一百九十五条的"通知—删除"规则。但是在网络侵权当中，考虑到网络传播的速度和广度，权利人一方往往不会更多地强调损害赔偿，而是要更多地考虑消除侵权行为造成的影响，因此，第一千一百九十五条的规定仍然具有十分重要的适用价值。

第五章
我国网络直播画面知识产权保护理论探讨

第一节 网络直播画面知识产权保护理论的研究设计

国内在对网络直播画面的知识产权保护进行研究时，大多以定性为主要的研究方法，但是定量研究方法在近年亦逐渐被运用到法学研究当中，原因就在于其直观性，对一门学科的发展进行定量描述成为许多领域的研究对象。网络直播画面知识产权保护在学理上的研究日益精进，对于相关问题的探讨逐渐深入，因此，运用可视化知识图谱计量学的方法对相关文献进行分析，不仅可以精准把握网络直播画面知识产权保护的争论焦点及解决路径，还可以从中发现网络直播画面知识产权保护的发展趋势，为之后网络直播画面知识产权保护在立法和司法上的实践提供一定的理论价值与实践指向。

一 研究对象

本章选取的对象主要是"中国期刊全文数据库"（以下简称 CNKI）中有关网络直播画面的论文，包括期刊论文、学位论文、会议论文，本章将研究对象聚焦于期刊论文，将其划分为核心期刊论文和普通期刊论文来进行区分比较研究。

在析出所需要的论文数据后，运用图表工具 Excel 和知识图谱可视化软件CiteSpace对相关文献进行整理分析，从而得到有关网络直播画面知识产权保护相关内容的图表，呈现出我国网络直播画面知识产权保护的研究现状、研究热点及发展趋势。

二 数据收集

本章研究的论文数据来源于CNKI数据库（旧版入口），选取时间范围为2016年1月1日至2021年12月31日，数据搜集的截止时间为2022年6月1日，检索范围为中文的期刊论文，检索主题词为"直播"，将学科分类定位至法学，共搜索到学术期刊1354篇。再将文献分类目录定位至社会科学Ⅰ辑，共搜索到学术期刊2569篇，通过关键词"网络直播""直播画面""转播"的定位，人工剔除与本书主题、内容、关键词不符的论文，共得出有关网络直播知识产权保护的学术期刊论文431篇，其中核心期刊论文120篇，普通期刊论文311篇。

三 研究工具

在进行文献计量分析时，微软旗下的Excel软件可谓最流行的个人计算机数据处理软件，可以通过此软件将论文的数据以图表的形式直观地展示出来。

此外伴随科技的发展，基于文献计量的科学可视化知识图谱分析方法应运而生。本研究使用的CiteSpace软件是由大连理工大学长江学者讲座教授、美国德雷克塞大学信息科学与技术学院教授陈超美博士在Java环境下开发，着眼于分析绘制出反映科学网络结构及其演化的知识图谱的引文可视化软件，可以针对特定知识域的文献进行数据分析得到关键词聚类的共现和突现图谱，能够更加直观形象地呈现出某知识域演化的知识结构、关键路径、关键节点及共引聚类，进而展现出该知识域下的研究热点、前沿与趋势。

四 研究步骤

本研究以163篇有效CNKI期刊文献为对象，研究步骤可大致划分为三步：数据收集、数据转换和数据分析。即将 120 篇核心期刊论文和 311 篇普通期刊论文的数据收集后，进行整理的数据处理后，运用 Excel 表格对有关网络直播画面知识产权主体的期刊基本信息、发文量、类型分布、高产作者、研究机构进行计量分析，同时利用 CiteSpace 可视化软件对高产作者、研究机构、关键词和突现词进行共现计量。其中，主要通过分析高频关键词（High-frequency keywords）和突现词（Emergent words）来展现出科技时代背景下我国网络直播画面知识产权可视化知识图谱，以揭示我国网络直播画面知识产权研究的热点主体、前沿趋势及未来走向。

第二节 期刊论文研究现状

一 发文量与年代分布状况

由表 5-1 可知，截至 2022 年 6 月 1 日，2016 年到 2021 年有关网络直播知识产权保护的核心期刊论文共有 120 篇。2022 年共发表论文 4 篇，2021 年共发表论文 16 篇，2020 年共发表论文 26 篇，2019 年共发表论文 29 篇，2018 年共发表论文 17 篇，2017 年共发表论文 13 篇，2016 年共发表论文 15 篇，由此可见，有关网络直播的论文发表在 2019 年达到峰值，热度最甚。其中作为文献来源的《知识产权》期刊中涉及的核心论文最多，以网络游戏直播为主题的论文占据核心论文的大部分，可见网络游戏直播这一类型得到更多学者的关注。

表 5-1　　　2016—2021 年关于网络直播研究普通期刊论文

序号	作者	题目	文献来源	发表年份
1	林韶	网络游戏直播领域反垄断规制的形成逻辑与实现路径	《江西广播电视大学学报》	2022
2	王雨	体育赛事直播画面的法律保护适用困境及路径选择	《黑龙江人力资源和社会保障》	2022

续表

序号	作者	题目	文献来源	发表年份
3	郝运清	网络直播法律问题探讨	《现代营销》（经营版）	2022
4	沈朝阳	网络游戏直播的侵权认定路径探析	《互联网天地》	2022
5	张颖、宋红松	广播组织是否需要信息网络传播权——新浪网诉凤凰网著作权侵权案的启示	《科技传播》	2022
6	邱国侠、曾成敏	网络游戏直播著作权问题研究——以游戏整体画面性质与权利归属为对象	《河南工业大学学报》（社会科学版）	2022
7	兰昊	认真对待视听作品之创作	《西部法学评论》	2022
8	李振阳、侯玲	公证服务体育赛事直播领域的知识产权保护	《中国公证》	2022
9	邱洪华、郭芮言	体育赛事直播技术的应用及其版权保护——基于5G+VR的视角	《石家庄学院学报》	2022
10	王悦玥	"作者意图"视域下体育赛事直播画面"独创性"探析	《山东科技大学学报》（社会科学版）	2022
11	罗怡彤	新经济时代电子游戏产业中著作权的合理使用	《财富时代》	2021
12	李晴	网络直播中数字音乐使用的侵权内容及对策分析	《中阿科技论坛（中英文）》	2021
13	蔡元臻、叶元昊	类型化视野下的游戏画面著作权体系	《电子知识产权》	2021
14	张余瑞	网络游戏画面的作品属性及其著作权人	《宁波开放大学学报》	2021
15	倪炜伦	网络直播中音乐著作权的保护与救济研究	《理论观察》	2021
16	储翔、陈倚天	新著作权法视野下体育赛事直播画面的法律保护	《电子知识产权》	2021

续表

序号	作者	题目	文献来源	发表年份
17	包杭	网络游戏直播画面的可版权性问题研究	《广西政法管理干部学院学报》	2021
18	秦栋炜	电子游戏直播画面的作品性质再研究	《政法学刊》	2021
19	姚鹤徽、张倩	论网络游戏画面的作品性质	《福建江夏学院学报》	2021
20	王春影	网络游戏直播画面的著作权问题研究	《法制与社会》	2021
21	庄瑞扬	论网络游戏直播产业著作权保护问题	《老字号品牌营销》	2021
22	李新天、谭悦彤	体育赛事直播画面法律性质探析	《北京邮电大学学报》（社会科学版）	2021
23	白睿成	体育赛事盗播行为的类型化及其二元法律规制	《河北体育学院学报》	2021
24	于哲	网络游戏直播的著作权研究	《全国流通经济》	2021
25	焦和平、赵迪雅	融媒体时代网播组织的法律保护困境与应然路径选择——兼评新《著作权法》第47条	《电子知识产权》	2021
26	宋辰菲	电影解说类短视频侵权问题研究	《法制与社会》	2021
27	赵克	网络游戏直播画面的著作权归属问题研究	《河北农机》	2021
28	朱欣琦	作品类型法定前提下电子游戏的著作权保护研究	《成都理工大学学报》（社会科学版）	2021
29	顾童、李欣宇	浅析角色扮演类网络游戏直播侵权问题	《科技传播》	2021
30	狄茹馨	浅析网络游戏直播中的著作权问题	《科技传播》	2021

续表

序号	作者	题目	文献来源	发表年份
31	杨一帆	媒体快速发展环境下体育赛事转播权的发展路径研究	《当代体育科技》	2021
32	胡梦丽、姚锋	电竞比赛直播节目的著作权问题探析	《邵阳学院学报》（社会科学版）	2021
33	张振锋	从作者权体系与版权体系的不同看体育赛事直播画面的著作权保护	《南京航空航天大学学报》（社会科学版）	2021
34	王起明	论游戏主播的法律地位及直播行为的合理使用问题——对"梦幻西游"二审判决的思考	《宁波广播电视大学学报》	2021
35	严国锐	论体育赛事直播节目的作品认定——以"凤凰网案"为例	《宁波广播电视大学学报》	2021
36	谢明哲	体育赛事直播节目作品属性探析	《合作经济与科技》	2021
37	刘鹏、李馨怡	论视听作品的定义与权利归属——以我国《著作权法》第三次修订为视角	《南都学坛》	2021
38	朱欣琦	游戏直播视听作品的定性分析——兼评新《著作权法》的视听作品	《新经济》	2021
39	姚雅丽、邓社民	体育赛事直播画面的定性与法律保护	《长江论坛》	2021
40	曹舒然	对游戏直播画面之著作权问题的类型化研究——以游戏直播画面之作品属性与主播地位为视角	《重庆广播电视大学学报》	2021
41	罗施福、李津津	论网络直播中音乐演播的法律定性与责任主体	《天津大学学报》（社会科学版）	2021

续表

序号	作者	题目	文献来源	发表年份
42	姚锋、唐岳曦	网络游戏直播画面法律保护的前瞻性思考——再析"耀宇诉斗鱼"案	《邵阳学院学报》（社会科学版）	2021
43	杨异、周雨沁	体育赛事网络直播节目的著作权保护问题析论	《吕梁教育学院学报》	2021
44	林惠荧	网络游戏画面纳入著作权保护客体的模式选择	《法制博览》	2021
45	卢红洪	网络游戏直播画面著作权归属的类型化分析	《传播与版权》	2021
46	张伟君	呈现于视听作品中的游戏规则依然是思想而并非表达——对若干游戏著作权侵权纠纷案判决的评述	《电子知识产权》	2021
47	林承铎、万善德、曾梦倩	网络游戏直播画面著作权问题探究	《武汉理工大学学报》（社会科学版）	2021
48	张颖、黄旻	论网络游戏直播对游戏画面的合理使用	《武陵学刊》	2021
49	郝宗基	网络直播中使用音乐的侵权行为分析	《上海商业》	2021
50	韩德鹏	论视频截图的作品定性和著作权归属	《北京政法职业学院学报》	2021
51	闫文莉	分类视域下网络游戏动态画面的作品归属认定	《太原城市职业技术学院学报》	2021
52	占仕强	网络直播带货中不正当竞争行为规制研究	《黑龙江生态工程职业学院学报》	2021
53	夏迪旸、米新丽	体育赛事直播节目作品独创性认定标准论析——以"央视国际公司诉聚力公司案"为例	《哈尔滨体育学院学报》	2021

续表

序号	作者	题目	文献来源	发表年份
54	曾超、王国军、刘石军、张秋艳	"互联网+"视域下体育赛事转播侵权行为的多重成因及规避研究	《四川体育科学》	2021
55	谢楠	游戏玩家的法律主体地位分析	《中阿科技论坛》（中英文）	2021
56	李乐瑶	基于"独创性门槛"的电竞赛事转播著作权	《南方论刊》	2021
57	杨异	"互联网+"时代网络直播著作权保护困境探析	《北京印刷学院学报》	2021
58	孙富森、燕文涛、郝晓彤、刘洲君	游戏直播行业版权问题研究	《老字号品牌营销》	2021
59	王心仪	从"《梦幻西游2》案"看网络游戏连续动态画面的作品性质	《黑龙江人力资源和社会保障》	2021
60	陈娜	论网络游戏直播画面的版权问题	《上海商业》	2021
61	郭昕	网络环境下体育赛事直播画面的著作权保护	《中阿科技论坛》（中英文）	2021
62	怀鹏飞	数字时代我国视听作品的分类标准探析	《传播与版权》	2021
63	梁国标	游戏短视频著作权属与平台责任研究	《法制博览》	2021
64	林秀	影视类短视频版权问题研究	《西部广播电视》	2021
65	李逸文、刘宇	网络游戏直播著作权合理使用研究	《长春理工大学学报》（社会科学版）	2021
66	杨异	网络直播画面可版权性问题研究	《哈尔滨师范大学社会科学学报》	2021

第五章　我国网络直播画面知识产权保护理论探讨

续表

序号	作者	题目	文献来源	发表年份
67	蒋婕	网络游戏直播画面的主播法律身份及相关问题研究	《法制博览》	2021
68	缪颖	网络直播的行政规制探究	《行政与法》	2021
69	宋妍妍	出版社网络直播营销模式中的著作权法律风险防控研究	《中国地市报人》	2021
70	李嘉宁	电子游戏网络直播的著作权问题及其保护研究	《出版参考》	2020
71	冒乙静、曾露	体育赛事网络直播中的版权配置困境与出路——再评凤凰网案	《声屏世界》	2020
72	万露露	论网络音乐直播中的法律规制	《河南科技》	2020
73	陈宣亦	论网络游戏直播画面的著作权法定性及权利归属	《现代商贸工业》	2020
74	陈虎	论视频游戏玩家行为的著作权法定性	《山东科技大学学报》（社会科学版）	2020
75	许成丽	融媒体时代下网络游戏直播的版权保护	《黑河学刊》	2020
76	刘亚琼、阿不都·热西提·阿卜都卡地尔、汤垚、雷雨润	将电子竞技直播画面纳入著作权法调整范围的可行性分析——以电竞赛事直播为例	《法制与经济》	2020
77	邹雅焓	网络游戏直播中的著作权侵权问题研究	《法制与经济》	2020
78	孙康力	网络游戏直播画面的法律属性	《传播与版权》	2020
79	吴太轩、谭和	论电子游戏直播画面的作品属性及使用性质	《湖南行政学院学报》	2020

续表

序号	作者	题目	文献来源	发表年份
80	王旭	大庆市网络游戏直播现状调查研究	《法制与经济》	2020
81	崔汪卫、胡天雨	网络游戏直播版权检视	《西华师范大学学报》（哲学社会科学版）	2020
82	毛乐乐、贾小龙	网络游戏画面的作品属性及其保护	《华北理工大学学报》（社会科学版）	2020
83	文颖	网络游戏直播行为的著作权问题研究	《采写编》	2020
84	杨立帆	体育赛事网络直播画面的版权保护路径探究——以司法审判的实务需求为切入点	《河北农机》	2020
85	尤文韵	论体育赛事直播影像的性质及保护路径	《海南广播电视大学学报》	2020
86	杨晨璐	论体育赛事节目的可版权性	《传播与版权》	2020
87	马建伦	论视频游戏玩家行为的著作权法定性	《法制博览》	2020
88	陈建斌	体育赛事直播画面的法律定性及保护对策	《法制与社会》	2020
89	宋丽	网络游戏直播相关主体的著作权问题浅析	《传播力研究》	2020
90	杜勇贤	体育赛事节目独创性及网络盗播的法律适用	《河南工程学院学报》（社会科学版）	2020
91	杨蕊	网络游戏直播的著作权问题研究以及相关权利规制	《法制博览》	2020
92	赵锦锦、陈亚威	游戏直播的著作权与竞争法规制探析	《传播与版权》	2020
93	方龄曼	从转换性使用角度看网络游戏直播	《文化创新比较研究》	2020
94	张伟君	广播权与表演权和信息网络传播权的关系辨析	《苏州大学学报》（法学版）	2020

续表

序号	作者	题目	文献来源	发表年份
95	强翔宇	互动电影式游戏的著作权保护问题——以《隐形守护者》为例	《常州工学院学报》（社会科学版）	2020
96	赵恩迪	网络游戏画面直播的合理使用问题研究	《理论观察》	2020
97	余晗	游戏直播画面侵权问题研究	《长沙民政职业技术学院学报》	2020
98	温龙	论体育赛事直播画面的独创性	《法制博览》	2020
99	范丹丹	网络游戏直播画面的著作权法保护	《河南科技》	2020
100	赵源、张国安	新兴权利视阈下体育赛事转播权法律性质研究	《体育科学研究》	2020
101	柯冬英	互联网环境下体育赛事直播权法律保护研究	《太原城市职业技术学院学报》	2020
102	屈扬	体育赛事网络直播节目的法律保护模式探析	《河南工业大学学报》（社会科学版）	2020
103	袁晶	主播类游戏直播画面的作品性及权属探析	《中国报业》	2020
104	高晓春、钱德坤	法治视域下网络音乐知识产权问题探析	《北华航天工业学院学报》	2020
105	丁月秋	论电竞游戏个人直播行为的法律定性	《法制与经济》	2020
106	于潇	直播游戏是否构成侵权	《方圆》	2020
107	许洁	体育赛事直播节目著作权性质探析	《传播与版权》	2020
108	杨嘉骏	网络游戏整体画面的作品属性研究	《广西质量监督导报》	2020
109	赵威	论法律与科技互动背景下体育赛事画面的作品属性——以新浪网诉天盈九州案、央视网诉聚力传媒案为例	《北京政法职业学院学报》	2020

续表

序号	作者	题目	文献来源	发表年份
110	刘奇、于鹏	网络游戏画面整体性的保护研究	《传播与版权》	2020
111	邹佩垚、闫心池、王敬飞	网络游戏直播画面的作品属性及相关问题探析	《法制与经济》	2020
112	詹启智	论"其他权利"的适用、扩张与消灭——电子文献传递法律属性研究与著作权修法赋权思考	《河南科技》	2020
113	潘珊	用户创造内容的著作权问题研究	《法制博览》	2020
114	范洪玮、秦子馨、陈雪	网络直播中法律风险的分析研究	《法制博览》	2020
115	李勇坚	从市场结构视角看游戏直播版权	《新经济导刊》	2020
116	黄桂林	直播网络游戏案,需清晰认识玩家贡献度与作者、合理使用与侵权问题	《中关村》	2020
117	林美辰、姚天冲	网络直播中音乐使用的侵权行为分析——以音著协诉斗鱼直播案为例	《产业与科技论坛》	2020
118	李庆雨	唱见主播直播中演唱他人作品的侵权问题探究	《河南科技》	2020
119	刘洋	保护网游直播的法律探究	《大众标准化》	2019
120	石瑶瑶、周亦鸣	互联网环境下体育赛事节目的法律属性和立法完善	《经济研究导刊》	2019
121	刘铁光	作品独创性判定标准调适的准则及其遵守的路径——以体育赛事直播画面独创性的判定为例	《苏州大学学报》(法学版)	2019

第五章 我国网络直播画面知识产权保护理论探讨

续表

序号	作者	题目	文献来源	发表年份
122	严波	论体育直播节目作品性质判定的两难之境与解题关键	《苏州大学学报》（法学版）	2019
123	崔国斌	体育赛事直播画面的独创性标准选择	《苏州大学学报》（法学版）	2019
124	顾卓然	影像制品截图的著作权问题辨析	《北京政法职业学院学报》	2019
125	王雅芬、李志	体育赛事直播节目的著作权保护途径	《传播与版权》	2019
126	张艳丽、董媛媛	网络直播翻唱与背景音乐使用的侵权风险研究	《中国广播》	2019
127	祁芮如	电子竞技游戏网络直播的著作权保护探析	《柳州职业技术学院学报》	2019
128	刘佳音	网络游戏直播的著作权法保护研究	《西部学刊》	2019
129	朱尉贤	视频游戏及玩家贡献法律属性研究	《老字号品牌营销》	2019
130	石傲胜	论网络游戏直播画面作品属性	《湖南工业职业技术学院学报》	2019
131	张鑫	"互联网+"背景下网络游戏直播中的合理使用问题研究	《电子商务》	2019
132	卞德震	体育赛事网络转播侵权法律问题探析——以新浪网诉凤凰网中超赛事转播侵权案为例	《武夷学院学报》	2019
133	裴宏	网络实时直播行为中的著作权问题研究	《法制博览》	2019
134	张浩岩、王艺霖	互联网时代下网络游戏产业中的著作权保护	《企业科技与发展》	2019
135	朱婉婉	网络直播中不正当竞争行为的法律规制	《牡丹江大学学报》	2019

续表

序号	作者	题目	文献来源	发表年份
136	郝其昌、陈绍玲	论我国著作权法中表演者的内涵——兼论电子游戏玩家表演者地位之否定	《河南财经政法大学学报》	2019
137	梁晨	美国电子游戏直播的版权侵权问题研究及其启示	《法制与社会》	2019
138	顾君盈	著作权法视野下网络游戏直播行业版权问题	《法制与社会》	2019
139	贺光伟、顾静、邓和彩、刘岳江	体育赛事版权研究的演化逻辑分析	《福建体育科技》	2019
140	吴文斌	2022年冬奥会赛事转播权保护问题研究	《河北体育学院学报》	2019
141	刘玥、黄捷	论电子游戏比赛网络直播权的法律保护	《华北理工大学学报》（社会科学版）	2019
142	黄颖贤	体育赛事画面转播的反不正当竞争法规制	《北京政法职业学院学报》	2019
143	胡城绵	电子游戏画面可版权性问题研究——从"梦幻西游2案"与"炉石传说案"说起	《浙江万里学院学报》	2019
144	符豪	体育赛事直播画面的著作权保护问题研究	《海南师范大学学报》（社会科学版）	2019
145	张志强	音乐网络化传播的侵权现象研究	《科技传播》	2019
146	刘丹	体育赛事网络直播节目著作权争议问题研究	《法制博览》	2019
147	李小青	网络直播中的音乐版权问题研究	《法制博览》	2019
148	黄思思	从体育赛事直播案谈著作权保护之"潜规则"——时空效力	《法制博览》	2019

续表

序号	作者	题目	文献来源	发表年份
149	鲍奕含	论体育赛事直播节目的版权性质	《开封教育学院学报》	2019
150	郑惠心	网络视频直播的版权纠纷及规制	《法制与社会》	2019
151	孟艳秋	探究网络游戏直播中的著作权问题——以网易诉华多侵害著作权纠纷案为例	《法制与经济》	2019
152	史焰名	网络直播经济模式下的音乐版权侵权风险及防范	《特区经济》	2019
153	李安	电子游戏直播版权问题之管见——兼评"梦幻西游2"案	《乐山师范学院学报》	2019
154	蒋屹	融媒体浪潮下的体育赛事画面权利——再探"新浪诉凤凰网案"	《体育成人教育学刊》	2019
155	张志伟	论网络游戏直播的法律属性及其利益平衡	《甘肃政法学院学报》	2019
156	李红丽	网络直播中的音乐著作权侵权行为分析	《法制博览》	2019
157	管荣齐、李祥萌	体育赛事转播权的保护路径选择	《中国发明与专利》	2019
158	张伟君	从固定要求看我国《著作权法》对体育赛事直播画面的保护	《中国发明与专利》	2019
159	魏佳敏	网络游戏的作品属性及其权利归附	《知与行》	2019
160	刘东禹、陈志强	青少年网络游戏直播所涉著作权问题的几点思考	《青年学报》	2019
161	安稳	网络直播的法律规制	《法制博览》	2019
162	陈冠全	网络游戏直播的著作权问题研究	《法制博览》	2019

续表

序号	作者	题目	文献来源	发表年份
163	刘金杭	网络游戏直播画面著作权侵权法定赔偿探析	《法制博览》	2019
164	李正、陈艺璇、赵嘉怡、朱铭遥	论网络直播侵权行为的规制——以传播权整合扩张为思路	《法制博览》	2019
165	翁飚、方千华、陈三平、王鹭萍	我国体育赛事相关版权的权属与保护	《厦门理工学院学报》	2019
166	董慧娟、汪超	论体育赛事直播画面之著作权法保护方案	《中国发明与专利》	2019
167	王来	新媒体环境下网络直播的著作权分析——以游戏动态画面直播为分析对象	《美与时代（下）》	2019
168	张倩	网络游戏直播画面引发的著作权问题研究	《西部学刊》	2019
169	蔡元臻、白睿成	论游戏画面与其直播画面的作品属性	《山东科技大学学报》（社会科学版）	2019
170	丁春燕	网络游戏相关主体权利审视	《法治社会》	2019
171	吴文斌	2022年冬奥会体育赛事转播权保护问题研究	《中国广播》	2019
172	戎朝、上官凯云	"互联网实时转播"法律定性的思考——中超直播侵权案之侵犯广播权认定事宜之商榷	《体育成人教育学刊》	2019
173	顾子皓	体育赛事直播节目版权保护的困境及对策	《甘肃广播电视大学学报》	2019
174	桂沁	体育赛事节目网络实时转播的著作权法困境及对策	《体育科研》	2019

续表

序号	作者	题目	文献来源	发表年份
175	来小鹏、贺文奕	论体育赛事节目的独创性	《山东科技大学学报》（社会科学版）	2019
176	王婳语	体育赛事网络直播的著作权保护探究	《法制博览》	2019
177	杨茂原、蒋志媛、邓易枚、梁福丽、程浩	网络音乐直播著作权侵权的立法保护问题	《法制博览》	2019
178	吴桐	电竞游戏直播著作权法的定性及保护	《河南牧业经济学院学报》	2019
179	胡鑫源	网络直播空间中的法律乱象	《法制博览》	2019
180	闫斌	网络直播行业的法律风险与规制	《社科纵横》	2019
181	熊文聪	论"已经固定"不是电影作品的可版权要件	《山东科技大学学报》（社会科学版）	2019
182	王天元	我国网络直播内容分级立法的国际借鉴	《法制博览》	2019
183	郭俊杰、卢雄江	网络直播行政处罚问题透析	《法制博览》	2019
184	许文峰	互联网经济时代版权法的价值、挑战与趋势——以网络传播权为视角	《黑河学院学报》	2019
185	成沛燕、徐学伟、代指纤	我国网络直播立法的缺陷及完善	《法制博览》	2019
186	杨皓	直播时代的版权隐患	《检察风云》	2019
187	关雨桐	论网络直播规制的行政法保护	《法制与经济》	2019
188	郭赫喆、石顺	网络游戏直播中的著作权保护问题研究	《法制博览》	2018

续表

序号	作者	题目	文献来源	发表年份
189	薛静怡	游戏直播平台的版权侵权责任研究	《法制博览》	2018
190	张鹏	"互联网+"视域下体育赛事节目的可版权性研究	《新媒体研究》	2018
191	赵军	网络游戏直播画面著作权侵权法定赔偿研究	《吉林工商学院学报》	2018
192	天则、惠显帅	网络游戏直播的著作权问题探究	《河南科技》	2018
193	祁秀枝	探究网络直播中的体育赛事著作权问题	《法制与经济》	2018
194	詹启智	网络直播内容著作权侵权行为研究	《科学与管理》	2018
195	陈裕敏	著作权扩张浅析	《法制与社会》	2018
196	白林	网络秀场直播可著作权性研究及出路	《四川行政学院学报》	2018
197	吴家侃	浅谈网络游戏直播中的著作权问题	《法制博览》	2018
198	惠甜田	论网络游戏画面的著作权属性——以"《奇迹MU》侵权案"为视角	《法制博览》	2018
199	张钟月	网络游戏直播市场的著作权问题研究	《法制博览》	2018
200	熊若兰	电子竞技网络直播的著作权问题	《法制与社会》	2018
201	罗荣清	论体育赛事直播节目的著作权保护	《法制博览》	2018
202	楚孔杨	浅析网络游戏直播的著作权保护——评网易公司诉华多公司直播侵权一案	《法制与社会》	2018

续表

序号	作者	题目	文献来源	发表年份
203	马文骏	网络直播环境下的电子竞技赛事画面的著作权法保护	《法制与社会》	2018
204	吴星怡	网络游戏画面的作品属性认定及其权利归属	《法制与社会》	2018
205	褚瑞琪	网络游戏直播中的著作权问题探究	《河北科技大学学报》（社会科学版）	2018
206	杨泽鑫、张亚楠	游戏主播行为适用表演者权研究	《法制与社会》	2018
207	陈钰琦	论网络游戏直播作品独创性——以武汉中院（2017）鄂01民终4950号"斗鱼v秋日、全民TV案为例"	《法制博览》	2018
208	佟菁菁	合理使用制度在游戏直播中的适用可行性分析	《品牌研究》	2018
209	张旭光	网络游戏直播的著作权归属问题探析	《山东商业职业技术学院学报》	2018
210	郭壬癸、周航	著作权视域下网络游戏画面的作品定性与思辨	《中国石油大学学报》（社会科学版）	2018
211	佘语涵	关于体育赛事中著作权相关问题探析	《法制与社会》	2018
212	吴雷	论游戏操作画面的作品属性及其类型	《企业科技与发展》	2018
213	高山	网络游戏直播画面作品性问题研究	《中国广播》	2018
214	宋晓姗、阮开欣	直播电子游戏的著作权问题研究——评"梦幻西游2案"	《科技与法律》	2018
215	刘建江	电子竞技直播画面著作权问题探析	《法制博览》	2018
216	田如诗	网络游戏直播的相关著作权问题探析	《法制与社会》	2018

续表

序号	作者	题目	文献来源	发表年份
217	陈壮	网络环境下体育赛事转播权的保护——中超赛事侵权案为视角	《现代商贸工业》	2018
218	邵艳刚	网络直播面临的主要法律风险分析	《法制博览》	2018
219	褚瑞琪、管育鹰	互联网环境下体育赛事直播画面的著作权保护——兼评"中超赛事转播案"	《法律适用（司法案例）》	2018
220	田建腾	电子竞技中玩家的法律地位分析	《广西政法管理干部学院学报》	2018
221	张璟	体育赛事直播权的知识产权保护——以"央视国际公司诉北京暴风公司侵害著作权纠纷案"为例	《新闻传播》	2018
222	周宣辰、逯婷婷	UGC模式下网络游戏直播中的著作权问题研究——以《绝地求生》为例	《南京理工大学学报》（社会科学版）	2018
223	孙思雨	网络游戏直播著作权研究	《现代商贸工业》	2018
224	刘睿暄	网络直播产生的法律问题及解决对策	《法制与经济》	2018
225	佟瑶	我国网络游戏直播的著作权保护	《法制博览》	2018
226	王阳、王亭亭	网络游戏直播的著作权问题研究	《法制与社会》	2018
227	郭壬癸	论著作权视域下网络游戏内容之知识产权保护	《西部法学评论》	2018
228	吕璐	浅论网络直播中的著作权侵权风险与保护	《新闻传播》	2018
229	陈琪	电子竞技游戏的著作权问题探析	《新西部》	2018

续表

序号	作者	题目	文献来源	发表年份
230	张平、朱艺浩、郑晔晴	网络游戏直播的著作权保护	《人民司法（应用）》	2018
231	陈宏	网络游戏直播中的著作权问题探讨	《重庆电子工程职业学院学报》	2018
232	田雨	网络游戏直播的著作权问题探究	《法制与社会》	2018
233	雷莹	论网络游戏直播的著作权保护	《企业科技与发展》	2018
234	孔思冰	论网络游戏直播的著作权	《河南工程学院学报》（社会科学版）	2018
235	赵世兰、张荧子暄	网络直播中的音乐版权问题研究	《音乐传播》	2018
236	贺周峥	体育赛事直播节目法律性质研究——以新浪诉天盈九州案为引	《理论观察》	2018
237	胡盼盼	"避风港规则"在网络直播侵权中的适用性探析	《中国广播》	2018
238	秦赞谨	论我国网络游戏直播的法律规制	《湖北第二师范学院学报》	2018
239	何宛豫	关于网络传播豁免权的反思	《新闻研究导刊》	2018
240	高荣伟	国外网络直播相关法律法规	《检察风云》	2018
241	詹启智、陈宝名	探究网络直播环境下的著作权问题	《法制博览》	2017
242	刘静雯	网络游戏直播中的著作权性质研究	《新西部》	2017
243	颜林、马佑安	电子竞技比赛动态画面可版权性研究	《科技与法律》	2017
244	桂栗丽	网络直播平台的版权保护问题研究——以版权法适用争议为视角	《甘肃理论学刊》	2017

续表

序号	作者	题目	文献来源	发表年份
245	徐文成	网络游戏直播画面相关著作权问题研究	《法制博览》	2017
246	董聪	体育赛事直播节目转播权的法律性质与保护方式	《人民司法（应用）》	2017
247	刘承韪、黄寅	电竞赛事直播节目的作品性质	《人民司法（应用）》	2017
248	李旭颖	论电子游戏画面"实质性相似"的判断标准	《中国发明与专利》	2017
249	许安碧	网络游戏直播中的著作权问题探究	《政法学刊》	2017
250	高天翼	论体育赛事直播节目的著作权保护	《河南财经政法大学学报》	2017
251	田恩雅	论网络游戏整体画面视为类电影作品的认定	《法制与社会》	2017
252	滕泽	网络游戏直播中著作权问题探讨	《现代商贸工业》	2017
253	马世钰、吴以源、刘东奥	网络游戏直播的著作权问题——由"耀宇诉斗鱼案"引发的思考	《法制与社会》	2017
254	邓栩健	从网络实时直播行为浅谈"播放权"	《法制博览》	2017
255	董亦平	网络直播相关著作权问题研究	《广西政法管理干部学院学报》	2017
256	骆浩航	电子竞技游戏直播的权利认定	《法制与社会》	2017
257	邓振伟	游戏直播画面的著作权保护问题研究	《法制与社会》	2017
258	储京京	体育赛事直播节目的著作权保护	《法制与社会》	2017

续表

序号	作者	题目	文献来源	发表年份
259	林泽恩	网络直播内容著作权的法律行为分析研究	《科学与管理》	2017
260	胡川洋	浅析体育赛事直播节目的版权保护	《西部广播电视》	2017
261	李合勇	网络游戏直播画面的性质及权利归属研究	《山东工会论坛》	2017
262	蒋雨吟	网络游戏直播的著作权问题研究	《法制博览》	2017
263	李宗亿	论电子竞技直播的著作权保护	《法制博览》	2017
264	梁馨文	电子游戏直播画面的法律适用	《法制博览》	2017
265	李旭颖	网络游戏画面的作品定性及相关著作权问题研究	《成都理工大学学报》（社会科学版）	2017
266	李颖怡、梁栩瑜	我国网络游戏画面版权问题研究	《政法学刊》	2017
267	吴学龙	网络游戏直播画面的可版权性及相关著作权问题	《太原学院学报》（社会科学版）	2017
268	沈靖城	网络直播平台的著作权侵权问题	《法制与社会》	2017
269	张丰智	网络游戏直播节目的著作权法保护	《法制与社会》	2017
270	赵振	网络视频直播法律关系构造	《互联网天地》	2017
271	于焕超	"互联网+"时代网络游戏整体画面的著作权属性——兼评"壮游科技诉硕星科技侵犯著作权、商标权及不正当竞争案"	《中国发明与专利》	2017
272	黄玉烨、王骁	论游戏直播画面的法律属性	《河南财经政法大学学报》	2017

续表

序号	作者	题目	文献来源	发表年份
273	徐红菊	网络直播视野下游戏作品的视听作品保护模式的反思与重塑	《河南财经政法大学学报》	2017
274	王国柱	网络直播案件中录像制品的认定——兼论录像制品制度的不可替代性	《河南财经政法大学学报》	2017
275	许辉猛	玩家游戏直播著作权侵权责任认定及保护途径	《河南财经政法大学学报》	2017
276	李孟、迪丽娜尔	网络游戏直播的侵权问题研究——以"耀宇诉斗鱼案"为例	《法制博览》	2017
277	周述雅	探析体育赛事节目之著作权保护	《东南传播》	2017
278	林嗣杰	电子游戏网络直播的著作权属性与合理使用探析	《哈尔滨学院学报》	2017
279	陆爱萍	体育赛事直播节目盗播的法律保护问题	《上海商业》	2017
280	马骋、曾梦珍	谈体育赛事网络转播的著作权保护	《检察风云》	2017
281	张玉菡	网络秀场直播的版权保护与规制	《传播与版权》	2017
282	张榆枫	电子游戏网络直播中涉及的权利探析	《浙江万里学院学报》	2017
283	李金垚	网络游戏直播与转播的著作权适用——以耀宇诉斗鱼侵权案为例	《传播与版权》	2017
284	唐丹	网络游戏直播涉及的著作权问题研究	《安徽警官职业学院学报》	2017
285	王朝阳	体育赛事网络转播法律问题研究	《学理论》	2017

续表

序号	作者	题目	文献来源	发表年份
286	魏曼曼	游戏直播平台运营中的知识产权保护问题研究	《法制博览》	2017
287	赵润泽、刘璐畅	思考与困惑——网络直播的法律规制研究	《法制博览》	2017
288	曾诗露	乱象与回归——浅谈互联网直播的法律风险与规制	《法制博览》	2017
289	孙兆珺	网络游戏画面的作品性分析	《法制与社会》	2017
290	卢建恩	游戏直播使用游戏画面的合理使用探究——以"中国网络游戏直播第一案"为例	《法制与社会》	2017
291	王子涵	网络视频直播内容的可作品性及法律保护	《齐齐哈尔大学学报》（哲学社会科学版）	2017
292	喻梦妍	从著作权法角度思考网络游戏直播画面——从耀宇诉斗鱼案谈起	《传播与版权》	2017
293	杜倩	2016自媒体研究新话题解析	《西部广播电视》	2017
294	张铃	电子竞技视频直播著作权问题探析	《知与行》	2016
295	王梦迪	体育赛事转播权的法律保护	《法制与社会》	2016
296	方琳瑜、吴璐莹、彭小宝	网络游戏直播的著作权保护探析	《淮南师范学院学报》	2016
297	高茵	体育赛事画面网络实时转播行为在著作权法中的定性——兼评"新浪诉凤凰网足球赛事转播侵权案"	《传播与版权》	2016
298	孙正樑	论网络直播体育赛事节目的著作权法规制	《福建警察学院学报》	2016
299	王迁	电子游戏直播的著作权问题研究	电子知识产权	2016

续表

序号	作者	题目	文献来源	发表年份
300	夏佳明	电子游戏直播中知识产权保护研究	《电子知识产权》	2016
301	王丽娜	对游戏动态画面的录制能否形成录像制品的法律分析兼评爱拍诉酷6案	《电子知识产权》	2016
302	崔智伟	电子竞技游戏网络直播相关著作权问题研究	《公民与法》（法学版）	2016
303	沈熙菱	网络游戏赛事中玩家的法律地位——耀某诉斗某直播侵权案之反思	《法制与社会》	2016
304	祝建军、魏巍、陈洋	擅自网络实时转播体育赛事构成不正当竞争	《人民司法（案例）》	2016
305	潘滨	论游戏直播的著作权侵权行为	《法制博览》	2016
306	张宏宇	互联网环境中有关体育赛事的著作权保护及建议	《理论观察》	2016
307	刘超	网络游戏及其直播的法律适用——以"耀宇诉斗鱼案"为例	《福建警察学院学报》	2016
308	何卓耐	网络游戏的著作权保护研究——以《奇迹MU》侵权案为视角	《中国高新技术企业》	2016
309	詹启智、刘选平	体育节目转播的著作权问题研究	《法制博览》	2016
310	孙磊	电子游戏竞技网络直播中的IP保护	《电子知识产权》	2016
311	徐蒙、祝仁涛	新媒体视域下UGC模式的法律风险及其防范——以网络直播为例	《浙江传媒学院学报》	2016

2016年到2021年有关网络直播的普通期刊论文共有310篇，除了

2016 年和 2022 年，每年的论文数量差距不大，都在 50 篇左右浮动，呈现出"两头低中间高"的发展态势，其中作为文献来源的《法制与社会》和《法制博览》期刊中涉及的普通论文数量较多，以网络游戏直播为主题的论文占据普通论文的主体，可见网络游戏直播这一类型得到更多学者的关注。

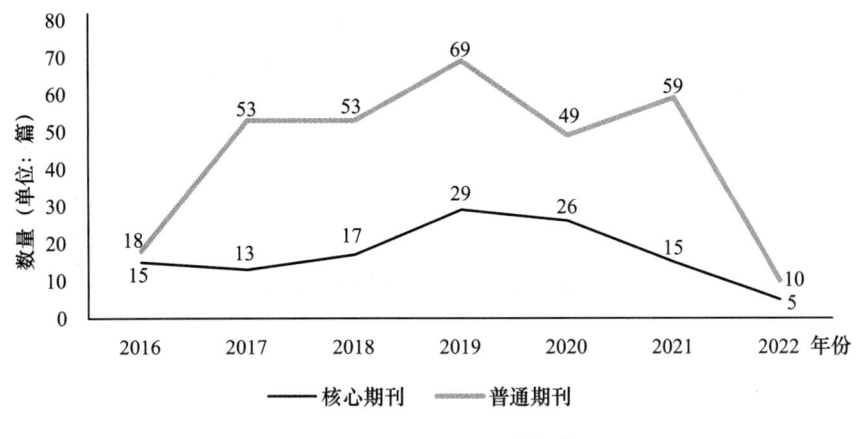

图 5-1 期刊论文发表年份

从图 5-1 中可以看出，国内近五年来关于网络直播的研究总体呈现上升又下降的趋势。就核心论文数量而言，国内发文量总数较少，但发文量较为稳定，波动性较小。近五年国内核心期刊与普通期刊发文量变化趋势大体一致，在 2019 年核心期刊和普通期刊的发文量均达到最高峰值。国内对于网络直播的研究主要集中在普通期刊，关于网络直播的论文发布在普通期刊的数量要多于核心期刊，核心期刊关于网络直播的研究较少，普通期刊中对于网络直播的研究比较均匀，而核心期刊发表数量较高的主要集中在知识产权、中国出版、江西社会科学等期刊中。

二 网络直播类型分布状况

根据网络直播类型对数据进行收集整理并作图之后，得到的有关网

◆ 网络直播的知识产权保护

络直播画面类型的期刊核心论文和普通论文的分布如下图：

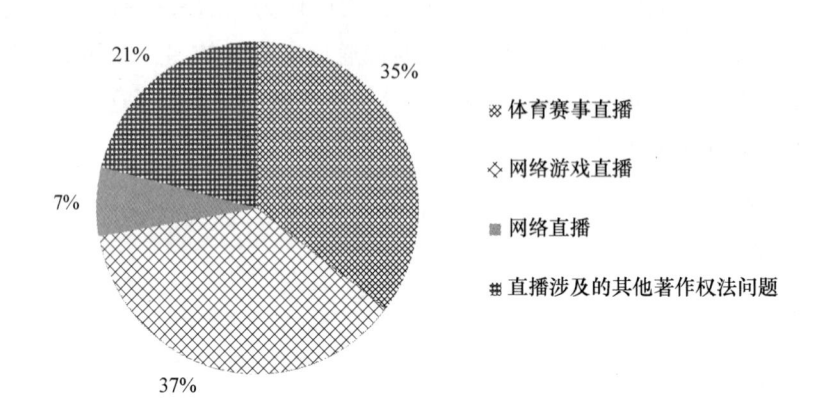

图 5-2 核心期刊论文研究网络直播类型统计

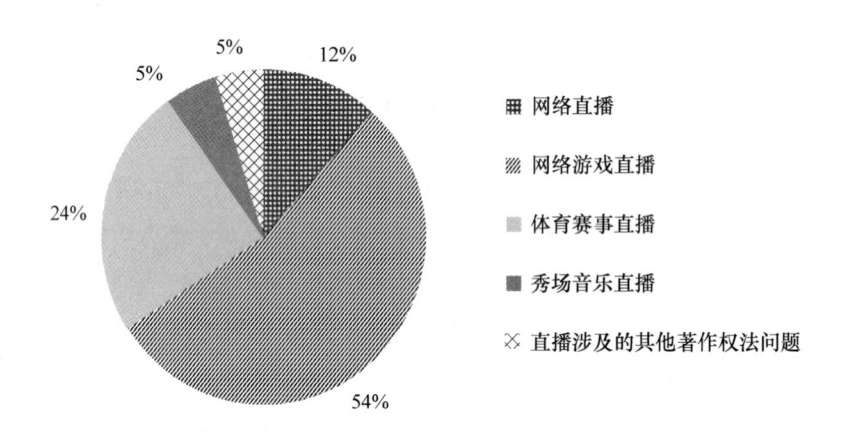

图 5-3 普通期刊论文研究网络直播类型统计

从图 5-2、图 5-3 中可以看出，有一部分是对网络直播存在的整体问题或是其他的著作权法问题做的研究，大部分的研究主要集中在体育赛事和网络游戏直播方面，核心期刊中体育赛事直播占比 35%，网络游戏直播占比37%；普通期刊中体育赛事直播占比24%，网络游戏直播占比54%。由此可见，目前最具有争议也最热门的话题，是围绕着体育赛事直播节目以及网络游戏直播的知识产权保护产生的。

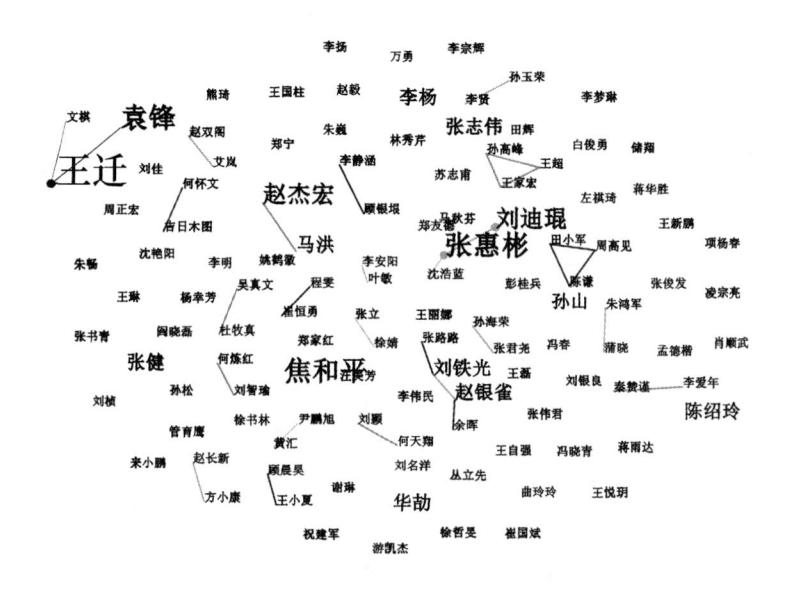

图5-4 核心期刊作者时间切片

三 高产作者分析

国内在核心期刊发表有关网络直播著作权保护内容的作者数量较少，王迁的发文量为8篇，发文量最高。其次是焦和平、张惠彬、袁锋三位学者，其发文量均为4篇。图5-4左上角的数字显示了相关数据，其中"N=117, E=31"这两项数据，N代表节点，即作者出现的位置节点，作者名字的字号越大，表明作者出现的频率越高，由此能够看出作者之间的合作关系。作者合作图谱中出现了117个节点，连线仅为31条，可以直观地看出作者的连线较少，作者之间缺乏合作且合作方式较为单一。作者间的合作在2019年达到顶峰。

表 5-2　　　　　　　普通期刊作者发文量统计

发文量	中心度	作者	年份
3	0	杨昇	2021
3	0	张伟君	2019
2	0	姚峰	2021
2	0	朱欣琦	2021
2	0	张倩	2019
2	0	吴文斌	2019
2	0	褚瑞琪	2018
2	0	郭壬癸	2018
2	0	李旭颖	2017

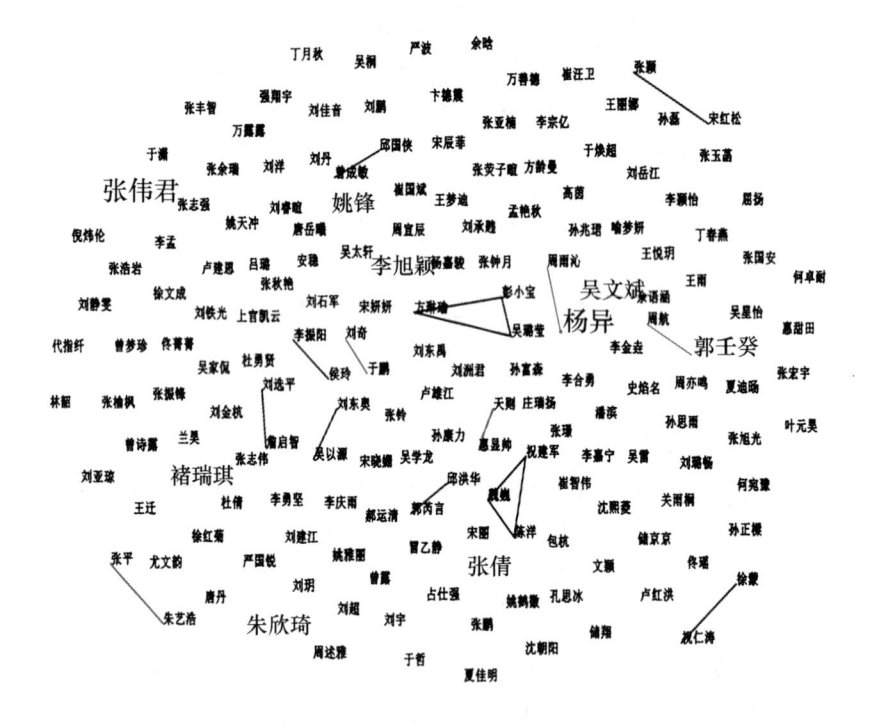

图 5-5　普通期刊作者发文共现

从表 5-2 可看出，相较于核心期刊，普通期刊发文作者数量较多但每个作者的平均发文量较少，其中发文量最多的是杨昇和张伟君，共3篇，姚峰、朱欣琦、张倩、吴文斌、褚瑞琪、郭壬癸、李旭颖七位学者的发文数量为两篇，其余作者发文均为1篇。图5-5左上角的数字显示了相关数据，其中"N=173，E=23"这两项数据，作者合作图谱中出现了173个节点，连线仅为23条，可以直观地看出普通期刊之间的作者的连线比核心期刊作者更少，同样存在作者之间缺乏合作且合作方式较为单一的问题。切片图以彩虹线段明确划分时间，能够看到作者间的合作在2021年达到顶峰。

四 研究机构分析

将期刊核心论文和普通论文的研究机构数据进行整理并制图后得到如下表格和图片：

表5-3　　　　　　　　核心期刊机构发文量统计

发文量	中心度	年份	机构
19	0	2016	华东政法大学
9	0	2017	西南政法大学
6	0	2018	西北政法大学
5	0	2017	中国政法大学
5	0	2017	武汉大学
4	0	2018	中国社会科学院
4	0	2019	湖南师范大学
3	0	2019	上海财经大学
3	0	2016	中国人民大学
3	0	2018	同济大学
3	0	2017	苏州大学
2	0	2017	中南财经政法大学
2	0	2017	中山大学
2	0	2019	北京大学

续表

发文量	中心度	年份	机构
2	0	2018	华中科技大学
2	0	2019	厦门大学
2	0	2017	常熟理工学院
2	0	2019	暨南大学
2	0	2017	江苏大学
2	0	2016	湘潭大学
2	0	2018	西南财经大学
2	0	2020	西安交通大学

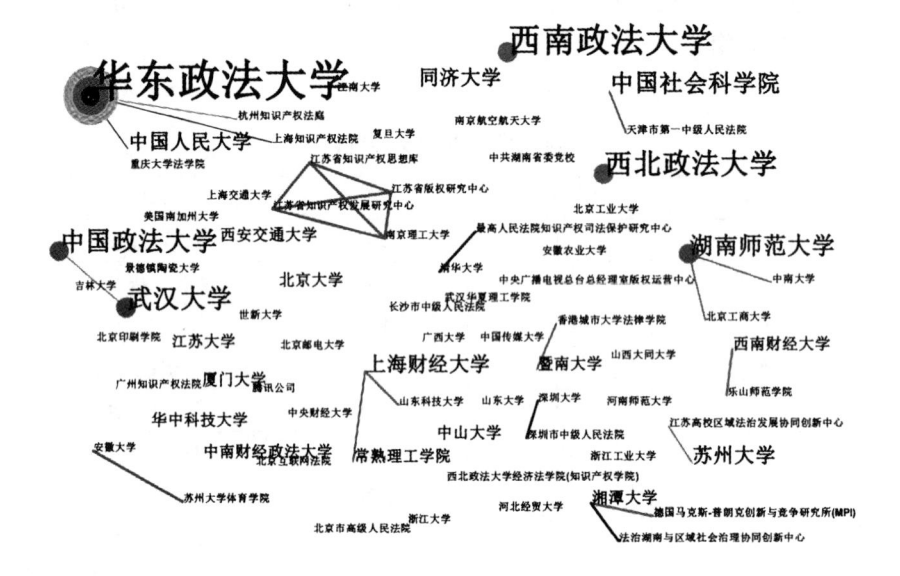

图 5-6 核心期刊机构发文共现

表 5-3 表明华东政法大学、西南政法大学、西北政法大学在网络直播的知识产权保护方面较为权威,其发文量分别为 19 篇、9 篇和 6 篇。华东政法大学及其知识产权学院发文较早,在 2016 年就发表了相关主题的文章。其他机构发文多集中在 2017—2019 年,也说明了对网

络直播的知识产权保护的研究高峰出现在这一时段。观察图 5-6 左上角数据可知,"N"代表机构名字的字号越大,机构在数据中出现的频率越高。"E"代表连线,节点之间的连线代表机构之间的联系,连线越粗,说明他们在同一篇文献中出现的频率越高。"N=74,E=23"可以看出各个机构之间的合作仍然不够紧凑,仍需加强合作。除此之外,作者之间的合作更加倾向于同地域之间的机构合作而较少寻求跨地域机构的作者合作。部分法院及律师事务所也参与到讨论中来,弥补了相关研究实务经验及实证分析较少的缺憾。除此之外,国外的研究机构也开始与国内的研究机构合作,填补了国外关于网络直播数据及合作研究的空白。

表 5-4 普通期刊机构发文量统计（部分）

发文量	中心度	年份	机构
27	0	2016	华东政法大学
13	0	2016	中南财经政法大学
7	0	2017	湖南师范大学
7	0	2018	南京理工大学
6	0	2016	南京师范大学
6	0	2016	河南财经政法大学
6	0	2017	中国政法大学
5	0	2017	上海交通大学
5	0	2018	中国传媒大学
5	0	2016	苏州大学
4	0	2017	大连理工大学
4	0	2019	中央财经大学
4	0	2016	西南政法大学
4	0	2019	同济大学
4	0	2016	厦门大学
3	0	2017	南昌大学

续表

发文量	中心度	年份	机构
3	0	2017	郑州大学
3	0	2016	南开大学
3	0	2019	上海财经大学
3	0	2018	复旦大学
3	0	2018	中国社会科学院
2	0	2017	大连海事大学
2	0	2021	湖北大学
2	0	2020	贵州师范大学
2	0	2020	河南科技大学
2	0	2021	中国人民大学
2	0	2017	沈阳师范大学
2	0	2017	天津师范大学
2	0	2021	武汉大学
2	0	2019	安徽大学
2	0	2021	首都经济贸易大学
2	0	2018	上海大学
2	0	2016	华南理工大学
2	0	2017	中南大学
2	0	2019	福建师范大学
2	0	2018	贵州大学
2	0	2018	中央民族大学
2	0	2018	合肥工业大学
2	0	2018	广东财经大学
2	0	2016	中国科学院大学
2	0	2021	集美大学
2	0	2019	华中师范大学
2	0	2020	北京科技大学
2	0	2019	黑龙江大学
2	0	2019	四川大学

| 第五章 | 我国网络直播画面知识产权保护理论探讨 |

续表

发文量	中心度	年份	机构
2	0	2017	北方工业大学
2	0	2020	兰州理工大学
2	0	2020	广西大学

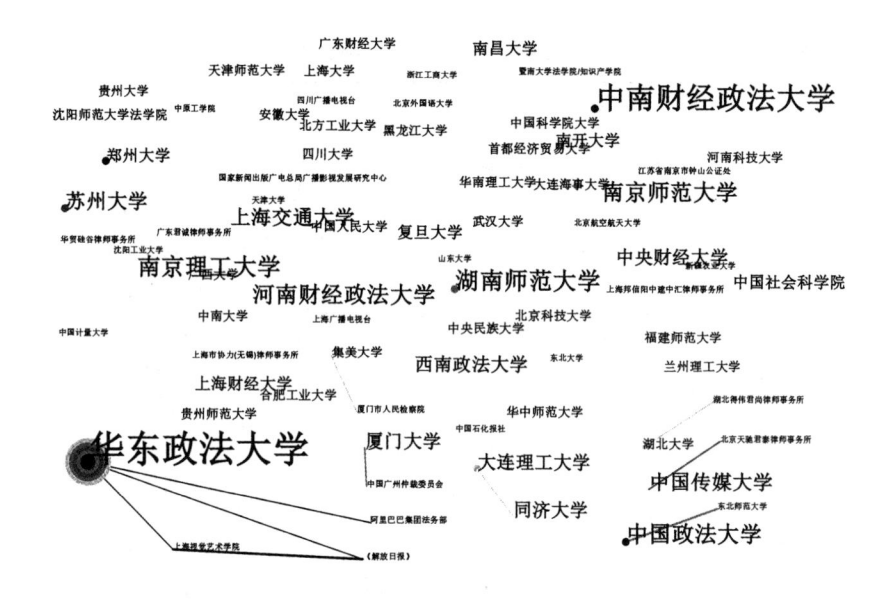

图 5-7 普通期刊机构发文共现

相较于核心期刊，各机构在普通期刊上的发文量较大，其中发文量最大的机构是华东政法大学和中南财经政法大学，其发文量分别为 27 篇和 13 篇，且华东政法大学发文最早，其在网络直播著作保护领域中的话语权较大。观察图 5-9 左上角的数据，"N=149，E=22"相较于核心期刊，各个机构在普通期刊之间的合作更少且合作方式更为单一。除了大学之间有合作，也涉及与司法机关、律师事务所及企业之间的合作，如检察院、仲裁委员会、阿里巴巴法务部等。

五　研究热点分析

对期刊核心论文和普通论文的关键词进行提取后，整理出如下表格，同时运用 Citespace 进行绘图得到关键词共现图和关键词突现时间切片图。

表5-5　　　　　　　核心期刊关键词中心度统计

频次	中心度	年份	关键词
19	0.28	2016	独创性
16	0.34	2016	著作权
13	0.07	2016	合理使用
10	0.24	2016	网络游戏
10	0.18	2016	游戏直播
10	0.11	2017	体育赛事
9	0.02	2016	作品
8	0.12	2016	视听作品
8	0.24	2016	广播权
7	0.12	2016	直播画面
5	0.04	2019	著作权法
5	0.1	2017	网络直播
5	0.01	2016	电影作品
4	0.02	2016	知识产权
4	0.04	2018	可版权性
3	0.02	2016	邻接权
3	0.07	2018	版权保护
3	0.02	2017	游戏画面
3	0.01	2016	权利归属
3	0.02	2016	广播组织
3	0	2018	固定
3	0.01	2019	侵权问题
3	0.01	2016	作品属性
3	0.01	2017	体育法学
2	0	2020	直播

续表

频次	中心度	年份	关键词
2	0.05	2016	版权
2	0	2016	法律适用
2	0.02	2016	汇编作品
2	0.05	2018	权利内容
2	0.03	2017	播放权
2	0.12	2016	媒体融合
2	0	2016	其他作品
2	0	2019	信号
2	0.02	2019	侵权责任
2	0.02	2019	侵权行为
2	0	2018	侵权判定
2	0.03	2018	作品类型
2	0.02	2019	传播权
2	0.01	2017	三网融合

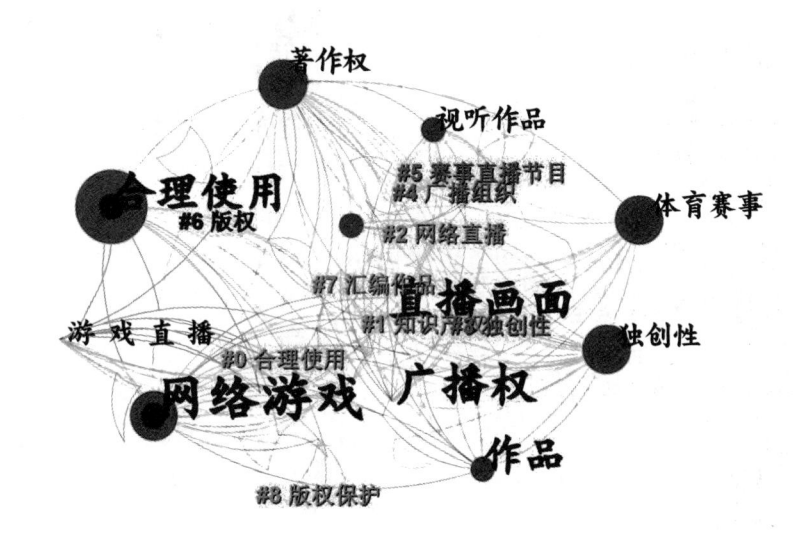

图 5-8　核心期刊关键词共现

◆ 网络直播的知识产权保护

对核心期刊中的文献关键词进行同义合并后得到表5-5和图5-8，表5-5不显示仅出现一次的关键词。从表中可知出现频次最高的关键词为"独创性"，核心期刊的作者对判定独创性的有无还是高低展开了激烈的探讨。其次是"著作权"，著作权的归属问题也是核心关注问题，学者多以游戏与体育赛事这两类直播为例具体论述对网络直播及不同类型直播的著作权保护的原因及路径。"独创性""作品""视听作品"等关键词表明对网络直播进行定性的难题，其能否满足独创性的条件，能否构成作品，构成何种作品是对其进行著作权保护的首要问题，除此之外，视听作品这种作品类型是最常被提到的类型；"著作权""邻接权"揭示了对网络直播进行保护的两种路径，如何在这两种路径中进行选择也是学界讨论的主要问题；"著作权""广播权""知识产权""邻接权""版权保护"等关键词表明在利用著作权法保护网络直播时应当利用何种权利对网络直播进行保护；"合理使用"制度是对

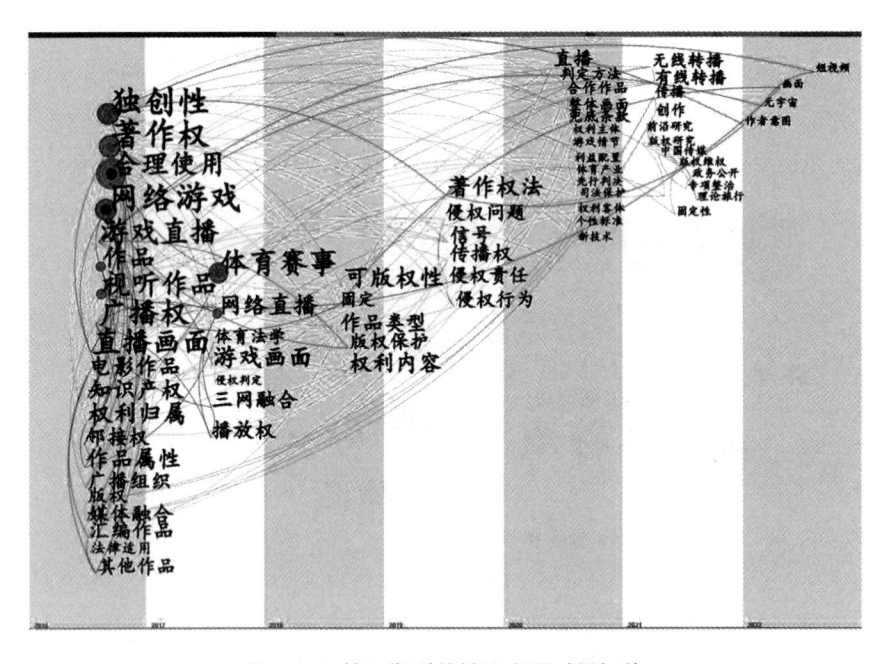

图5-9 核心期刊关键词突现时间切片

著作权的限制,目前核心期刊作者对这类问题的探讨较多。

由图 5-9 可知,我国针对网络直播知识产权保护的研究在 2016 年较为丰富,可称为网络直播研究的元年,提出了许多新问题。2016 年主要的突现词有"网络游戏""游戏直播"等,说明在这个时期,国内研究侧重于"网络游戏"这一热门产业,而"著作权""广播权""知识产权""邻接权"等突现词印证了我国针对网络直播性质研究的争议。除此之外,"作品""视听作品""电影作品""作品属性"等多种带作品字样的突现词频出,深刻反映出了我国在作品类型分类研究方面的争议。2017 年主要的突现词有"体育赛事",说明国内开始侧重研究"体育赛事"这一产业。2018 年出现的突现词说明了对网络直播版权及其权利内容保护的重视。2019 年的突现词表明此时国内的研究侧重于对网络直播侵权问题的研究,从 2017 年"侵权判定"提出后,对侵权

Keywords	Year	Strength	Begin	End	2016 - 2022
邻接权	2016	1.36	2016	2017	
作品属性	2016	0.89	2016	2018	
网络游戏	2016	0.76	2016	2016	
网络直播	2016	1.13	2017	2019	
合理使用	2016	0.69	2017	2017	
版权保护	2016	0.93	2018	2019	
侵权判定	2016	0.67	2018	2019	
侵权行为	2016	0.98	2019	2019	
侵权责任	2016	0.98	2019	2019	
传播权	2016	0.98	2019	2019	
侵权问题	2016	0.81	2019	2020	
直播	2016	0.95	2020	2020	
作品	2016	0.82	2020	2020	
独创性	2016	0.71	2020	2020	
著作权法	2016	1.26	2021	2022	
广播组织	2016	1.06	2021	2022	

图 5-10 核心期刊突变词

行为的划分和侵权责任的承担实施了深入的研究。2020至2021年转变了研究热点，开始关注新的传播方式、新的作品类型、新的判定要素以及行政法领域中新的救济方式，开始提出切实有效的制度和技术措施。2022年则是将眼光放置于新的网络直播方式，例如短视频以及元宇宙的结合等。

Citespace的关键词突现可以反映出一段时间内影响力较大的研究领域，突发性探测功能可以分析出短期内产生较大变化的关键词，并能够展示关键词开始和结束的时间跨度。本书利用这一功能分析出16个关键词，分析出网络直播研究热点的三个阶段。

第一阶段：2016—2018年。此阶段为网络直播画面法律属性分析的初始阶段。此阶段有5个重要的突发词，分别是邻接权、作品属性、网络游戏、合理使用和版权保护。2016年开始，网络直播这一新兴产物开始踏入知识产权领域，刚开始学者们认为网络直播画面的独创性不足，只需纳入邻接权中保护；后来开始研究与之相关的作品属性将其纳入版权保护之中；同时期，主要以网络游戏直播画面的形式出现，且合理使用制度在此时被广泛讨论。

第二阶段：2019—2020年。此阶段为网络直播画面法律属性分析的鼎盛时期。此阶段有5个重要的突发词，分别是与侵权相关的侵权行为、侵权责任和侵权问题，与作品属性相关的"作品"和独创性。由此能够分析出在这一时期，学界研究的热点转移到了网络直播出现的侵权行为以及侵权责任的承担问题上，与此同时，将网络直播归属于何种作品类型以及独创性标准的判断都是该时期的重点研究领域，以上的研究甚至到了最白热化的阶段。

第三阶段：2021—2022年。此阶段为网络直播画面法律属性分析的平稳发展时期。此阶段只有两个突现词，分别是著作权法和广播组织。能够分析出著作权法对网络直播画面的重要意义，以及学界对广播组织权的重视，至此之后，学界的研究趋于平稳。

表 5-6　　　　普通期刊关键词中心度统计（部分）

频次	中心度	关键词	年份
94	0.39	2016	著作权
54	0.42	2016	网络直播
46	0.26	2016	独创性
44	0.2	2016	合理使用
34	0.17	2016	网络游戏
27	0.18	2016	视听作品
26	0.18	2016	体育赛事
22	0.15	2016	游戏直播
22	0.05	2017	作品
17	0.06	2017	游戏画面
15	0.01	2017	侵权
14	0.04	2017	著作权法
14	0.01	2017	直播
12	0.03	2017	直播画面
11	0.06	2016	录像制品
9	0.02	2016	广播权
9	0.02	2016	电子游戏
9	0.01	2018	版权保护
8	0.05	2017	类电作品
8	0.04	2017	可版权性
8	0.01	2016	侵权行为
7	0.02	2017	权利归属
7	0.02	2016	知识产权
6	0.04	2017	电子竞技
6	0.03	2016	法律保护
6	0.03	2016	游戏玩家
6	0.02	2017	版权
5	0.05	2016	直播平台
5	0.02	2018	法律规制

续表

频次	中心度	关键词	年份
5	0.01	2018	保护
5	0	2017	电影作品
5	0	2016	表演者权
5	0	2016	转播权
4	0.04	2017	演绎作品
4	0.03	2019	法律属性
4	0	2018	作品属性
4	0	2019	固定
3	0.01	2017	直播节目
3	0	2017	专有权利
3	0	2019	作品性质
3	0	2019	作品类型
3	0	2016	侵权责任
3	0	2017	客体
3	0	2017	播放权
3	0	2017	法律问题
3	0	2016	法律风险
2	0.42	2019	音乐版权
2	0.02	2018	玩家
2	0.01	2017	法定许可
2	0.01	2021	表演者
2	0	2020	主播
2	0	2019	传播权
2	0	2019	侵权风险
2	0	2017	保护模式
2	0	2019	冬奥会
2	0	2018	动态画面
2	0	2020	反垄断
2	0	2020	可作品性
2	0	2019	可复制性

续表

频次	中心度	关键词	年份
2	0	2017	广播组织
2	0	2019	截图
2	0	2016	整体画面
2	0	2018	未成年人
2	0	2018	权利保护
2	0	2017	法律适用
2	0	2018	游戏主播
2	0	2017	画面
2	0	2016	网络转播
2	0	2018	表演权
2	0	2019	转播
2	0	2017	邻接权
2	0	2020	音乐作品

图 5-11 普通期刊关键词共现

从表 5-6 中可知出现中心度最高的关键词为"著作权",其次是"网络直播",由此可知网络直播的著作权属性界定及权利归属问题是普通期刊的作者重点关注的问题,作者仍主要以游戏与体育赛事这两类直播为例具体论述对网络直播及不同类型直播的著作权保护的原因及路径。普通期刊的作者和核心期刊的作者关注领域相似,关注合理使用制度和作品独创性的领域,同时也关注直播画面和游戏画面的分类保护问题,以及最终满足作品独创性条件的应是哪类画面。

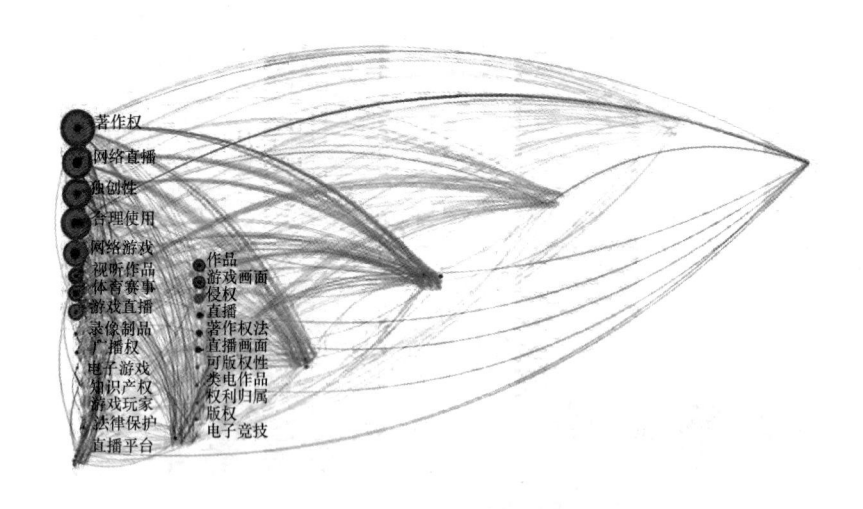

图 5-12　普通期刊关键词突现时间切片/关键词时区

与核心期刊不同的是,早在 2016 年,普通期刊的作者就开始注意到体育赛事的直播问题,在关注网络游戏直播与体育赛事直播等不同类型直播的著作权价值时,更加关注网络的平台及其行业发展问题。除此之外,普通期刊的作者在关注视听作品与录像制品分类的基础上,也较为关注类电作品的概念,更倾向于将网络直播画面纳入类电作品中进行保护。遗憾的是,普通期刊的作者并未对各种侵权行为进行深入的探讨。但总体来说,其关注的问题与核心期刊并无太大的不同。

本书利用 citespace 的突发性探测功能分析出 19 个关键词,旨在观

Keywords	Year	Strength	Begin	End
广播权	2016	2.03	2016	2017
体育赛事	2016	1.19	2016	2016
直播	2016	1.93	2017	2018
直播节目	2016	1.56	2017	2017
保护	2016	1.87	2018	2018
网络游戏	2016	1.44	2018	2018
表演者权	2016	1.17	2018	2018
转播权	2016	1.75	2019	2019
网络直播	2016	1.4	2019	2019
法律属性	2016	1.31	2019	2020
固定	2016	1.26	2019	2019
可版权性	2016	1.13	2019	2019
法律规制	2016	1.05	2019	2019
直播画面	2016	2.17	2020	2022
版权	2016	1.42	2020	2022
类电作品	2016	1.22	2020	2022
主播	2016	1.07	2020	2020
音乐作品	2016	1.07	2020	2020
视听作品	2016	2.82	2021	2022

图 5-13 普通期刊突变词

察与核心期刊突发词代表的不同的领域，其中不同的主题研究文献的爆发式增长对应学界不同的关注点。

与核心期刊突发词不同的是，首先，普通期刊首先关注网络直播能否被广播权所涵盖；其次，普通期刊体育赛事的网络直播出现得更早，出现在 2016 年，网络游戏直播出现在 2018 年；最后，普通期刊在最后的阶段（2020—2022）更关注网络直播画面的作品归属领域，将其划入类电作品还是音乐作品抑或是视听作品，这都是普通期刊领域的作者更关注的研究热点。

第三节 学术观点总结

通过上述图表可以看出，学术界根据研究对象的不同，将网络直播画面主要分为四种典型类型，分别是网络游戏直播画面、体育赛事直播画面、秀场直播画面和综艺晚会网络直播画面。在研究时多围绕一个类型的直播画面问题开展，因此在进行学术观点总结时，按照典型直播画面划分并进行总结梳理，更有助于明晰网络直播画面知识产权保护的相关问题。此处需要说明的是，虽然我国《著作权法》第三次修改将"电影作品和以类似摄制电影的方法创作的作品"（即类电作品）改为"视听作品"，但本书存在多处的学术观点展示，展示处仍然探析的是学者撰文所处时间段的作品类型。

一 网络游戏直播画面的法律属性分析

网络游戏直播画面即网络游戏在直播过程中呈现的画面，学界存在多种划分标准。按照不同的游戏类型可以划分为竞技类游戏直播画面和非竞技类游戏直播画面，按照不同的媒介平台可以分为平台直播和大型赛事直播，按照不同的游戏设计可以分为强剧情类游戏直播、弱剧情类游戏直播和竞技类游戏直播。因对网络游戏直播的划分标准不同，学界在研究网络游戏直播画面时亦产生诸多分歧，司法实践中也容易出现对网络游戏直播画面性质判定不同的情况，同涉及的游戏类型有直接的关系，因此在进行分析时，依据网络游戏直播画面不同的分类可以细化其涉及的不同问题，以期达到深刻剖析的目的。

（一）著作权属性分析

网络游戏直播画面的著作权属性一般从三个角度切入，分别是智力成果、独创性和可感知性（以一定形式表现）。其中智力成果和可感知性得到学界的一致认可，因为在游戏设计和使用的过程中不可避免地会涉及相关主体的智力活动，游戏直播的过程即思想表达的过程，因此属于"表达"。此外，在当今"可感知"的内涵和外延得到极大扩张的技术背景之下，游戏直播画面可以轻松地被观察、理解和感知。由此可知，网络游戏直播画面的独创性成为本书讨论的重点，学界讨论的分歧焦点亦在此，从整体而言可划分为两类。

表 5-7　　网络游戏直播画面的独创性的学界讨论

网络游戏直播画面具有独创性	李扬从"独"和"创"出发，前者代表作者需要独立创作作品，后者代表需要具有一定程度创作性的作品，既不能是公有领域内的表达也不能是已经司空见惯的表达。同时，认为在目前为止，没有足够的理由去否定网络游戏画面的作品性，不管这种画面是构成哪种作品 冯晓青基于著作权法对独创性作品保护的精神和规定，认为网络游戏直播画面应当成为受著作权保护的作品；具体来说就是网络游戏直播画面当中由于有了选取或者截取的独创性劳动在里面，构成一个独创性，可以构成著作权的保护
网络游戏直播画面不具有独创性	王迁认为用户运行涉案游戏程序而形成的画面，不可能超出程序设计者设定的范围。无论是游戏画面的场景、人物形象和人物的各种姿势，都是程序中预设的。用户只是通过个性化的操作将游戏程序中原本就包含的各种可能性中的一种加以实现而已，因此并没有创作出有别于原有作品的新作品。周高见、田小军、陈谦学者游戏主播、玩家自行录制的网络游戏直播视频仅仅包含了游戏软件运行界面本身及游戏解说音频，其独创性不足，不能构成作品

在这两种学说针锋相对时，亦有学者认为争议焦点不应单单局限在网络游戏直播画面的定义中，不同的游戏类型对画面的独创性亦产生诸多影响。因此有部分学者提出了介于两种观点之间的学说——折中说，但是不同学者对于折中的方式及其标准均有不同的理解。

表 5-8　网络游戏直播画面的独创性的折中说

折中说	祝建军以网络游戏设计的目的为标准，以此判断玩家对于游戏画面是否有独创性贡献。在非竞技类游戏中，游戏玩家拥有个性化的创作平台，例如绘画、拼图游戏等，能够将此类游戏画面认定为美术作品。在现代竞技类游戏中，游戏玩家仅仅是将开发商预先设定的静态数据通过游戏规则调取出来呈现为动态的游戏画面，其没有参与作品的创作。但认为电竞类游戏比赛的动态画面具备人物、背景、故事情节等表现形式与电影作品类似，应被纳入电影类作品的范畴
	崔国斌以游戏玩家的操作或选择目的为标准，以此判断游戏用户的独创性贡献。如果游戏用户选择很有限的简单游戏，那么在所呈现的画面内容中，开发者的预设起到主要作用。如果游戏用户的操作主要出于效率或实用性考虑，则最终产生的游戏画面中没有游戏用户的独创性贡献。如果游戏用户选择富有美感的观察角度，那么当游戏过程以游戏画面的形式被记录下来后，用户的独创性表达也因此被固定
	朱艺浩以游戏自由度为标准，以此判断玩家在游戏直播画面中有无独创性。游戏自由度是用来衡量游戏可玩性的一项重要指标。自由度越高的游戏，玩家发挥聪明才智的空间越大，就越有可能创造出游戏开发者预设外的游戏对局或画面。因此，自由度越高的游戏，因玩家玩游戏而出现的超出游戏开发者预设的游戏场景就越多，观赏性和趣味性将大大增加，其直播画面的独创性程度会随之提高。陈娜学者以不同的网络游戏直播内容和形式为标准，将网络游戏直播划分为游戏主播在平台直播 UGC（User Generated Content）和电子竞技直播 PGC（Professional GeneralContent）两种类型。在 UGC 直播中，玩家讲解游戏的过程或与观众互动等活动，它的创造性空间较小且独创性程度较低，难以构成作品，但可以构成录像制品来保障相关权益；而 PGC 直播一般由赛事主办方承办，能够类比综艺晚会，有专业的团队组织运作，比如有专业的解说员分析赛事有字幕和音乐烘托现场气氛，且赛后有采访、选手游戏语音、精彩回放等一系列完备的程序同时，因而此类直播画面的独创性更高，可以考虑作为作品来保护

（二）著作权作品类型分析

在主张网络游戏直播画面构成作品的前提下，学者对于采取何种作品类型加以保护有着各自不同的观点，主要分成类电作品、美术作品、汇编作品、录像制品、视听作品等。

1. 类电作品的保护

冯晓青、李扬、祝建军认为网络游戏直播画面符合类电作品的要求。[①]

[①] 参见冯晓青《网络游戏直播画面的作品属性及其相关著作权问题研究》，《知识产权》2017 年第 1 期；李杨《网络游戏直播中的著作权问题》，《知识产权》2017 年第 1 期；祝建军《网络游戏直播的著作权问题研究》，《知识产权》2017 年第 1 期。

虽然《著作权法实施条例》中规定的类电作品以"摄制"在一定介质上为前提条件，但网络直播画面是借助于一定的设备进行录制，并通过网络上传到网页供网络用户观看，并不符合"摄制"这一手段。由于我国《著作权法》的制定参考的是《伯尔尼公约》中的相关规定，该条约的制定受限于当时的背景和技术条件。随着技术手段的成熟，越来越多的作品无须通过摄制的手段即可存储播放，因此对于该条的规定应做扩大解释。不管是从表现形式、制作方式还是传播方式来看，网络游戏直播画面的产生过程与电影作品表达的本质都是契合的，网络游戏直播画面是"由一系列有伴音的画面组成的"，因此其可以作为类电影作品加以保护。

2. 美术作品的保护

不少学者认同网络游戏的直播画面可以构成美术作品。有学者将角色扮演类及卡牌类的网络游戏直播画面纳入美术作品的范围之中。[①] 也有学者认为不符合类电作品要求的网络直播画面，仍然存在被美术作品保护的可能性。[②] 李杨将游戏直播时的静态单个画面划入美术作品之中。[③] 我国《著作权法实施条例》中将美术作品定义为"是指绘画、书法、雕塑等以线条、色彩或者其他方式构成的有审美意义的平面或者立体的造型艺术作品"。

3. 汇编作品的保护

李静涵、顾银垠认为网络游戏直播画面符合汇编作品的要求。[④]《中华人民共和国著作权法》第十五条规定了汇编作品的概念，[⑤] 有序整合游戏画面、直播画面、主播解说等数据材料，再综合运用摄影、录

---

① 参见太秀颖《网络游戏直播画面的定性与刑法保护》，《产业与科技论坛》2022年第11期。
② 参见李文彪《网络游戏直播画面作品属性研究》，硕士学位论文，天津商业大学，2021年。
③ 参见李杨《网络游戏直播中的著作权问题》，《知识产权》2017年第1期。
④ 参见李静涵、顾银垠《网络游戏直播版权属性、规制及产业发展》，《中国出版》2016年第24期。
⑤ 《中华人民共和国著作权法》第十五条："汇编若干作品、作品的片段或者不构成作品的数据或者其他材料，对其内容的选择或者编排体现独创性的作品，为汇编作品。"

音、镜头切换、回放等复杂的摄制技术就能表现出汇编作品的内涵，因此可将包含多种数据元素的网络游戏直播画面视为汇编作品加以保护。

4. 录像制品的保护

部分学者认同将网络游戏直播画面认定为录像制品给予保护。《中华人民共和国著作权法实施条例》第五条第三项规定了录像制品的概念，一般录像制品只能涵盖独创性极低，即没有著作权属性的游戏直播画面。① 朱艺浩认为在游戏自由度非常低的网络游戏中，其直播画面的独创性极低，最多只能获得录像制品的保护。② 包杭建议我国采取类型化的分析思维，借鉴欧盟的著作权法保护模式，在面对网络游戏直播画面这类动态视听画面的可版权性问题时，对其提供视听作品和录音录像制品相结合的二元保护模式。③

5. 视听作品

徐红菊认为以视听作品保护网络游戏直播最为可行。2021年6月1日，新修订的《中华人民共和国著作权法》正式实施，其中关于作品种类的规定，原来《著作权法》中第三条第六项的"电影作品和以类似摄制电影的方法创作的作品"（即类电作品）改为"视听作品"。④ 视听作品的外延扩张包括了达到其标准的其他作品，即取消了"摄制"这一承载的媒介，能够在网络游戏直播画面满足作品的情况下，将其纳入著作权法的体系之中进行保护。徐红菊认为，首先，在表达方式上，网络游戏较为接近视听作品；其次，以视听作品类型保护网络游戏可以

---

① 《中华人民共和国著作权法实施条例》第五条第三项："录像制品，是指电影作品和以类似摄制电影的方法创作的作品以外的任何有伴音或者无伴音的连续相关形象、图像的录制品。"

② 参见朱艺浩《网络游戏直播画面的著作权定性及归属规则》，《人大法律评论》2018年第3期。

③ 参见包杭《网络游戏直播画面的可版权性问题研究》，《广西政法管理干部学院学报》2021年第6期。

④ 《中华人民共和国著作权法》第三条第六项："视听作品，是指固定在一定介质上，由一系列有伴音或者无伴音的画面组成，并且借助技术设备放映或者以其他方式传播的作品。"

整合大部分网络游戏体现的其他作品类型,如音乐作品、美术作品、文字作品等。按照视听作品保护原则,著作权统一由制片者享有并行使,可以在一定程度上避免因不同权利人各自行使权利导致的复杂保护。且网络游戏直播行为主要涉及的是游戏竞技过程中的视觉感受,更加突出了解决网络游戏直播侵权问题中视听作品的重要地位。[①]

(三)权利归属分析

由于网络游戏直播画面涉及的权利主体错综复杂,不同的作品类型认定下会产生不同的权利主体,因此需要分类讨论网络游戏直播画面的权利归属。

学界主要将网络游戏直播画面分为静态游戏画面与动态游戏画面(在直播过程中)两类,《北京市高级人民法院侵害著作权案件审理指南》中也明确区分了静态游戏画面和连续动态游戏画面归属作品分类的不同。

表5-9 静态游戏画面和连续动态游戏画面权利归属的学界讨论

静态游戏画面		学界一致认为静态游戏画面(游戏软件内置的画面素材)的著作权归属于游戏的开发商
动态游戏画面	权利归属于游戏开发商	祝建军认为在现代竞技类的网络游戏中,游戏中所有的数据和画面都是开发商预先设计好的。 孙磊认为玩家调用静态画面制作拼凑了不同的动态画面,但是此种拼凑的方式已经事先被游戏开发商由特定的函数算法固定,游戏玩家不可能超越函数算法创造出新的内容,故将游戏的动态画面著作权归属于游戏开发商。 在司法实务中,法院的裁判观点也倾向于将游戏动态画面的著作权归属于游戏开发商所有
	权利归属于游戏玩家	崔国斌认为在一些非竞技类的游戏中,玩家出于明显的美学考虑而进行各种游戏操作,由此形成的动态游戏画面的著作权应该归属游戏的玩家所有

---

① 参见徐红菊《网络直播视野下游戏作品的视听作品保护模式的反思与重塑》,《河南财经政法大学学报》2017年第4期。

焦和平不采用动静态游戏画面的区分标准，而是采用是否构成演绎作品的标准。[①] 一种是游戏直播画面不构成演绎作品，其下包含两种情况：一是由游戏玩家本人自己操作游戏在游戏运行画面之上展开的直播。具体操作又分为两种：其一是玩家通过网络游戏内置的直播功能进行的直播；其二是游戏玩家将其操作游戏所形成的画面通过其他专门的直播软件向社会公众直播。这两种直播都仅仅客观、忠实、原样地展示了游戏的操作运行画面，本质上是复制或再现了游戏画面，因而认定其不具有独创性，难以构成著作权法上的演绎作品，也不符合录像制品的法定构成要件，其著作权仍然归属于游戏运行画面的权利人。二是玩家将一些简单元素进入游戏的直播中。虽然此时呈现的画面并非是纯粹的直播游戏运行画面，但是这些内容的表现形式过于单一，缺乏基本的独创性，所以同样难以形成演绎作品，也不符合录像制品的法定构成要件，其著作权仍然归属于游戏运行画面的权利人。三是游戏直播画面构成演绎作品的情况。具体指的是大型、专业的直播平台实施的网络游戏直播，其特点是除了有游戏运行画面外，还配有专业主播的解说、比赛现场的舞台设计、观众场景、主播个人形象和表情展示及与观众互动所形成的弹幕文字等。研究作为演绎作品的游戏直播画面著作权归属问题时，权利主体是直播平台还是游戏主播，笔者认为应分成三种法律关系来具体分析。

表5–10　　　　　　游戏直播画面著作权的权利主体

1	合作分成模式	直播平台与主播通常签订合作协议约定权利归属。在双方未明确约定或约定不明时，通常认定游戏直播画面的著作权归属于作为口述作品创作者的游戏主播，但这并不影响直播平台依照约定使用游戏直播画面以及由此产生的收益分配权

---

① 参见焦和平《类型化视角下网络游戏直播画面的著作权归属》，《法学评论》2019年第5期。

续表

2	签约模式	直播平台与主播签订劳动合同通常直接约定著作权归属于直播平台，如果在双方的劳动合同中，仍然未作约定或约定不明，那么直播平台将基于法人作品规则或特殊职务作品规则，当然地享有直播画面的著作权；同时，若认定游戏直播画面构成类电影作品时，直播平台还可以拥有类似于制片者身份的著作权
3	平台服务模式	通常情况下主播因单独操作运行游戏，而享有游戏直播画面的著作权。但值得注意的是，实践中有的直播平台通过格式条款限定此类直播画面的著作权归属于直播平台

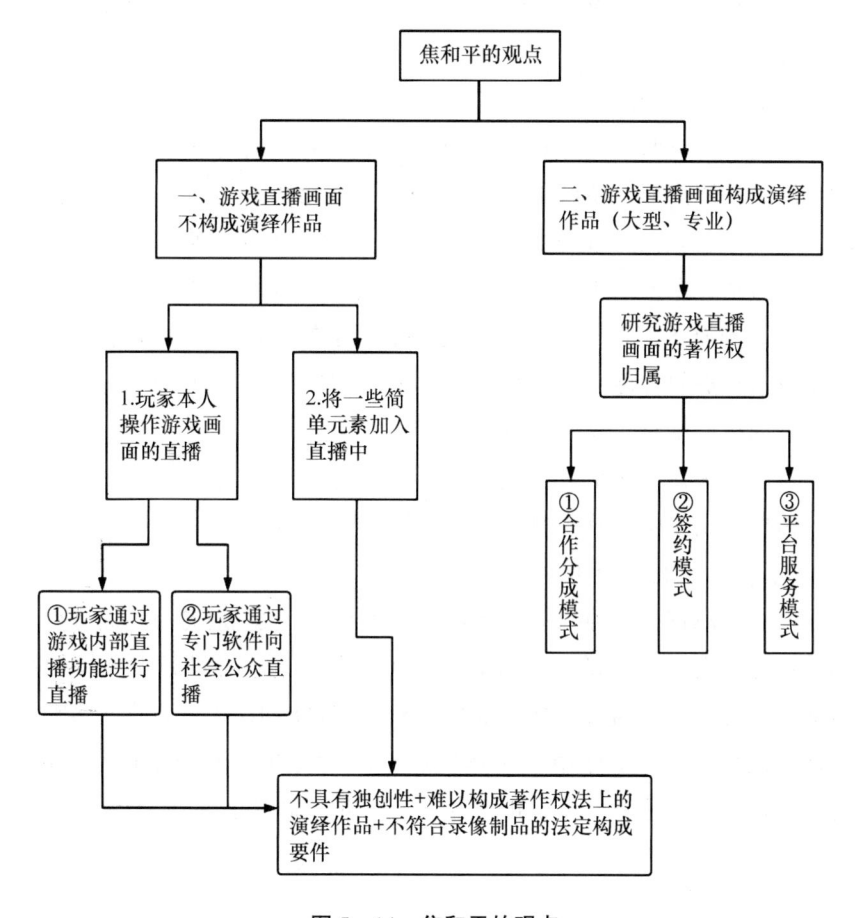

图 5-14 焦和平的观点

陈娜在判断网络游戏直播画面时,将其分为三种类型。[①] 第一种是个人电子游戏直播画面,认为玩家在游戏过程中没有独创性表达,本质上仍然是将游戏程序转化为游戏画面再呈现给观众,因此玩家很难拥有版权;第二种是个人非竞技类电子游戏直播画面,在这种游戏中,游戏厂商只提供基本的游戏元素而不设定最终目标,游戏材料和元素被视为玩家创造的工具,因此认为游戏画面的版权由玩家和游戏开发者共享;第三种是电子竞技赛事画面,由于赛事涉及的主体和利益繁杂,通常认为电子竞技赛事直播的组织者和投资人的经济利益均应受到保护,但是电子竞技赛事直播画面的版权仍然应归属于付出大量精力和资金的赛事主办方。

(四)合理使用分析

我国第三版的《著作权法》第二十二条穷尽式地列举了十二种合理使用的具体情形,单纯的列举式规定明显无法满足网络发展的新需求,故《著作权法》在2020年第三次修正时,将合理使用制度调整为开放的体系,在第二十四条中增加了"法律、行政法规规定的其他情形"这一开放式情形。除了司法实践中运用的困惑以外,学术界也对网络游戏直播的合理使用有着较多的意见分歧。学者们判断是否构成合理使用的标准主要有以下三种。

目前我国在司法实践中更倾向于直接适用现行《著作权法》的十三种情形,认定网络游戏画面的直播不属于合理使用。

(五)侵权行为分析

网络游戏直播出现的侵权行为主要是指未经授权对游戏画面进行直播的行为,也就是所谓的"盗播"行为。在出现盗播的情况下,网络直播画面的保护同网络直播画面的著作权属性密切相关,若将网络直播画面定性为作品,则适用《著作权法》进行保护,若未定性为作品,司法实践中一般适用《反不正当竞争法》进行兜底性保护。

---

① 参见陈娜《论网络游戏直播画面的版权问题》,《上海商业》2021年第11期。

表 5-11　　网络游戏直播的合理使用的学界讨论

1	以美国 1976 年《版权法》第 107 条所规定的合理使用 "四要素" 为判断标准	王迁认为游戏直播不是为了单纯地再现画面本身的美感或所表达的思想感情，而是展示特定用户的游戏技巧和战果。因而在游戏直播构成转换性使用且不会影响游戏市场的情况下。游戏直播可以被认定为合理使用。 谢琳从促进直播产业文化发展的角度出发，认为直播所实现的功能与游戏本身的娱乐性截然不同，应当构成合理使用。 祝建军认为未经网络游戏作品著作权人同意，通过网络进行网络游戏直播，构成向公众播放作品行为，落入应当由网络游戏作品著作权人"享有的其他权利"排他范围内，即"播放权"，不属于著作权法规定的著作权限制情形，属于合理适用范围
2	以《TRIPS 协议》第十三条规定的"三步检验法"为判断标准	以许安碧为代表的学者认为玩家自行直播其操作游戏画面的主要的目的在于展示游戏的技巧，从别人对其游戏战果的肯定中找到在虚拟世界的价值，而不是展示游戏画面本身所具有的美感和表达，玩家在这种心态下的直播可以认为范围被限定在狭窄范围内，所以个人直播的竞技类游戏能够通过三步检验法的评判，从而构成合理使用
3	以我国《著作权法》第二十二条限定列举的 12 种合理使用情形为判断标准	李扬认为网络游戏直播难以构成转换性使用。且转换性使用在我国《著作权法》上也没有制定法或者司法解释上的依据，总之，网络游戏直播不符合我国《著作权法》第二十二条规定的任何一种著作权限制情形。 张铃认为电子竞技直播视频对电子竞技作品的使用符合《著作权法》第二十二条第二项规定的合理使用情形，将电子竞技直播视频中对整个电子竞技作品的使用纳入合理使用的范围，更有利于促进电竞产业的发展

表 5-12　　　　　　对盗播行为的定性问题的学界讨论

将游戏直播画面认定为作品	侵犯信息网络传播权	以冯晓青为代表的学者认为盗播侵犯了网络游戏开发者的信息网络传播权，因为网络直播属于玩家将事先录制好的网络游戏视频上载到第三方网络平台，供用户下载和观看的传播行为
	侵犯广播权	王迁、李扬、崔国斌均认为侵权行为主要侵犯了《著作权法》所规定的兜底性权利。例如李扬认为游戏主播在线直播游戏画面的行为。虽然是通过信息网络向公众直播游戏画面的行为，但传播的方式是在线直播，观众只能在游戏主播选定的时间播放时，才能上线观看，不能在个人选定的时间和地点获取直播视频，因此不属于《著作权法》第十条第一款第（六）项规定的信息网络传播权控制范围内的行为。利用这一"兜底性权利"暂时规制严重损害著作权人利益的新类型传播作品行为，不失为一个有效解决问题的方法
	侵犯其他兜底性权利	王莉玲提出了一种新的见解，其认为网络游戏直播的目的如果是商业性的盈利行为，那么对网络游戏画面、音效的利用则构成对网络游戏的复制，其中的广告收益、盗播收益、分流收益等违法所得达到一定数额时就可能构成侵犯著作权罪
未将游戏直播画面认定为作品	未经授权的直播行为纳入反不正当竞争法的保护之中	肖顺武认为网络游戏直播牵涉到多方主体即包括游戏玩家、游戏开发者、赛事举办者、直播平台等的利益，如果将其归入著作权。在权益归属方面又将面临无比繁复的确权过程。由此看来，法院并未适用《著作权法》而是选择规定相对较为明确的《反不正当竞争法》，既有必要性，也可能是应对现实的理性选择

将游戏直播画面认定为作品时，学界对盗播行为的定性问题主要有侵犯信息网络传播权、侵犯广播权或侵犯其他兜底性权利三种观点。

（六）侵权主体责任承担问题分析

为了解决当前网络游戏直播侵权行为频发的困境，应重点厘清侵权主体及其责任的分配承担。网络游戏直播形式的差异和内容的参差会导致侵权主体和责任划分的不同，通常将侵权主体划分为游戏主播和网络游戏平台两类，而责任的承担则存在以下多种形式。

第一种情况是普通游戏主播承担侵权责任。自媒体时代下，人人都可以成为主播。大多数主播并未与网络直播平台签订协议，其仅仅通过同意平台用户的格式条款而取得直播的资格。在此种情况下，若游戏主播未获得游戏开发商或运营商的授权，违法盗播其游戏画面或是创作演绎作品，均构成侵权行为。网络直播平台若未及时履行监管责任而任其侵权行为扩大发展，则可能承担间接的侵权责任或是构成共同侵权。如网络平台及时履行通知、下架、删除等义务，则不构成侵权。

第二种情况是职业游戏主播承担侵权责任。若职业游戏主播与网络直播平台签订了劳动合同，职业游戏主播的侵权行为属于职务侵权行为，两者承担连带的侵权责任。如职业游戏主播无足够能力承担侵权责任，则网络直播平台对外需承担无过错的替代责任。[1] 若职业游戏主播与网络直播平台签订的是非劳动合同类的合作协议时，网络平台仍需对外承担侵权责任，但对内可以依据所签署的合同追责。

第三种情况是网络直播平台承担侵权责任。网络直播平台未经游戏权利人的授权而擅自盗播电竞赛事的画面构成对两个主体的侵权，其一是侵害了游戏开发商的著作权，其二是侵害了经授权合法转播平台的播放权，对此网络直播平台应独立地承担侵权责任。除此之外，网络直播平台在未获得游戏开发商授权的情形下组织相关游戏的直播赛事，也构

---

[1] 参见梅聃颖《网络游戏直播行为中著作权侵权问题研究》，硕士学位论文，南京大学，2021年。

成著作权侵权。

二 体育赛事网络直播画面①的法律属性分析

(一) 著作权属性分析

关于体育赛事网络直播画面的性质，目前学术界已经达成一个一致的观点，即体育赛事活动本身的性质并不影响体育赛事直播画面的性质。故目前对于体育赛事直播画面的讨论主要集中在体育赛事直播画面是否属于作品。对于是否属于作品，目前还未达成一致意见。通常情况下认定体育赛事直播画面性质的关键在于对独创性的认定。

对于体育赛事直播画面的独创性认定，主要存在两种观点：一种观点认为作品的认定在于独创性的高低。即体育赛事直播画面归入类电作品中进行保护，需要达到类电作品的独创性高度。持这种观点的学者认为体育赛事直播画面是对体育赛事活动的即时反映，虽然专业人员在直播过程中具有一定的独创性选择，但是其受制于体育赛事现场的进展情况，可选择的创作空间有限，并不具备《著作权》中"作品"的独创性要求。同时，持此类观点的学者多数认为体育赛事直播画面是具有一定独创性的录像制品（录像）。例如，王迁教授认为体育赛事现场直播的特征决定了其画面独创性的有限，比如需要满足观众的稳定预期、拍摄需要真实再现比赛的过程和全貌、直播的常规化手段等，会使得摄影师和导播工作时的个性化程度有限，因此一般将体育赛事的现场直播画面认定为"录像"，其仅在特定的情形下构成作品。② 管育鹰认同"体育赛事是事先没有涉及版本客观发生的事实，其结果具有不确定性，且

---

① 有学者认为体育赛事节目不能等同于体育赛事直播画面体育，赛事节目不仅仅是直播画面，它是包括直播画面在内的一整台节目（如孙山《体育赛事节目的作品属性及其类型》）；也有学者认为体育赛事直播画面可以等同或取代体育赛事节目（如王迁《论体育赛事现场直播画面的著作权保护——兼评"凤凰网赛事转播案"》）。此问题不是本书分析的重点，本书只是做多种学术观点的展示，以期能给读者带来更多样、广阔的法律视野。

② 参见王迁《论体育赛事现场直播画面的著作权保护——兼评"凤凰网赛事转播案"》，《法律科学》（西北政法大学学报）2016年第1期。

体育赛事节目的表达具有唯一性和不可复制性，不满足《著作权法》对作品的规定，故不属于著作权客体的范畴，但我国沿袭了大陆法系著作权与邻接权的二分模式，故可以依据《著作权法》关于录音录像制品保护的规定给予体育赛事直播节目一定的保护"①。另一种观点则认为，作品的独创性认定在于其独创性的有无，而非独创性的高低，体育赛事直播节目无论是在摄制过程还是在镜头的选择编排上都具有一定的独创性，不应该因为独创性低而将其纳入非作品的行列中。

学界对体育赛事节目是否具有独创性颇具争议，如有学者认为体育赛事并非智力活动的成果，且不具有独创性。②而项杨春的观点恰恰与之相反，他认为体育赛事直播画面是肯定具有独创性的，原因在于赛事直播画面凝聚多人的付出，多人的付出里不可避免地会渗透着创造性的元素，比如摄像师对精彩瞬间的捕捉、镜头切换的技巧、导播的个性选择和安排等。③孙山认可体育赛事节目的独创性，为此提出了一种新颖性的观点，他谈到体育赛事节目的独创性主要在于画面的选择，但不仅限于画面的选择，不加限制的元素有体育赛事直播中加入的越来越多的前期制作节目（集锦、对战分析、球员介绍、球队宣传类 MV 等），也有受众的欣赏和认知水平。④随着直播形式、内容的不断演进，一定会增添更多的辅助性因素，以此判定体育赛事直播画面是否满足独创性的要求。但是立法并未明确独创性的标准应满足哪些条件，司法实践中仍然借由法官的自由裁量权来判定个案的独创性程度和标准。⑤

（二）著作权作品类型分析

体育赛事直播的作品属性具有两种不同的属性，相应地，对于体育

---

① 参见管育鹰《体育赛事直播相关法律问题探讨》，《法学论坛》2019 年第 6 期。
② 参见李宗辉《论体育赛事的"版权—数据财产权"二元保护结构——以赛事直播侵权纠纷为切入视角》，《武汉体育学院学报》2020 年第 9 期。
③ 参见项杨春《体育赛事直播画面著作权保护的困境与完善》，《天津体育学院学报》2022 年第 1 期。
④ 参见孙山《体育赛事节目的作品属性及其类型》，《法学杂志》2020 年第 6 期。
⑤ 参见杨昇《网络直播画面可版权性问题研究》，《哈尔滨师范大学社会科学学报》2021 年第 5 期。

赛事直播节目的保护模式学理上也分为类电影（视听作品）著作权保护模式与邻接权保护模式，司法实践中还有法院采用不正当竞争法保护模式。邻接权保护模式又分为广播组织权保护模式和录像制品保护模式。

1. 著作权保护模式

如若认定体育赛事节目的独创性高低能够达到作品的要求，那么就能将其囊括于著作权的保护模式之中。持此观点的学者认为体育赛事节目与使用类似摄制电影的方法创作的作品相似，然而《著作权法》修改后，"视听作品"取代了"电影作品以及类摄制电影的方法创作的作品"。[①] 除了对独创性高度的要求，将体育赛事节目认定为视听作品的条件是，将直播画面中导播对镜头的选择、评论员的解析、比赛进程的把控、球员现场的表现、观众的呼应转换为一种系列的空间叙述性画面。[②] 一般认为，著作权中的广播权和信息网络传播权未能规制体育赛事节目的直播行为，因而适用应当由著作权人享有的其他权利作为兜底权利进行保护。除此之外，著作权保护模式比邻接权的保护模式更为全面、保护期限更长且保护范围更广，更符合体育赛事产业的经济需求和知识产权领域的社会现实。

2. 邻接权保护模式

我国《著作权法》移植了大陆法系国家的制度规范，我国版权法体系属于著作权与邻接权二分体制，既规定了视听作品又规定了录像制品。邻接权与著作权相互独立但又息息相关。以王迁为代表的学者认为体育赛事直播的独创性有限，原因是摄像机的设置需要遵循一定规范，且导播对画面的选择需要满足观众的稳定预期。[③] 因此在我国的司法实践中，部分法院认为体育赛事节目的独创性偏低，不能认定为《著作

---

① 参见何怀文、吉日木图《新〈著作权法〉视域下视听作品的界定》，《社会科学战线》2022年第5期。
② 通过"画面"将时间性的故事或客观事件转换为空间性叙事的创作过程。
③ 参见王迁《论体育赛事现场直播画面的著作权保护——兼评"凤凰网赛事转播案"》，《法律科学》（西北政法大学学报）2016年第1期。

权法》意义上的作品,只能依据邻接权中的录制者权或广播组织权加以保护。①

(1) 以录像制品保护体育赛事节目

我国通常采用独创性的高低标准来区分应归属于作品还是录像制品,独创性较低但又具有保护意义的体育赛事画面一般纳入录像制品中加以保护。刘铁光与赵银雀的观点是,直播者向公众实时呈现体育赛事的客观过程,体育赛事直播画面所形成的成果自然应该是录像制品,应该获得《著作权法》所赋予录像制品制作者权利的保护。②蔡元臻和叶元昊一致认为,对于独创性元素不足的体育赛事直播,不能忽略其内在的经济利益和传播利益,最为合理的路径便是将之作为录像制品予以保护。③李新天和谭悦彤的观点是:"在遵循节目制作的客观性和即时性的前提下,体育赛事直播画面的内在表达受到拍摄素材的选择、组织和编辑的限制,节目制作者的个性化选择空间受限,难以投入较多独创性因素,内在表达难以达到《著作权法》语境下的独创性标准,应将体育赛事直播画面认定为录像制品。"④不支持将体育赛事直播画面纳入录像制品中加以保护的学者也提出了反对的见解。如郝明英认为根据《著作权法》规定,录像制作者并不具备网络实时转播权,因此无法指控网络实时转播的盗播行为。⑤如储翔、陈倚天认为若将其认定为录像制品,则当前我国的邻接权制度似乎难以满足体育赛事直播产业的发展需求。⑥虽然相较于视听作品,录像制品的保护范围较为狭窄,但是利

---

① 参见杨幸芳《体育赛事节目的法律性质与保护之评析——兼评新浪诉凤凰网中超赛事案》,《电子知识产权》2019年第12期。
② 参见刘铁光、赵银雀《体育赛事直播画面侵权案件法律适用的规范研究——基于新近案例的实证分析》,《体育科学》2018年第1期。
③ 参见蔡元臻、叶元昊《类型化视野下的游戏画面著作权体系》,《电子知识产权》2021年第12期。
④ 参见李新天、谭悦彤《体育赛事直播画面法律性质探析》,《北京邮电大学学报》(社会科学版)2021年第1期。
⑤ 参见郝明英《网络直播节目著作权保护研究》,硕士学位论文,中国政法大学,2020年。
⑥ 参见储翔、陈倚《新著作权法视野下体育赛事直播画面的法律保护》,《电子知识产权》2021年第11期。

用录像制品保护体育赛事直播画面的益处是不能忽视的，比如保护因传播作品而产生的正当权益、调动传播者的积极性、促进文化产业的蓬勃发展等，每种作品类型的存在都蕴含着立法者的考量和选择以及内在机制的正当性。

（2）以广播组织权保护体育赛事节目

为避开对独创性使用高低还是有无的标准的争议，有学者建议扩大广播组织权的范围，对体育赛事直播画面进行法律保护。如黄宗琪，林秀芹建议将广播组织权的主体范围扩大至新型的网络传播主体，认为给予网络媒体广播组织权主体地位，是其获得法律保护的基础。[1] 原因是广播组织权的权利主体中不包含网络直播这种新兴的传播机构，即使我国的《著作权法》经历了第三次修正，但广播组织权的主体仍然是广播电台和电视台这两种。反对用广播组织权保护体育赛事直播画面的学者提出了除主体不符的其他问题，如项杨春学者认为广播组织权不能规制网络实时的转播行为。[2] 广播组织权属于运用禁止的方式规定所能涵盖的范围，《著作权法》第三次修正时在第四十七条中增加了广播组织有权禁止"通过信息网络向公众传播"[3] 的行为，这无疑是对网络盗播侵权行为越来越普遍的回应。但该项增加只能解决信息网络领域中的转播行为，即观众在其选定的时间和地点获取网络直播画面的权利，对于学者提到的网络实时转播行为仍束手无策。除此之外，学者对广播组织权最为诟病的就是其保护力度弱的问题。如管育鹰认为对比对著作权、录制者权与广播组织权这三种不同的保护模式，广播组织权的保护力度最弱，其认为著作权人享有的专有权范围最广（立法列举的可以许可、转让的权利内容多达十六项，且还有兜底性条款的弹性适用空间），录

---

[1] 参见黄宗琪、林秀芹《体育赛事节目的广播组织权保护研究》，《北京体育大学学报》2022年第11期。

[2] 参见项杨春《体育赛事直播画面著作权保护的困境与完善》，《天津体育学院学报》2022年第1期。

[3] 我国《著作权法》第四十七条第三项：广播电台、电视台有权禁止未经其许可的下列行为：……（三）将其播放的广播、电视通过信息网络向公众传播。

制者权居其次，它包含一种能够保护包括信息网络传播在内的核心利益的专有权和许可权，而广播组织权中的立法采取的则是禁止权表述方式。①

3. 以《反不正当竞争法》保护体育赛事直播画面

因历史的限制性传统的知识产权法不能很好地保护部分新兴事物，因此通常以《反不正当竞争法》进行兜底性的规制和保护。法院常常以《反不正当竞争法》保护体育赛事节目②，大多数判决均依据《反不正当竞争法》第二条的诚实、平等原则。张惠彬和刘迪琨学者属于支持派，他们认为《反不正当竞争法》拥有适用范围广泛、省却了独创性等抽象问题的举证等优点，因此多数法院选择通过《反不正当竞争法》保护体育赛事直播节目的传播利益。但是《反不正当竞争法》的保护具有明显的局限性，体育赛事直播画面无法在《反不正当竞争法》中获得具有针对性和足够力度的保护，赛事的主办方与非法盗播者也很难构成竞争关系，体育赛事直播画面版权保护的私权领地也不应该被贸然介入。崔国斌从激励投资的角度出发，认为《著作权法》上的产权机制相较于《反不正当竞争法》的原则条款保护，边界更清晰且更方便安排交易，因而更符合体育产业界的预期。③ 除此之外，《反不正当竞争法》并未明确规定体育赛事节目的性质和权利内容，只能进行事后规制而不能事前预防，即无法在事前依据《著作权法》获得较为全面的保护，只有在发生权属争议或遭受实际损害后，权利人才能被动地依据《反不正当竞争法》获得保护。综上，本书的观点是在穷尽所有保护方法而不能时，或者是起诉时需要寻求辅助性、兜底性的保护，可以综合运用《反不正当竞争法》保护体育赛事的

---

① 参见管育鹰《我国著作权法中广播组织权内容的综合解读》，《知识产权》2021年第9期。

② 参见北京知识产权法院盛力世家（上海）体育文化发展有限公司等与央视国际网络有限公司不正当竞争纠纷民事二审判决书（2019）京73民终2989号。

③ 参见崔国斌《体育赛事直播画面的独创性标准选择》，《苏州大学学报》（法学版）2019年第4期。

直播画面。

(三) 权利归属分析

体育赛事节目涉及的权利主体一般是赛事的组织者、赛事的制作者、赛事的转播者和运动员,其争夺的一般是基于体育赛事节目的一系列财产权。国际体育组织章程约定体育赛事的组织者为原始的权利主体,《中华人民共和国体育法》第五十二条也明确了赛事活动组织者权利的来源,所以体育赛事的制作者和转播者都是基于组织者的在先权利而享有的继受权利。体育赛事保护模式的不同,得到的权利保护和权利归属也就不同。将体育赛事节目认定为作品时,赛事组织者享有一系列的著作人身权和著作财产权,其中较为重要的是广播权、信息网络传播权、汇编权以及其他权利。若认定体育赛事节目的独创性较低时,则将其纳入邻接权的保护范围之中。一类是认定为录像制品,受四种经济权利的保护,分别是:1. 复制权;2. 发行权;3. 出租权;4. 通过信息网络向公众传播录像制品并获得报酬的权利。另一类是纳入广播组织权中予以保护,此处需要将此权利扩充至网络领域中,以此规制网络转播侵权的情形。除此之外,也有学者将非作品性体育赛事的数据财产权分为四类,分别是:1. 数据采集权;2. 数据传输权;3. 数据使用权;4. 数据处分权。[①]

在讨论体育赛事节目相应的权利客体时,需加以分类讨论,一般分为信号和画面两类。在体育赛事节目侵权行为发生时,部分学者认为侵权人在未征求权利人的同意下,通过技术手段拦截了节目的信号,将节目的画面上传至某些网络平台或是实时转播节目的画面,此种拦截信号的行为被认作是侵害权利客体的行为。也有部分学者认为信号不能作为权利客体,侵权人侵害的最终权益是信号下承载的赛事画面。如王迁认为,将"信号"认定为"介质"显属失当,介质应属"存储介质"而不是"传播介质",且不认为"信号"能够将画面固定在一定的介质之

[①] 参见李宗辉《论体育赛事的"版权—数据财产权"二元保护结构——以赛事直播侵权纠纷为切入视角》,《武汉体育学院学报》2020 年第 9 期。

上，认为现场直播画面与信号是相互独立的，可以认为现场直播的画面是以随录随播的方式固定在一定介质之上的。[①] 胡晶晶认为，信号不能作为著作权中的作品或者是广播组织权保护的权利客体，体育赛事中保护的商业性利益应是画面，只有如此在面对侵害体育赛事转播权的情形时，才能适用《著作权法》对侵权行为加以规制。即侵权人盗窃信号会损害权利人的利益，导致体育赛事节目的收视率或者流量下降，但是从《著作权法》的明文规定中可知其不保护信号，若强行将信号作为权利客体，则可能导致面对侵权行为时无法可依的状况。[②] 画面应是体育赛事节目真正的权利客体，侵权的方式不只有拦截信号一种形式，也可能通过技术手段盗播、截屏其画面而获益，简而言之，信号仅仅是承载画面的一类传输介质，无独创性有无或高低的划分，不能取代画面所承载的著作权利或其他权利。

（四）合理使用分析

相对于网络游戏直播、秀场直播、综艺直播等领域，体育赛事节目的直播更具新闻性和传播性，所以其合理使用的范围就会更广，包容性会更强。随着互联网多维度地扩张，各类作品出现的形式让人应接不暇，很多作品被多类创作者翻拍或是利用其中的元素创作新的作品，他人较难辨别到各类作品的真实来源。虽然在体育赛事节目的直播领域中，由不合理使用行为造成的侵权行为愈来愈泛滥，但是其合理使用的界定范围仍广于其他三项直播。体育赛事节目直播中的新闻性体现在《中华人民共和国著作权法》第二十四条的第三款中，即"为报道新闻，在报纸、期刊、广播电台、电视台等媒体中不可避免地再现或者引用已经发表的作品"。体育赛事节目可以是一类单纯的事实消息，而被传播利用或是变为再次创作的合理元素。崔国斌同样提到，若要在更大

---

① 参见王迁《体育赛事现场直播画面著作权保护若干问题——评"凤凰网赛事转播案"再审判决》，《知识产权》2020年第11期。

② 参见胡晶晶《"信号"抑或"画面"之保护——体育赛事实况转播保护路径研究》，《北方法学》2019年第3期。

的范围内保障公众的知情权或是保证公众利益不受到损害，应该让《著作权法》中的合理使用制度（权利限制制度）更多地适用于体育赛事的直播画面中，也能够使得后来者在合理的范围内利用其画面进行新闻报道和评论。[①] 除此之外，最常提到的合理使用便是个人基于学习、研究或者欣赏的使用。个人使用截屏或截取视频等方法传播体育赛事节目的画面，若主观目的在于个人娱乐、分享生活、表达观点、说明问题、紧跟时事等，即未获取商业利益也未构成不正当商业竞争的行为时，当然构成合理使用，这也能够提高各类体育赛事节目的知名度并促进体育赛事产业的蓬勃发展。

（五）侵权行为分析

当前，对于体育赛事节目直播影响较为恶劣且普遍存在的侵权行为是对直播画面的恶意盗播，恶意盗播又主要分为盗取直播链接（或信号）和盗取直播画面两类，未经授权的盗播行为不仅侵犯了赛事组织者的发行权，同时也侵犯了被授权转播方的转播权。以 2021 年东京奥运会统计数据为例，某视频网站侵权的累积数量接近五万条，还有部分网站搬运大量的赛事片段、赛事热点及赛事播报，广播总台发布侵权通知后，网站的删除率仍不及百分之三十。为此有学者认为这对体育赛事直播画面的实时转播构成侵权行为，应将其纳入《著作权法》中予以保护，方能体现"向公众传播权"这一技术中立性原则，也能给予权利主义最大程度上的保护。[②]

在实际的司法诉讼中，法官极少支持使用侵权责任法规制体育赛事节目的转播侵权。通常认为侵权责任法保护三种权利：1. 法定权利；2. 具有绝对属性的权利但不是法定权利；3. 例外情形之下应保护的权利（如特殊情形下的社会公共利益）。体育赛事转播权显然不属于法定

[①] 参见崔国斌《体育赛事直播画面的独创性标准选择》，《苏州大学学报》（法学版）2019 年第 4 期。

[②] 参见项杨春《体育赛事直播画面著作权保护的困境与完善》，《天津体育学院学报》2022 年第 1 期。

权利,它属于一种绝对性的权利。胡晶晶认为体育赛事转播权属于和特许经营权类似的,基于商业性质而形成的具有绝对属性的侵权法权利,原因在于其满足侵权法属性下的三种功能,分别是 1. 归属功能;2. 排除功能;3. 社会典型公开性。归属功能强调内容的确定性,而体育赛事合同则认定了其标的的确定性;排除功能强调权利的独占性,体育赛事组织者对转播权或其他侵权行为均具有排他性;社会典型公开性强调可识别性,而体育赛事转播权是《奥林匹克宪章》明确规定的权利。张惠彬认为若要使得体育赛事转播权受到侵权责任法的保护,则要遵守四个要件:1. 案涉行为的违法性;2. 侵权人的主观过错;3. 损害事实的发生;4. 因果关系的存在。① 无论是以上三种功能还是四种要件,体育赛事转播权均能满足。但其极少受到侵权责任法保护的根本原因在于,当有具体的或是特殊的法律规范条文时,应以此类条文作为审判依据,穷尽所有方法而不能时,方可援引抽象性的法律原则。

(六)侵权主体责任承担问题分析

在不同的情形下,盗取直播链接(或信号)和盗取直播画面两类侵权行为分别对应不同的侵权主体及侵权责任的承担。网络平台在未得到赛事组织者的授权下,盗取体育赛事节目的链接或是信号,则认定其实施了具有恶意盗播的主观目的的直接侵权行为,判定其承担直接的侵权责任。若个人用户通过技术手段截取、拼接体育赛事直播的画面,并上传至网络平台获取商业利益或是造成不利的影响,一般认定个人用户承担直接的侵权责任,网络平台因失察承担间接的侵权责任。需要注意的是,并不是个人用户一旦在网络平台上上传侵权视频,网络平台就一定要承担间接的侵权责任,要结合实际情况具体问题具体分析,如网络平台是否有侵权的主观目的,是否在能够知晓侵权行为发生的情况下第一时间做出应对之策。网络平台不应援引"避风港"原则逃避相应的责任,若体育赛事的组织者或是其他权利人及时通知网络平台履行删除

---

① 参见张惠彬、刘迪琨《体育赛事直播节目定性对侵权判定及损害赔偿数额的影响》,《天津体育学院学报》2018 年第 6 期。

责任，网络平台不履行通知责任或是不做出下架侵权视频的行为时，则可以追究个人用户和网络平台的连带责任。依据《信息网络传播权保护条例》第二十三条，网络服务提供者明知或者应知所链接的作品、表演、录音录像制品侵权的，应当承担共同侵权责任。除此之外，网络平台应视其过错情况和过错程度，将其因侵权视频所获的实际利益退还给合法利益受损的赛事权利人。在司法实践中，通常很难量化侵权方所获的实际利益或是被侵权方所遭受的实际损失，我国的《著作权法》明确规定法定赔偿数额以 50 万元为限，但此最高限度只能够对应到单一的侵权行为之中，具体案件中如存在多种侵权行为，则可以累计赔偿数额。在《著作权法》中，作品的财产权种类比邻接权模式所能保护的财产权种类多了接近三倍，一般认为体育赛事节目所耗费的人力物力财力巨大，因此《著作权法》更能够最大限度地维护权利人的合法权益和商业期待。

三 网络秀场直播画面的法律属性分析

（一）著作权属性分析

目前网络秀场直播画面是否具有可版权性，即秀场直播画面能否被认定为《著作权法》上的"作品"标准，一直是学界讨论的焦点。一种观点认为秀场直播画面不构成作品。2016 年我国首例电子竞技游戏类直播视频版权引发的著作权与反不正当竞争案件纠纷中，上海市知识产权法院认为其直播画面并不具有可版权性，尽管两者属于不同类型的直播，不少学者仍认为两者在直播画面以及主播之间具有一定的相似属性，故也不应当被认定是《著作权法》规定的作品。另一种观点承认网络秀场直播画面的可版权性。他们从作品的核心要素"创造性"和"可复制性"[①]出发，认为网络秀场直播并非没有达到"最低创造性"的要求，无论是网络秀场直播的内容创作还是画面设计，皆汇入了主播

---

① 《著作权法》第三次修改之前，学界认定作品的核心要素是可复制性，不是可感知性。

的"独创性"构思,其呈现出来的整个画面与现有作品的差别仅在于摄制和表现内容等角度,因此认为其应当成为可版权性的作品。

分析网络秀场直播画面的可版权性问题,应立足于作品构成的核心要素。首先,分析作品的独创性,秀场主播具有很强的自主性和选择空间,这就决定了其表演过程和画面很难具有同质性,能够满足最低限度的创造性要求。同时,网络直播行业的竞争加大、行业规范的逐渐明晰以及直播行业要求的不断攀升,使得秀场直播的创造性水准不再拘泥于简单的唱歌、跳舞、才艺表演等。为了吸引流量与打赏,主播及其幕后工作人员对各个环节进行精心编排,独创性不断提高,进一步转化为现实。以舞蹈表演为例,在直播创作的内容上,不再是简单表演现有的舞蹈作品,而是架构一定的剧情走向并加以精心的剪辑;在直播画面的设计中从房间的装修风格、主播的服装头饰、舞蹈表演风格的选择等,均采用了团队化的运营方式,其目的在于使直播画面与设计达到协调一致、和谐共生,无一处不体现出创造性。

诚然,只要网络秀场直播画面的内容情节足够生动,构思足够巧妙,设计足够吸人眼球,创作工作足够复杂,其最终呈现的内容就能足够体现出制作者的构思和个性化的思想,便具备一定程度的独创性。无论是从学理要件上进行讨论,还是从《著作权法》的立法本意进行考量,都应当具有成为可版权性作品的可能性。根据中国互联网络信息中心(CNNIC)最新发布的第49次《中国互联网络发展状况统计报告》,截至2021年12月,我国网络直播用户规模达7.03亿,较2020年12月增长8652万,占网民整体的68.2%。游戏直播的用户规模为3.02亿,较2020年12月增长6268万,占网民整体的29.2%;体育直播的用户规模为2.84亿,较2020年12月增长9381万,占网民整体的27.5%;真人秀直播的用户规模为1.94亿,较2020年12月增长272万,占网民整体18.8%。[1] 数量激增的背后反映的是直播行业的良莠不

---

[1] 中国互联网络信息中心:《第49次中国互联网络发展状况统计报告》。

齐，并不是所有的秀场直播都能达到独创性的水准。例如主播单纯地即兴演唱他人已发表的歌曲，此时的秀场直播画面毫无新意，不应认为其具有可版权性。主播间的专业素养和创作水平参差不齐，尚且不足以一种绝对的态势对待所有的网络秀场直播画面。

其次，可版权性还应当考虑的是"能以一定形式表现"和"智力成果"，对此两个要件学界并无争论。修改后的《著作权法》将"以某种有形形式复制"改成了"能以一定形式表现"，因此修法意图应当是明确内心的思想是不受保护的，只有外在表达才受保护，此款的修改印证了即使直播画面不存在于有形载体当中，只要能够形成一种外在表达，就应当得以保护，而与其是否具有可复制性并无绝对关联。况且随着互联网的进步，网络的传播途径变得更加便捷化，仅通过智能手机或者PC端的方式就能够呈现出网络秀场的直播画面；此外，无论是网络用户服务提供者对于数据的云端储存，还是主播用摄像机、录屏等方式对直播画面的记录或是对直播画面的固定，均能满足"能以一定形式表现"。因此，在排除不构成独创性的网络秀场直播画面之后，可以将满足条件的直播画面赋予版权保护。对于被排除在外的秀场直播画面，也可以适用邻接权制度加以保护，具体论述将在下文展开。

最后，可版权性还应严格排除涉嫌违反法律强制性规定的秀场直播画面。从某种程度上来说，秀场直播是一种眼球经济，为了获得流量与打赏，不少主播利用人们的猎奇心理，播出充斥着黄段子、艳舞等低俗形式的表演，且各种令人费解的奇葩事件层出不穷。正如习近平总书记谈到"在文艺创作方面，也存在着有数量缺质量、有'高原'缺'高峰'的现象，存在着抄袭模仿、千篇一律的问题，存在着机械化生产、快餐式消费的问题"[①]。此种直播画面即使符合可版权性的构成的三个要件，也不可能受到《著作权法》的保护。

---

① 参见覃柳笛《坚定文化自信迈向文化强国——专访中国文化创意产业研究会秘书长范玉刚》，https：//baijiahao. baidu. com/s? id = 1736128736971258131&wfr = spider&for = pc，访问日期：2022年6月30日。

（二）著作权作品类型分析

著作权作为一种绝对性权利，其类型具有法定性，而网络秀场直播画面作为一种新兴的智力成果，其表现形式在法律上并没有明文规定，学界目前也尚无定论。此前大多数学者的争论焦点主要在于因其独创性高低的不同，网络秀场直播画面属于"以类似摄制电影的方法创作的作品"（以下简称类电作品）、"录像制品"还是"其他作品"尚有争议。对此，新《著作权法》的颁布与实施为我们提供了全新的方向。

1. 具有可版权性的网络秀场直播画面视为视听作品

在《著作权法》修订之前，与网络秀场直播画面作品最相似的作品类型为类电作品，学界也大多数将其作为类电作品予以考虑，但现在这部分学者倒戈转向了视听作品。多数学者认为将直播画面认定为一种新型类电作品的原因在于秀场直播画面与类电作品的本质相同，都是声音、图像以及剧情的结合，且我国现行法律并没有对网络直播画面客体的类型做明确区分，因此应对"类电作品"做扩大解释。但将网络秀场直播画面归于类电作品存在一个极大的矛盾，首先，类电作品的创作类型被局限在以严格的"摄制"手法创作的作品之下。"摄制"一词不仅要求服化道准备精良，在创作技术与设备也提出了更高的要求。尽管目前网络秀场直播正向专业化与团队化迈进，但其创作手法确实与传统上的"摄制"存在不小的偏差，难以将其粗略地认定为类电作品。其次，对于学界将网络秀场直播视为录像制品的观点，"录像制品"被解释为"对他人现场表演或教学讲座的机械录制"，这种规定为机械录制的意义在于其并不具有高度创造性，仅强调一种手法表现出来的画面，意义在于对传播过程的创造性成果予以保护，实质上与网络秀场直播画面不断攀升的创造性新表达相违背。仅将网络秀场直播画面视为一种录像制品，难以协调现实的经济性要素，同时也不利于直播行业的繁荣发展。若将直播画面放入"其他作品"行列，又将会使其面临难以被保护的困境。

基于此类问题，新《著作权法》对于作品分类的重新规范，为网络秀场直播画面是"作品"还是"制品",还是"其他作品"的类型争议指明了新的方向。《著作权法》第十七条将原有的"电影作品和以类似摄制电影的方法创作的作品"改为视听作品,第一款和第二款的规定又实际将视听作品分为"电影作品、电视剧作品"和"其他视听作品",视听作品的划分无疑打破了学界基于网络秀场直播独创性的高低,而将网络秀场直播画面视为"类电作品"还是"录像制品"的纠纷,可以将具有高度创造性的网络秀场直播统称为"其他视听作品",这样一来,既打破了"摄制"词义的偏差,以免过度扩大解释不当,又解决了将其视为"录像制品"和"其他作品"保护不力以及难以保护的现实,为权利的归属指明了方向。

2. 不具有可版权性的网络秀场直播画面视为录像制品

有观点认为不具有可版权性的直播画面并非其中没有独创性元素存在,只是达不到独创性的水准,因此并不具备可版权性。对于此类秀场直播画面,其直播内容仅为事实堆砌,或是精准的临摹,又或者直播内容本身所具备的创作空间较低,例如最简单的翻唱和翻跳,可以将其视为一种机械录制,作为录像制品在邻接权领域内得到保护,以此保障其传播过程当中的劳动成果和投资利益。

(三) 权利归属分析

与其他直播类型相似,网络秀场直播的权利归属仍然集中于"画面"这个要素中。秀场直播的画面元素主要体现在沉浸式的交互界面、个性化的场景设计以及多维度的双向交流机制之中。[①] 前两者指直播间中所有物品的陈设摆放、音乐音效、舞台灯光、主播的人设性格、跟随的主题热点等,都是团队事先精心设计的结果,类似于游戏直播画面中的人物角色、故事背景、界面音效等。如颜值主播会根据热点改变不同的妆容,女主播直播间通常粉刷成粉红色或放置各种玩偶以打造人设;后者指主播与观众间多维度的双向交流可以构成画面的一部分,如观众

[①] 参见乐水、马缘园《心流理论下电商直播间的游戏化叙事》,《南京晓庄学院学报》2022年第3期。

| 第五章 | 我国网络直播画面知识产权保护理论探讨

可以通过发送弹幕的形式与主播进行实时的沟通交流，主播也可以依据用户的情感需求给予不同程度的回应，更可以根据用户的需求反馈即时地改变秀场直播中节目的表演方式，如增加 PK 次数、串烧歌曲、编排舞蹈等。可以预见的是，随着大众社交需求的不断攀升和直播行业的激烈竞争，粗放式的表演和画面制作已然不能满足观众的期待和需求，满足独创性的秀场直播画面将会应运而生，秀场直播中会有更多的画面满足著作权属的要求，这本身就是一个智力的创作过程。

(四) 合理使用分析

网络秀场直播涉及翻唱、改编作品和利用作品作为音乐背景等多种行为，由于秀场直播往往是趋利性的商业行为而很难认定其构成合理使用。上文提到我国沿用《伯尔尼公约》的三步检验法而列举了 13 种合理使用的情形，列举限定式的情形并不能适应新的直播产物——网络秀场直播。仍应根据《美国版权法》第 107 条①的四要素标准进行合理使用的行为分析：其一，使用目的是非营利性的。网络秀场直播伴随一系列的商业盈利活动，包括但不限于常见的"直播打赏""商业广告""直播带货"等，故其基本不可能符合非营利性的使用目的。其二，要达到"转换性使用"的标准。翻唱、改编音乐作品等不过是通过一种新的娱乐方式，重复原有作品的在先目的和功能，尚达不到"转换性"的标准。这种重复只可能给原有作品增添商业价值，最大化地增加其作品的大众传播性，而不能改变其原有作品的在先目的和功能。如网络秀场直播可能会通过翻唱将一首沧海遗珠带到大众眼前，使其成为脍炙人口的网红歌曲。其三，与原有作品相比需具有较大的创新性。翻唱作品和使用作品作为背景音乐两种方式，完全是重复使用在先作品的行为，改编作品也是在原有的作品的基础之上做一定的编曲和改词创新，不会

---

① (1) the purpose and character of the use, including whether such use is of a commercial nature or is for nonprofit educational purposes; (2) the nature of the copyrighted work; (3) the amount and substantiality of the portion used in relation to the copyrighted work as a whole; (4) the effect of the use upon the potential market for or value of the copyrighted work.

脱离原有作品的本质和内涵，大众仍能识别出原有作品的核心元素。换言之，网络秀场直播作品很难具有创新性，相反其很容易构成抄袭。其四，不能影响原有作品的市场价值和预期获利。① 网络传播容易对版权市场造成较大的经济冲击，分析消费者心理可知，人们更愿意去网络秀场直播中免费体验音乐表演而不是在付费经济中购入音乐专辑。

网络秀场直播中制作出的成品很容易构成侵权性的商业演绎行为，② 侵权与不侵权的边界极模糊，故很难将网络秀场直播对原有作品的借鉴演绎纳入"合理使用"的适用范围之中。为了维护作者的版权权益和市场的秩序稳定，应合理规制网络秀场直播借鉴使用在先作品的一切行为。

（五）侵权行为分析

涉及网络秀场直播的法律难点并不是其可版权性的认定，而是其面对原作品的著作权使用纠纷。除了主播的原创作品外，其未获许可进行歌曲舞蹈作品的再次演绎时，通常较易侵犯他人的著作权。以音乐作品为例，主播在进行音乐翻唱、音乐改编和以音乐作品做背景音乐时，均需要得到相关著作权人的许可，并且支付有关的使用费用，否则就很可能侵犯著作权人的各种权利，如表演权、改编权和播放权等。目前，许多网络直播平台在意识到这一问题后，纷纷采取了向音乐著作权协会支付使用费等措施进行补救，但仍存在多如牛毛的侵权现象。

本书欲分析网络秀场直播中三种主要的音乐侵权行为。

1. 音乐翻唱涉及的侵权行为

主播若想翻唱原有作者的音乐作品，需要事先征得原有作者的授权并支付相应的报酬，实践中主播一般依托平台在音乐协会处付出一笔不菲的资金用以解决此问题。音乐翻唱若未获得授权可能侵犯表演者权、信息网络传播权及署名权，学界中亦有不同的看法。对于是否侵犯表演

---

① 参见白林《网络秀场直播可著作权性研究及出路》，《四川行政学院学报》2018年第1期。
② 参见张玉菡《网络秀场直播的版权保护与规制》，《传播与版权》2017年第7期。

者权,有学者认为在网络直播中,翻唱原有作者的音乐作品应落入表演权所定义的范围,应属于使用他人作品进行演出。① 亦有学者认为网络直播是通过互联网向不在现场的且不特定的受众进行传播的行为,所以不应该归入表演权的控制范围之内。② 众所周知,表演权分为现场表演和机械表演,机械表演更贴近网络直播翻唱音乐作品的形式,但因其需要承载在唱片、光盘等技术设备之上,故被诟病翻唱不应涵盖在表演权之中。随着互联网日新月异的发展,各类作品均以非交互式的网络进行传播,承载于技术设备之上的作品会越来越少,只要翻唱不偏离"使用他人作品表演/演出"的宗旨,就应扩展表演权的范围,以此规制网络秀场直播中的翻唱行为。对于是否侵犯信息网络传播权,此权利给予了公众可以在自己选定的时间和地点观看作品的权利。通常情况下,网络秀场直播的非交互式传播特点使其不易侵犯此种权利。但由于直播功能的增多,如若涉及主播翻唱音乐作品并上传至网络平台时,观众选定时间地点进行观看,则会侵犯权利人的信息网络传播权。对于署名权,此种权利较少被提到,原因在于主播的翻唱行为较少接触到音乐作品及其作者的署名,但仍存在少量的侵权风险不可忽视。如在2018年7月7日,冯提莫女士被音乐人樊冲斥责其未经其授权多次直播演唱歌曲《我要你》,并且将翻唱音频上传至大型音乐平台,③ 如若观众对此歌曲不熟悉,很有可能认为这是冯提莫女士原创的歌曲,很可能构成署名权侵权。

2. 音乐改编涉及的侵权行为

音乐改编指的是依据已完成音乐作品的局部为素材,重新进行编曲、改词的工作。在网络秀场直播中,较少出现主播对原有音乐作品进

---

① 参见张艳丽、董媛媛《网络直播翻唱与背景音乐使用的侵权风险研究》,《中国广播》2019年第12期。

② 参见倪炜伦《网络直播中音乐著作权的保护与救济研究》,《理论观察》2021年第12期。

③ 参见刘雪芹、李林凡《网络音乐传播中的侵权问题及改进建议》,《济南职业学院学报》2021年第3期。

行改编的行为,因为改编需要较高的音乐素养和乐理功底。有学者认为有秀场主播存在哗众取宠或是低俗媚俗的改编行为,可能侵犯原有音乐作品著作权人的改编权甚至人格权和名誉权。[①] 秀场直播中的音乐改编行为主要涉及对著作权人改编权的侵害,具体指在网络秀场直播中,主播事先未征得著作权人的授权,擅自在直播间进行公开性的改编创作行为。根据我国《著作权法》第十条第十四款规定:改编权是改变作品,创造出具有独创性新作品的权利。改编一般具有一定程度的创造性,因此不能直接认定其侵犯著作权人的表演权。除了对改编权的侵害,也可能涉及对其他著作权利的侵害,下面的举例不是发生在网络直播中的事件,但同样对主播和平台具有法律借鉴意义。在《乘风破浪的姐姐》第四季公演中,其中一个舞台表演涉及对歌曲《星星点灯》歌词的改编侵权[②],此举改变了原有作品想要表达的思想主旨,破坏了作品不受歪曲、篡改的作者精神利益,因而认定其影响了原作的完整性,侵害了著作权人的保护作品完整权。除了修改歌词,此次改编还改变了原作的节奏和风格,侵犯了原有作品的修改权,因为修改权重在维护作者人格与表达一致的延续性。[③]

3. 以音乐作品作为背景音乐涉及的侵权行为

以音乐作品作为背景音乐烘托直播间的气氛,是主播日常使用频次最高的行为,常用于与粉丝互动并刺激其认同理念,以此获得打赏等价值变现。从表面上看,此种行为并不能直接地使得主播或平台获利,因而有人认为其不构成侵权。但深究直播营利的商业属性可知,主播直播并不是免费表演,背景音乐能够辅助主播获取更多收益,因而若未获得

---

① 参见崔恒勇、程雯《秀场直播中的音乐侵权问题研究》,《现代出版》2017年第6期。
② 将歌词"现在的一片天,是肮脏的一片天,星星在文明的天空里再也看不见"改为了"现在的一片天,是晴朗的一片天,星星在文明的天空里,总是看得见"。
③ 参见李杨《改编权的保护范围与侵权认定问题:一种二元解释方法的适用性阐释》,《比较法研究》2018年第1期。

著作权人的授权，可能侵犯其表演者权或应当由著作权人享有的其他权利[1]等著作权益。除此之外，如此场直播可以反复观看，则还可能侵犯著作权人的信息网络传播权。

(六) 侵权主体责任承担问题

在网络秀场直播中，使用他人音乐作品的频次之高意味着侵权的可能性也大幅度提高。依据我国的《著作权法》可知，未经著作权人授权许可使用其作品的，应当承担相应的侵权责任。侵权责任的承担需要准确定位其责任主体，除了实施直接侵权的主播之外，一般认为网络平台为主播提供一系列的音乐存储、使用、上传的服务，其可能构成直接、间接或共同侵权，依据两者签订的具体合同划分承担的责任。

第一，签订劳动或劳务合同。第一种合同约定平台向作为员工的主播发放劳动报酬，第二种合同约定平台为主播支付劳务报酬。依据《民法典》侵权编第一千一百九十一条和第一千一百九十二条可知，劳动者或者劳务提供者因执行工作任务造成他人损害的，由用人单位或者接受劳务一方承担侵权责任。换言之，主播若在直播过程中使用音乐作品侵犯著作权人的知识产权在先时，由网络平台一方承担责任，当然，如主播有故意或重大过失的，网络平台赔付后可以向其追偿。

第二，签订劳务派遣合同。此种合同的签订通常出现在以下情形中，较大的经纪公司为了统筹各类资源，与主播们分别签订劳动合同，为了给主播选定合适风格的平台，与各个平台签订劳务派遣合同。主播发生实际的侵权行为后，由网络平台（接受劳务派遣的用工单位）承担侵权责任，但经纪公司（劳务派遣单位）有过错的，应承担相应的责任。

第三，签订普通的网络服务合同。在此种合同关系中，网络平台仅仅为主播提供一系列普通的网络服务，而主播则依托平台开展一系列的直播活动，彼此之间并无收益分成这种直接的利益纠葛。如若主播实施了侵权行为，则平台仅仅负有辅助类的间接侵权责任，在适当情况下，

---

[1] 应当由著作权人享有的其他权利参见北京互联网法院北京大石音乐版权有限公司与北京花房科技有限公司侵害其他著作财产权纠纷民事一审判决书（2021）京0491民初20100号。

还可以援引"避风港"原则或依据技术中立原则规避一定的侵权风险。①

第四,签订合作合同。此种合同一般以独家合作协议这种非典型合同的形式出现,一般是知名度极高的主播跟网络平台进行签订。此种合同杜绝了主播与其他平台合作的可能性,涉及双方较大的经济利益,因而网络平台有较大的责任与注意义务,在侵权行为出现的时候,通常认定主播和网络平台双方构成共同侵权并且承担连带责任。

需要特别注意的是,网络平台可以在接收到被侵权方一方的通知后,即时履行"通知—删除"的义务,可以此免责或防止侵权的态势扩大,如果已经造成严重的影响,那么免不了也要承担相应的连带责任。除此之外,网络平台切忌违反"红旗原则",即侵犯信息网络传播权的事实是像红旗飘扬一样显而易见的,网络平台应及时、主动地采取应对措施,即履行合理的注意义务,否则不能避免地承担侵权责任。②

四 综艺晚会网络直播画面的法律属性分析

(一)著作权属性分析

综艺晚会网络直播是指通过互联网直播多种现场表演汇聚成一个整体的晚会表演,其中的典型代表是春节联欢晚会和各类大型文艺汇演。本书要讨论的重点是晚会直播画面的著作权属性,其著作权属性最大事物争议仍在于是否满足独创性的要求。

《著作权法》中构成作品需要满足四个要件,分别是作品的可复制性、作品的可感知性、作品范围的有限性、作品的独创性。首先,因为《著作权法》第三次修改将作品的定义中的"能以某种有形形式复制"修改为"能以一定形式表现",所以此处将可复制性和可感知性放在一

---

① 参见罗施福、李津津《论网络直播中音乐演播的法律定性与责任主体》,《天津大学学报》(社会科学版)2021年第4期。

② 参见张艳丽、董媛媛《网络直播翻唱与背景音乐使用的侵权风险研究》,《中国广播》2019年第12期。

| 第五章 | 我国网络直播画面知识产权保护理论探讨

起叙述。综艺晚会的网络直播显然能够满足可复制性的要求,我国的《著作权法》不要求作品实际被固定住,而仅仅要求作品能够处于可复制或可固定的状态中即可。随着科学技术的不断发展,综艺晚会网络直播能够通过网络进行多种形式的复制、保存及上传,复制的内涵和手段愈发先进。作品的可感知性和作品的可复制性是休戚相关的,可感知性的标准甚至比可复制性的标准更低,综艺晚会直播无疑是能够以一定的形式被观众感知的。其次,综艺晚会同样能够满足作品范围的有限性。作品范围的有限性指只有属于文学、艺术和科学领域内的创作才能够被称为作品,而综艺晚会显然属于此范围之中。最后也是最重要的是,现场表演直播的独创性仍存在不小的争议。现场表演的单个节目无疑是具有独创性的,且可以根据不同的表演内容划分出不同的作品类型,如音乐、戏剧、曲艺、舞蹈、杂技艺术作品等,直播形式往往不会改变作品原有的属性。但一场晚会表演往往能够综合多种类型的作品,并使之成为一个整体,整体的独创性又如何得以体现呢?有观点认为整个晚会画面是摄像师架好摄像机同步录制再经过网络信号的简单处理直接传递到观众眼前的,它甚至无法避免演出事故的发生,也就是画面并不经历后期个性化的选择和剪辑,因此仅仅是录制画面付出的一般性劳动,不能使之达到独创性的水平。也有观点认为综艺晚会直播节目的独创性主要体现在对报送节目的筛选、编排及对演出顺序的确定上。在综艺晚会的整体中,编导为呈现出最好的舞台效果所做的道具选取、音响调试、镜头调度、服装准备等,均凝聚了多项智力创造及大量的人力物力财力,因此,不能够否定整个表演上的独创性。也有观点认为制作单位对综艺晚会的投入巨大,其制作过程的复杂程度完全不亚于拍摄电视剧、电影等,因此完全能够达到独创性的要求。张爱国认为春晚独创性的判断关系到各方的利益关系与平衡,并非是事实上的判断而应该是法律上的判断。[①] 综上所述,本书更偏向于综艺晚会的网络直播画面能够达到独创

---

① 参见张爱国《"春晚"著作权的法律定性问题——从央视国际诉快车网侵权案谈起》,《理论探索》2011年第2期。

性的标准,并且能够认定为作品由此得到《著作权法》的保护,但是我国在立法和司法上需要明晰其应归属于哪种作品,使其适应社会变化发展的新需求。

(二)著作权作品类型分析

综艺晚会的网络直播画面能否构成作品应属缘起性问题,只有明晰作品的类型,才能厘清单个作品的作者、单个作品的表演者及晚会制作者之间的关系,才能对侵权行为的认定和权利的保护范围予以确定。此种直播类型的画面是否能够构成作品,需要进行分门别类的探讨。

1. 汇编作品

综艺晚会一般需要贯穿一种主题精神,如"中国梦",再在主体精神之上按一定的顺序编排若干个文艺节目,整个晚会筹备的时间极长,流程极为繁复且涉及的节目类型众多。节目制作者对各种元素的选择和各个流程的把控可谓是最为重要的环节,这种选择具有极大的贡献性,也使得晚会能够满足作品的独创性要求,这也是部分观点认为综艺晚会直播画面应是汇编作品的原因。王迁曾在2010年撰文称春晚节目形成了一个有机整体,体现了其选择和编排上的独创性,春晚符合《著作权法》中关于汇编作品的规定,以此规制能够有效地保护著作权人的权益。[1] 也有观点认为摄影师对现场直播的把控十分有限,即个性化的选择不足,其只能够将表演节目原封不动地摄制下来并通过网络进行全球直播,无法达到独创性所需的高度,想要将其纳入《著作权法》的保护范围之中,需用汇编作品才能较好地保护各个权利人各方的利益。在此引用这句话加以化解:"不能因为寻求保护某方利益的结果而逆向寻找合适的作品类型,这不符合认定作品性质的正常逻辑思路。"[2] 除此之外,也有观点认为综艺晚会是将现场的表演活动进行汇编,而不是将表演画面进行汇编,将其认定为汇编作品混淆了晚会的直播画面和现

---

[1] 参见王迁《论"春晚"在著作权法中的定性》,《知识产权》2010年第4期。
[2] 参见《北京市高级人民法院关于审理综艺节目著作权案件的调查研究》,《电子知识产权》2015年第5期。

场的表演活动。

2. 视听作品

视听作品的认定分歧主要体现在两点上，即固定性要求和独创性标准。从固定性要求来看，在《著作权法》尚未进行第三次修改之前，对电影作品和类电作品的定义中就明确限定了应"摄制在一定介质之上"的要求，因而很难认定综艺晚会的画面满足了固定性要求。在《著作权法》修改之后，弱化了对于作品固定性的要求和标准，这一问题的分歧也会逐渐弱化。最重要的仍在于对独创性标准的判断，较为统一的观点是认定独创性的有无而不是独创性的高低，那么综艺晚会的直播画面应达到哪种具体化的标准，才能将此视为视听作品是个极具争议的问题。独创性要求作者进行独立创作并表现出个人的思想情感或个性化的选择与编排，不难看出，以上的字眼均是形而上学式的、抽象的认定标准。现行的《著作权法》、司法解释或是司法判例均未对独创性标准做出精确的定位，但从各类司法判决中能够窥见一种趋势，即不能对视听作品的独创性做出较高的要求，科技的发展和新的传播形式使得作品的构成要素越来越多元，也很难为此固定出特定的作品形式与类型，扩宽现有的作品类型，囊括各类新兴事物于知识产权体系之内就变得尤为重要。除此之外，视听作品需要有一个整体的概念来保护各个画面之间的连续性，也可以体现出晚会制作者对各个节目在内容筛选、编排、整合上的贡献。单个的表演节目一般都被认定为作品，那么汇编、录制后的串联晚会又为何不能形成独创性的完整表达呢？将综艺晚会的直播画面认定为视听作品应是一种可行的路径，使制作者获得整体上的著作权也可以提高其投资和维权的积极性，更可以促进文化产业的和谐发展。

3. 录像制品

有观点认为综艺晚会的直播画面归类于视听作品最为接近合理，但是综艺晚会直播的独创性程度尚达不到视听作品的要求，所以只能退而求其次地运用录像制品加以保护。在这种观点下，综艺晚会不过是对原有的已经创作完成的节目进行修改、筛选、编排，其独创性程度比不了电影作品中凝聚剧本编写、演员表演、摄影技术、导演审美、配音配乐剪辑等综合性的智力成果。除此之外，综艺晚会之间的节目不能像电视剧、电影作品一般有独特的思想表达，即连贯的故事性、内在联系性和创新创意性。视听作品是由电影作品和类电作品演变而来的一种更大范围的作品概念，综艺晚会达不到前面两者的独创性程度，也就达不到视听作品的独创性程度，而显而易见、具有纯粹复制性、机械性的录制画面是极易得到满足的。在司法实践中，法院通常也不会将汇编节目所展示出的独创性计入它摄制的晚会画面之中，① 因而认定适用录像制品能够较好地保护晚会制作者的各项权益。

查阅中国裁判文书网可知，法院通常回避了综艺晚会直播画面的作品类型，而直接寻求权利的保护。如在一则判决书中，② 法院仅仅根据《著作权法》第四十七条的规定，判定被告有其他侵害著作权以及与著作权有关的权益的行为，而不论春晚的画面应归属于何种作品类型。

(三) 权利归属分析

综艺晚会网络直播需要明晰两种权利客体，分别是晚会的直播画面和晚会现场的表演活动。有观点认为晚会现场的表演活动一般应纳入邻接权的保护范围之中，依据《著作权法》第三十八条给予晚会制作者以演出组织权进行保护，依据第三十九条给予单独作品的表演者以表演者权进行保护。绝大部分的观点赞同晚会现场的表演活动能够独立构成作品，分别对应至音乐作品、戏剧作品、曲艺作品、舞蹈作品、杂技艺术作品类，以此获得《著作权法》的保护。对于晚会的整体直播画面，乃是晚会制作方前期筹集资金、中期邀约表演者筛选节目、后期编排剪辑努力呈现的结果，汇聚了大量的人力物力财力。若将晚会的直播画面

---

① 参见崔国斌《视听作品画面与内容的二分思路》，《知识产权》2020 年第 5 期。
② 参见北京互联网法院北京一点网聚科技有限公司等著作权权属、侵权纠纷二审民事判决书和央视国际网络有限公司与北京百度网讯科技有限公司著作权权属、侵权纠纷民事一审判决书（2020）京 0491 民初 27486 号。

认定为汇编作品，晚会制作方享有相应的汇编权；若将晚会的直播画面认定为视听作品，晚会制作方享有相应的著作权；若仅将晚会的直播画面认定为录像制品，则晚会的制作方享有对应的复制、发行、出租、通过信息网络向观众传播并获得报酬的权利。值得注意的是，晚会节目的导演、编剧、摄影师、作词作曲的作者分别享有对应作品的署名权、获得报酬权等。

（四）合理使用分析

前文已经多次提到合理使用的13种列举式情形，综艺晚会直播画面涉及的情形主要有六种：1. 为个人学习．研究．欣赏或使用；2. 为介绍、评论作品或说明问题；3. 各类媒体在新闻报道中不可避免地引用；4. 为教学使用；5. 免费表演；6. 以阅读障碍者能够感知的无障碍方式向其提供已经发表的作品。值得注意的是，对综艺晚会节目的侵权分为对单个表演作品的侵权和用盗播、未授权转播、转链等方式呈现整台晚会表演画面的侵权。对单个表演作品的侵权不仅涉及侵害该作品的著作权，还侵害表演者的表演者权以及晚会制作者的其他著作权利，在此种情况下若想构成合理使用，需要满足未向观众收取费用及不以营利为目的的条件。综上，对整台晚会表演画面的侵权通常不能纳入合理使用的范围中，若未获得著作权人的授权，则会面临诉讼、经济赔偿、赔礼道歉等多种后果。

（五）侵权行为分析

分析现有的司法案例，整理出综艺晚会直播画面的侵权方式大体有盗播、附链接分流和抄袭单个节目画面三种。依据前文论述可知，晚会制作者拥有整体的著作权或邻接权，其他卫视或是视频网站平台若想转播晚会的画面，需要提前获得晚会制作者的许可并付出报酬，如未获得授权则等同于实施违法的盗播行为并构成侵权，可能侵犯著作权人的著作权利和邻接权人的一系列权利。除此之外，如若晚会制作者已经授权给了转播方独家的转播权益，盗播行为除了会侵犯原制作者的著作权益，同时也会侵犯转播方的独家转播权。

1. 盗播行为分析

当晚会的整体画面满足作品的独创性要求时，盗播其画面构成的著作权侵权具体可分为两种情况：第一，原封不动地盗播晚会画面可能构成广播权或信息网络传播权侵权；第二，剪辑晚会画面后再进行播放，构成对晚会制作者汇编权的侵犯。除此之外，晚会整体画面仅构成录像制品时，盗播其画面构成的邻接权侵权又可分为两种情况：第一，该晚会画面未公开发表或播出过，此时不仅需要获得录制者（晚会制作者）的许可，还需要分别征求晚会各个作品中著作权人和表演者的同意，否则分别侵犯他们所享有的权利；第二，晚会画面已经公开发表或播出过，此时转播晚会画面可以不征得著作权人的同意，但是需按照规定付出相应的报酬，著作权人已经声明不得使用的除外。

2. 附链接分流行为分析

除了盗播这种最常见的侵权方式，还有部分网站会在晚会直播时嵌套、跳转链接进行分流，可赚取流量或通过广告展示获取商业利益，此种行为构成恶意侵权，应承担侵权损害赔偿责任。

3. 抄袭单个节目画面行为分析

为了更好地论述抄袭单个节目画面的侵权行为，就要分析全国首例杂技作品侵权案。[①] 对此案的来龙去脉不再赘述，分析的重点为《俏花旦—集体空竹》节目侵权行为的认定标准。首先，单个节目画面需要构成《著作权法》意义上的作品才能认定存在侵权的可能。裁判争议焦点之一也是涉案《俏花旦—集体空竹》是否构成杂技作品，实质争议点在于是否具有独创性。被告虽辩解该节目源自"王氏天桥杂技，故不具备独创性"。但法院认为后继者的推陈出新，即连贯动作的编排设计体现了创作者个性化的选择和艺术性，故构成杂技作品。其次，侵权人是否与在先作品具有实质性接触。原告曾多次登台表演案涉作品，如曾在 2007 年的中央电视台春节联欢晚会上演出，因此认定侵权人存

[①] 参见北京知识产权法院吴桥县桑园镇张硕杂技团与中国杂技团有限公司等著作权权属、侵权纠纷民事二审判决书（2019）京 73 民终 2823 号。

在接触在先作品的可能性。最后，抄袭品与在先作品是否构成实质性相似。法院的观点是并非对原作不经裁剪的原样照搬才能构成抄袭，在表演权侵权认定中，未经许可表演的内容与权利作品部分相对完整的独创性表达构成实质性相似也能构成抄袭的条件，具体表现在空竹表演部分开场动作走位、动作衔接安排及标志性集体动作的实质性相似。

（六）侵权主体责任承担问题分析

综艺晚会直播画面侵权的主体相对较为单一，一般认定直接侵权人承担直接的侵权责任，辅助侵权人承担连带责任或构成共同侵权，依据具体的情形分别进行规制，具体可参考其他类型的直播画面，此处不再赘述。综艺晚会直播节目的不同之处在于，制作综艺晚会的节目主体应遵从以下两点用以保障自身的权益：第一，制作者应与各个节目的创作者和表演者分别订立合同，在保障创作者署名权和表演者表演者权的权利之下，获得用于之后制作录像、复制、发行、通过信息网络传播等活动的授权，确保其作为汇编作品或视听作品著作权人的权利无瑕疵。第二，制作者可以对晚会的复制权、发行权、信息网络传播权进行合法的授权或转让。对于可能发生的侵权行为，例如未经授权的网络盗播行为或附链接分流等，合同中应明确规定制作者及制作者授权的主体能够作为著作权人提起诉讼，要求停止侵权行为并赔偿损失。

五　研究总结——对未来趋势和动态的分析

上文主要划分了四种网络直播类型，为获得《著作权法》的保护，无论归属于哪种类型，首先需要断定的是直播画面能否满足作品的独创性特征。由于直播画面一般满足视听作品"一系列有伴音或无伴音的连续性画面"的要求，与这类作品类型存在最大限度的关联，把握这两个最关键的因素，才能够洞悉出网络直播画面知识产权体系的未来趋势和动态发展。

（一）直播画面如何满足作品的独创性

不管是何种类型的网络直播，其画面能否构成作品的关键都在于对

◆ 网络直播的知识产权保护

独创性的认定，但独创性仍存在较大的不确定性。无独有偶，世界上大多数国家对作品的独创性并没有下明确的定义，只能模糊地知道其适用标准的高低，那就更难对网络直播这种新兴产物创立一个具有普适性的独创性标准了。以英美国家为代表的具有商业属性偏向的版权法体系为例，其适用较低的独创性标准，如常常被提到的额头流汗原则[①]；以德国为代表的具有人格或个性属性偏向的作者权法体系为例，其适用较高的独创性标准。但是随着经济社会和科学技术的不断发展，作品拥有了更多元的表现形式，两个不同的著作权法体系逐渐表现出了趋近的趋势。正如刘铁光文中提到的："两个不同传统的著作权法体系，独创性判断标准朝着一个方向靠拢说明作品独创性判断标准的调适是必然的趋势。"[②] 以我国的独创性标准为例，我国参考《伯尔尼公约》，将独创性拆分成了"独"（own）和"创"（intellectual creation）。"独"代表独立创作，即作者独立完成，其中既包括了从无到有的创作，也包括了从有到新的创作。"创"代表智力成果，《广东省高级人民法院关于网络游戏知识产权民事纠纷案件的审判指引》第十八条中就规定了智力成果需要体现作者个性化的取舍、选择、安排和设计。由于我国属于大陆法系，因而在《著作权法》立法之初更靠近作者权法体系，但由于发展中国家追赶经济利益和促进知识产权产业发展的现实需求，我国开始慢慢靠近版权法体系，作品中的独创性标准也在降低。以我国《著作权法》第三次修改做参照，可复制性改为可感知性，即"以某种有形形式复制"改成了"能以一定形式表现"；同时，作品类型增加了"符合作品特征的其他智力成果"，都能够体现出受《著作权法》保护的作品中的标准在逐渐降低，也能够体现出对新兴作品的保护力度的加大。

---

① 虽然现今已经不再适用这个原则，但仍留存深远的影响，因而版权法体系仍然适用较低的独创性标准。

② 参见刘铁光《作品独创性判定标准调适的准则及其遵守的路径——以体育赛事直播画面独创性的判定为例》，《苏州大学学报》（法学版）2019 年第 4 期。

(二) 直播画面中独创性发展的趋势和动态

1. 抽象性标准向客观性标准过渡

回顾对独创性标准的形容，几乎用的都是抽象性的形容手法，抽象性的形容容易使人踏入主观性的、唯心性的评价之中，唯有量化标准，审慎、真实地描述才是明晰独创性标准的正确路径。现实生活中一审、二审的裁判反复和同类型案件裁判结果的不统一，明确揭示了司法实践中存在对独创性标准适用不明的乱象。抽象性的标准会使得法官的自由裁量权过大，如此不能使得社会公众信服，既不利于维护司法审判的公信力，也不利于发挥法律对社会公众参考性的指引作用。值得说明的是，并不需要明确独创性的标准，仍要给法官留一定的自由裁量权，且太过明确的定义也不能紧贴可能出现的新兴事物或是新的作品类型。有学者的观点与此相似，认为应该从法律的角度去评判作品是否存在独创性，而不能要求法官从美学、艺术价值等主观性判断出发。[①] 除此之外，越来越多的判决书出现了审慎、真实的判决描述，有著作权纠纷的案件[②]明确了体育赛事节目的多机位设置、镜头的选择与切换、呈现比赛画面的方式等客观性的标准能够满足独创性的要求。总之，独创性的标准越来越从抽象性向客观性过渡，且作品类型的不同对应客观性的标准也不同。

2. "高低"标准向"有无"标准过渡

从前以独创性标准的高低来区分类电作品和录像制品，随着视听作品和符合作品特征的其他智力成果的出现，高低标准已经出现了向有无标准过渡的趋势，越来越多的学者倾向于回归到"最低限度的创造性"中去。如李杨教授明确表明，判定作品的独创性，只能定性其有无，而不能定性其高低。[③] 冯晓青也在一文中提到，法院认为连续画面可以通

[①] 参见郝明英《网络直播节目著作权保护研究》，博士学位论文，中国政法大学，2020年。

[②] 参见北京知识产权法院上海聚力传媒技术有限公司等著作权权属、侵权纠纷民事二审判决书（2021）京73民终1819号。

[③] 参见李扬《网络游戏直播中的著作权问题》，《知识产权》2017年第1期。

过视听作品或录像制品加以保护,两者的区别就在于独创性的有无。①高低与有无不同,其属于主观性的判断因素,如前文所述,审慎、真实的客观性判断因素才是认定作品的长久之计。以高低标准区分类电作品和录像制品是历史性的产物,全因类电作品有"摄制"的要求,这种摄制需要一系列专业的设备,拍摄短视频所用的手机绝不可能构成摄制的条件,参考电影作品的拍摄通常需要电影摄影机、灯光、录音、承托设备和摄像滑轨等,而录像制品只需要机械性的录制即可。在视听作品替代了类电作品之后,就取消了摄制这一条件,也能从其中窥见对独创性标准降低的趋势,即对最低限度的创造性的认同。

3. 作品本质的回归

不同类型的作品适用不同的独创性标准,独创性的判定逐渐回归到作品的本质定性中。游戏直播画面若被认定为美术作品,独创性的参考标准是游戏资源库中单个的要素,如游戏设计图纸、游戏角色定照、特定的设计页面等静态画面;游戏直播画面若被认定为类电作品,独创性的参考标准是不同画面的排列组合,也有人称为"一系列有伴音的画面",即游戏画面和游戏直播画面的动态结合;游戏直播画面若被认定为汇编作品,独创性的参考标准则是多种游戏数据、元素的有序整合;游戏直播画面若被认定为视听作品,独创性的参考标准除了时间性的故事情节,也有对画面形成过程产生实质性影响的其他因素。② 若找不到作品对应的类型,则可以适用符合作品特征的其他智力成果加以保护。

4. 审判的辅助因素增多

对作品做知识产权法律上的判断,除了纯粹意义上的法理释明,还需要法官掌握一定的交叉领域知识,即需要有一些辅助的审判因素。如可以衡量作者呕心沥血的付出、产业的需求导向、企业实际投入的经济

---

① 参见郝明英、冯晓青《从合规管理看广播音频节目的著作权保护与运营》,《编辑之友》2022 年第 6 期。

② 参见何怀文、吉日木图《新〈著作权法〉视域下视听作品的界定》,《社会科学战线》2022 年第 5 期。

性要素及一切能够被量化的价值，随着科技的发展，能够被量化的辅助因素越来越多。即在一个判决书中①提到的，在《著作权保护法》制度框架下，应当拓展作品的保护范围，创新著作权保护方法，既要加强对具有独创性作品的保护，也要划清《著作权法》保护的合理边界，将不属于著作权保护范围的抽象思想、公共资源、有限表达等排除在保护之外，合理平衡著作权人作品的保护与社会公共利益之间的利益平衡。排除不符合社会公共利益或者公序良俗的内容，排除公有领域的素材，排除限定的场景素材或历史素材，都是辅助的审判因素。除此之外，法官也邀请专家辅助人对不同领域作品的艺术审美价值或美学价值做一定程度的评判，以此辅助、帮助案件更好地裁决和释明，如在著名的琼瑶告于正案中，就适用了专家辅助人的制度，且取得了良好的效果。

（三）直播画面如何受到视听作品的保护

1. 对视听作品现实情景的分析

首先，我国视听作品的名称承袭于国际条约和国外的立法，如在1989年签订的知识产权条约《视听作品著作权登记条约》中，我国虽将类电作品改为了视听作品，但是一直未明确视听作品的具体概念，一切要等到《著作权法实施条例》在第三次修改中予以明确。虽未明确但也有部分参考条例，如2014年《送审稿》第五条第二款②的规定。其次，我国《著作权法》第十七条将视听作品划分为两类以此构建不同的权利归属方式：视听作品中的电影作品或电视剧作品的著作权归属于制作者，但将署名权这类著作人身权归属于编剧、导演、摄影、作词、作曲等作者，并有权按照与制作者签订的合同获得报酬；前款规定以外的视听作品采用当事人约定的著作权归属原则，但保留作者的署名权和获得报酬的权利。这种划分引起了不小的争议，以冯晓青为代表的

---

① 参见广州知识产权法院上海菲狐网络科技有限公司、霍尔果斯侠之谷信息科技有限公司等著作权权属、侵权纠纷民事二审判决书（2021）粤73民终1245号。

② "视听作品是指由一系列有伴音或者无伴音的连续画面组成，并且能够借助技术设备被感知的作品，包括电影、电视剧以及类似制作电影的方法创作的作品。"

学者认为此种修改是非常合理的，能够对应不同类型视听作品的创作成本和风险，并且能够更好地适应市场的需求。① 以王迁为代表的学者认为这种首创式的修改可能会导致严重的负面影响。② 最后，我国对于视听作品已经取消了"摄制"的条件，因而不少学者认为视听作品相对于类电作品来说，其范围更广且外延更宽，能够囊括更多类型的网络直播画面。对此，王迁有不同的看法，其认为视听作品是对类电作品名称的迁移，视听作品的范围并没有被改变，之所以换成视听作品的名称，可能是怕类电作品拗口且复杂的名称容易引起社会公众的误解。又因为取消"摄制"的条件后，更多新兴的创作事物会被纳入视听作品范围中来，由此视听作品的范围被扩宽了，因而部分学者认为其范围和外延均被扩宽了，但这并不是名称变换③所带来的改变。④

2. 直播画面纳入视听作品的发展趋势

随着视听作品范围的扩宽和直播画面创作形式内容的不断丰富，其未来的发展趋势是：学界和司法实务界越来越认同满足独创性条件的网络直播画面能够受到视听作品的保护。本书以中国裁判文书网和知网查阅到的数据（表5-13、5-14）作为此种趋势的论点支撑。

表5-13　　　　　　　　中国裁判文书网案例数据

案号（判决时间）	是否属于视听作品⑤的判定
上海聚力传媒技术有限公司等著作权权属、侵权纠纷二审民事判决书（2022-7-25）	体育赛事节目系以多机位设置采集、选择镜头，以镜头切换、回放，捕捉精彩瞬间方式呈现比赛画面，其形成的连续画面已达到类电影作品独创性所要求的一定程度，构成类电影作品

---

① 参见冯晓青《我国著作权客体制度之重塑：作品内涵、分类及立法创新》，《苏州大学学报》（法学版）2022年第1期。
② 参见王迁《论视听作品的范围及权利归属》，《中外法学》2021年第3期。
③ 类电作品变为视听作品并不改变视听作品的范围。
④ 参见王迁《论视听作品的范围及权利归属》，《中外法学》2021年第3期。
⑤ 此时已经没有"类电作品"这一说法，因而将类电作品等同于视听作品。

续表

案号（判决时间）	是否属于视听作品的判定
上海东方网股份有限公司与央视国际网络有限公司著作权权属、侵权纠纷二审民事判决书（2022-6-24）	上述画面体现出涉案赛事节目在制作过程中，大量运用了镜头技巧、蒙太奇手法和剪辑手法，在机位的拍摄角度、镜头的切换、拍摄场景与对象的选择、拍摄画面的选取、剪辑、编排以及画外解说等方面均体现了摄像、编导等创作者的个性选择和安排，故具有独创性，符合电影类作品的独创性要求
广州唯彩会网络科技有限公司与央视国际网络有限公司二审民事判决书（2022-1-24）	
央视国际网络有限公司与穗米区块链技术（杭州）有限公司侵害其他著作财产权纠纷一审民事判决书（2021-4-16）	
深圳市腾讯计算机系统有限公司，腾讯科技（成都）有限公司等与重庆天极畅娱网络有限公司，北京字节跳动科技有限公司等不正当竞争纠纷二审民事判决书（2021-9-23）	类电作品本身强调的是作品的表现形式，而非创作方法。因此，在符合一系列有伴音或者无伴音的画面组成的特征，并且可以由用户通过游戏引擎调动游戏资源库呈现出相关画面时，《王者荣耀》游戏连续运行动态画面宜被认定为类电作品，依法予以保护
运城市阳光文化传媒有限公司与深圳市腾讯计算机系统有限公司、广州优视网络科技有限公司侵害作品信息网络传播权纠纷一案民事二审判决书（2021-3-23）	该院认为，随着科学技术的发展，新的传播技术和表现形式会不断出现。当新的作品形式与法定作品类型都不相符时，应当从知识产权法激励理论的视角，允许司法按照知识产权法的立法本意，遵循诚实信用和公平正义的原则，选择相对合适的法定作品类型予以保护。《王者荣耀》游戏的连续画面虽然不是通过摄制方法固定在一定介质上，但是，《保护文学和艺术作品伯尔尼公约》第2条第1项将类电作品描述为"assimilated works expressed by a process analogous to cinema to gr aphy"，即以类似电影的方法表现的作品，强调的是表现形式而非创作方法。因此，在符合一系列有伴音或者无伴音的画面组成的特征，并且可以由用户通过游戏引擎调动游戏资源库呈现出相关画面时，《王者荣耀》游戏的整体画面宜认定为类电作品

表 5-14　　　　　　　　　　　　　知网数据

观点来源	具体观点
冯晓青：《我国著作权客体制度之重塑：作品内涵、分类及立法创新》	例如，当前颇为流行的网络游戏直播画面就可以视为视听作品，其并没有摄制在一定介质上的要求
周丽娜：《〈著作权法〉作品定义"能以一定形式表现"之分析》	《著作权法》将"能以某种有形式复制"修改为"能以一定形式表现"，将"电影和以类似摄制电影方法创作的作品"改为"视听作品"，使"体育赛事直播画面"符合现行《著作权法》相关的作品定义和法定类型，较好地回应了网络化、数字化等新技术发展出现的新情况
项杨春：《体育赛事直播画面著作权保护的困境与完善》	透过比较法视角考察英美法系国家对体育赛事直播画面侵权的规制情况，并鉴于体育赛事直播画面的独创性和体育产业发展趋势，提议扩张著作权范围，明确体育赛事直播画面的"作品"性质，将体育赛事直播画面划归"视听作品"序列
李杨：《电竞赛事直播中的利益配置与法律保护》	其一，考虑到电竞直播画面的独创性高度普遍低于传统摄制电影但又高于音像制品，《著作权法》可以降低作品的独创性标准，将影视作品和音像制品整合成一项独立的作品类型——"视听作品"
蒋华胜：《网络游戏直播画面的著作权侵权判定研究》	再次，网络游戏预设画面与视听作品的权游戏直播画面构成侵权的权利基础
丛立先：《网络游戏直播画面的可版权性与版权归属》	从整体上看，多数网络游戏作品属于类电影作品，网络游戏直播画面作品亦可视为类电影作品，未来可归于视听作品
崔国斌：《视听作品画面与内容的二分思路》	结语在文化娱乐产业蓬勃发展的今天，以影视作品、网络游戏画面、体育赛事直播画面等为代表的视听作品的重要性日益突出
兰昊：《认真对待视听作品之创作》	与之不同的另一种思路是，视听作品的创作可通过连续图像组合的内容设置实现，比如有独创性的故事情节或独白解说，即使画面的录制比较固定和机械，也有机会构成视听作品，这一思路主要体现在游戏直播的认定过程中

续表

观点来源	具体观点
张颖、毛昊：《中国版权产业数字化转型：机遇、挑战与对策》	《著作权法（2020）》通过设定开放性作品条款、确立"视听作品"概念、扩大"广播权"范围等修改，使得诸如人工智能生成物、网络游戏画面、网游戏直播以及短视频等新型版权业态纳入法律保护体系
蔡元臻、叶元昊：《类型化视野下的游戏画面著作权体系》	我国新《著作权法》中的"视听作品"包涵但不限于影视类作品，但对于除影视作品外何种作品能纳入视听作品的保护范围，则未能进一步明确。同时，也未对视听作品的创作方法、制作技术或表现形式加以廓清。这赋予了视听作品概念较强的解释性。游戏直播画面作为一种新型的整合文学艺术元素的产物，可以被纳入保护范围

第六章
我国网络直播画面知识产权保护的完善

第一节 我国网络直播画面知识产权立法保护的完善

一 探索我国网络直播画面知识产权立法保护模式

（一）我国网络直播画面知识产权立法保护模式考量

要解决网络直播画面知识产权保护的问题，在立法层面，首先要解决网络直播画面知识产权立法保护模式问题。如前所述，我国现行规范性法律文件规范较为混乱，目前尚不存在一个成熟的立法保护模式。由此，探索我国网络直播画面知识产权立法保护模式具有一定积极意义：一是从法律制度整体来看，网络直播画面知识产权立法保护模式的构建，其意义不仅在于填补目前法律存留空白，保障知识产权利益，更是对不断涌现的法律客体寻求新的解决思路的一种探索；二是从网络直播产业来看，网络直播知识产权立法保护模式的构建回应了版权产业发展的需求，保护了直播产业背后较大的知识产权利益，满足了市场对智力创造成果的需要，更是对著作权人创作积极性的保障，对经济发展和文化发展都具有重要推动作用。就目前的立法现状而言，可以具体考量的立法保护模式有以下几种：

首先，考察将《民法典》作为主要保护模式。《民法典》在基本原则、权利享有、利益分配、侵权损害赔偿等方面对知识产权利益做出一

| 第六章 | 我国网络直播画面知识产权保护的完善

系列保护,然而《民法典》作为对所有人身权利和财产权利的保护法典,知识产权作为受其保护之一的一种无形性的权利,受立法篇幅、法律现状等诸多因素的影响,相关法律条文仅站在知识产权的总体特征之上制定,并未涵盖网络直播交互性强、内容丰富、受众可划分等诸多特性。单以《民法典》作为主要保护模式为网络直播画面提供知识产权保护,较为单薄,专业性不强。

其次,考察以《著作权法》和《著作权法实施条例》为主要保护模式。其优点在于网络直播画面在传播过程中所创造的智力成果与《著作权法》所保护的"作品"最为契合,但《著作权法》和《著作权法实施条例》存有法律固有的一定程度上的笼统性,在法律适用的过程当中多有争议。网络直播根据所传输的画面内容不同可以分为体育赛事、综艺晚会、网络秀场、网络游戏四种类型,不同类型的直播画面特点决定了其在著作权权利归属和合理使用等问题方面存有差异,所集中的问题重点也有所不同。有差异必将产生争议,以《著作权法》和《著作权法实施条例》对网络直播画面所产生的智力成果的保护还达不到理想的效果。

再次,考察以《反不正当竞争法》为主要保护模式。在司法实践中,受《著作权法》自身存在的漏洞影响,面对大量网络直播画面知识产权侵权纠纷时,法官都试图适用"不正当竞争"的保护模式予以解决,将网络直播画面从著作权纠纷转为竞争纠纷提供兜底保护。回归到《反不正当竞争法》所着眼的"公益"视角,网络直播画面著作权纠纷看似对公共领域的威胁更小,更有利于网络直播产业公平有序发展。但从法律适用的适配性上考虑,《反不正当竞争法》只能作为特殊情况下规制著作权纠纷的兜底路径,否则将会具有优先于《著作权法》适用的特殊地位,《著作权法》也将失去其设立意义。

此外,无论考虑何种立法的保护模式,均需将程序法纳入网络直播知识产权立法保护模式中。程序法中的证据规则、举证责任等制度也将影响到个案纠纷的解决。而面对网络直播画面知识产权利益纠纷,权利人将面对的是一切存在网络背后极易被篡改、删除的电子数据，举证和证明证据证明力的难度可想而知，现有程序法并不能对网络直播画面知识产权利益提供特殊保护。

(二) 对网络直播画面知识产权立法保护模式的探索

通过对我国现有网络直播画面立法保护模式进行讨论可得知，目前《著作权法》《反不正当竞争法》以及《民法典》等现有规范性法律文件都具有一定的零散性，难以对网络直播画面背后巨大的产业利益提供全面的、系统性的保护，对现有网络直播画面的立法保护模式重新进行探索具有一定必要性。

针对网络直播画面立法保护模式的构想，需要做的是探寻利弊，找到一个最佳的解决路径。若以单独立法模式进行保护，其优点在于较强的针对性将为网络直播画面提供更加专门化的保护，立法能够充分考虑到不同类型网络直播画面的不同需求，并加以归纳，同时将会有效减轻现有司法适用过程不明确的现象，达到一个相对统一的状态；其弊端在于我国作为成文法国家，单独立法耗费时间长，程序烦琐且难度大，滞后性使得专门法律出台之后可能存在又不能满足当时网络直播知识产权利益保护的需求。《著作权法》修订模式与单独立法模式的优缺点恰恰相反，以修改法律条文的方式进行保护虽不能提供一个较为专业的保护，但在能够及时回应当下需要，迅速做出反应，并将法律条文具体化应用于实践当中。同时，单独立法模式并不意味着网络直播画面知识产权利益的保护在法律概念的明晰、法律条文的适用上不再存有障碍，仍然将会存有不可避免的语义理解上偏差，即使是出台后还需要一个漫长的不断完善的过程。

因此平衡以上两种保护模式，并结合现状，考虑到已有现行法律规范可以参考的立法保护模式以及与知识产权领域的《著作权法》最为契合，具体操作路径可定为：近期目标是将现有《著作权法》进行修订，远期目标是待时机成熟之时，在保持前瞻性、概括性、宽口径的基础上将网络直播画面、与网络直播画面同类的尚未出现的事物归为统一类型的新客体单独立法保护。

1. 近期目标：《著作权法》修订模式

技术进步给社会财富带来巨大进步的同时，也带来了新型立法领域的空白。网络直播领域立法迟滞，保护路径和司法裁判都不统一。最高人民法院于 2020 年 8 月发布《关于加强著作权和与著作权有关的权利保护的意见（征求意见稿）》第九条[①]中已经可以看到，政策已经向以体育赛事网络直播为主的网络直播画面受《著作权法》保护倾斜。此举合理性在于网络直播画面所涉及的知识产权利益，与著作权所保护的智力创造成果最为契合，现行《著作权法》目前可以解决网络直播画面所产生的知识产权纠纷的大部分问题，只是在法律过程当中存在一定不适用，例如有关于"作品独创性""合理使用"等制度的相关规定，通过修改《著作权法》的相关规定，出台相应的司法解释，完善具体细节，相信能够解决网络直播画面在知识产权利益保护中所存留的多种问题。具体应修订的相关内容将在后面进行讨论。

2. 长远目标：单独立法保护

网络直播画面涉及的是一个单一整体，体系宏大，为此可以仿照现有《信息网络传播权保护条例》的保护思路，将网络直播单列予以立法。此种解决思路在立法上具备一定的可行性，更具有针对性的立法能将知识产权利益集中于网络直播领域，保护著作权人应有权利，同时将实体法明文规定的各项制度与程序法上提供的各种救济加以串联，为网络直播画面提供明确指针，闭环保护。此外，科技时代技术更迭迅速，将来是否会出现与网络直播画面同类型的新的传播技术，并且涉及知识产权利益也未曾可知，故而单独立法保护要做到的不仅是对网络直播画面所涉及的知识产权利益进行保护，更是在保持法律的前瞻性的基础上

---

① 《关于加强著作权和与著作权有关的权利保护的意见（征求意见稿）》第九条："有效加强新兴领域的权利保护。适应互联网、人工智能、大数据等高新领域的技术发展，积极回应司法保护新需求，处理好著作权客体的相对封闭性不权利的相对开放性的关系，依法妥善审理体育赛事网络直播、网络游戏直播等相关的新类型案件，促进新兴业态规范发展。"

将可能出现的同类型客体单独立法保护。

结合目前实际情况,以网络直播为主要制定对象,在具体章节设定中,仿照《信息网络传播权保护条例》的保护思路,首先应当对立法目的予以明确,也即最终落脚点在网络直播产业保护之上,充分体现鼓励创造原则,有益于社会主义精神文明建设。其次,应为网络直播画面作品下定义,判断符合知识产权利益保护的作品范围,并根据不同直播特点对类型予以分类,并在后续法律条文的订立中充分考虑不同直播画面类型的不同特点,针对性地解决问题。可以分为体育赛事直播画面、网络游戏直播画面、综艺晚会直播画面、网络秀场直播画面,并设立兜底条款。再次,明确其有关的权利归属、合理使用以及利益分配问题。在利益平衡原则的指导下考虑网络直播主体所涉及的多方利益,特别是原版权人的利益考量。此外,应当对其侵权行为予以列明,可以采用"行为+列举式"的侵权保护模式,给网络直播画面侵权行为更完善、全面的保护。最后,还应对司法实践中存有的证据保存、举证责任分配等难题做出相关规定,破解诉讼难题。

二 明确我国网络直播画面知识产权立法保护指导原则

保护网络直播版权,促进新型网络直播产业发展,推进立法保护势在必行。在成文法滞后性的特点下,现行法律条文永远不可能涵盖所有行为模式,囊括所有新兴客体。为此设立立法保护指导原则的意义在于,将原则作为一种深层次、基础性、综合性、稳定性的原理和准则,回应法律滞后性带来的弊端,以此在立法保护过程中充分应对新客体、新情况的出现。结合知识产权立法的价值以及宗旨,以及如何回避路径等路径展开,应当将网络直播画面知识产权的立法保护指导原则确立为一个中心、两个坚持。一个中心,即要明确鼓励创造原则;两个坚持即坚持技术的中立性,坚持法律的确定性。

(一)明确鼓励创造原则

法律制度作为一种手段,其最终目的在于落实到社会实际当中并产生一定积极作用，而不是在设立与适用上产生应然与实然的差异，导致产业发展的停滞。网络直播画面立法推进的目的应将促进版权产业发展为重点作为最终目标，因此鼓励创造原则作为推进立法完善、促进产业发展的首要指导原则。《著作权法》虽未规定基本原则，但在总则编中第一条的相关规定便与鼓励创造原则暗合。因此，应当将鼓励创造原则予以指明，作为指导网络直播画面知识产权保护的基本原则。以鼓励创造原则为指导，在后续相关法律规定和司法解释中加以遵循。

鼓励创造原则集中表现在对作品认定的独创性问题上。具体而言，当直播作品的独创性不能认定时，其积极性将会降低，创作动力减弱不利于网络直播产业的发展。反之当其投入的智力成果得到肯定，积极性提高，则会产生巨大的产业利益。无论是站在立法人员角度还是审判人员角度，都应牢记鼓励创造原则，将独创性程度作为具体判断标准。同时，考虑到网络直播画面的创作者、传播者为画面的创作与传播投入了较大的资金与劳动，应对其合法权益提供有效保护。回归网络直播背后的产业利益，以作品的经济利益作为考量，对其保护多从肯定方面考虑以维护产业发展，以提升各方主体参与带动相关产业发展的积极性。

（二）坚持技术中立原则

近来讨论热烈的人工智能生成内容是否具有可版权性、依托大数据生成的数据库信息如何保护等问题均与科学技术发展有着密切关联，著作权客体范围的扩大、权利内容的增加离不开当下互联网科技的发展，新兴技术问题存在的疑难点同时加重了司法实践中的不确定性，需要法律及时给予回应。

技术与著作权之间发展的密切关系要求在加快立法修订进程的同时，还应当遵循技术中立原则。技术中立原则是在法律制度的制定和完善过程中，不把特定技术的理解作为法律规定的基础。这样法律制度的规定不要求或者限制特定技术，也不会阻碍技术的发展，有利于保持立法的稳定性。①

结合到网络直播行业当中，网络直播行业的迅速发展虽催生了网络直播画面，所产生的智力成果将会在著作权领域受到保护，但同时应明确的是，新的保护客体并不必然导致法律制度的改变，网络直播画面无论是作为新的作品客体，还是对权利内容要求的扩张，都应优先适用现有的法律制度予以保护，并通过法律适用与司法裁判等方式充分关注网络直播此项新技术，在法律规定的基础上进行司法解释，以通过法律适用解决新技术带来的挑战，如若现有法律制度并不能有效解决此种挑战时，才需要通过修改法律来解决相应问题。法律制度的修改应着眼于权利人的行为，而非技术本身。在关注技术进步的同时明确法律无法在每个新技术产生时就预先囊括所有情形并予以修订，这既不符合现实又不符合法律制度所要求的稳定性。

（三）坚持法律的确定性

知识产权作为垄断性权利，在对知识产权权利内容进行适用的过程中，权利内容必须通过法律明确规定，这是由知识产权法律制度的特点所决定。这就要求法律制度保持一种确定性。法律的确定性在于其规范性，指示人们可以做什么、禁止做什么以及必须做什么，提供一种具体且明确的行为模式。具体到网络直播画面的知识产权保护中，权利人的具体权利通过司法实践得到救济，因此在不断推动立法完善时，要考虑到网络直播画面权利人的主体、客体、内容都是相对明确的，才能最大程度上保证实践当中的同案同判，也即相同的法律事实，在适用统一法律文件的前提下，可以得到同样的解释与适用，相同或相似的案件可以得到相同或相似的判决。若在法律适用过程中其产生的结果不统一，网络直播画面的权利人对自己的行为没有合理预期，其在实践中难以明确自己的行为，不利于网络直播产业以及版权行业的发展。

除此之外，立法过程当中还需要保持法律的其他特性，如法律的合

---

① 参见郝明英《网络直播节目著作权保护研究》，硕士学位论文，中国政法大学，2020年。

理性与合法性，充分把握多方利益的平衡以保障网络直播产业的良好发展。

三 细化我国网络直播画面知识产权立法保护相关规定

（一）明确作品定义及条件

我国著作权保护的起点是作品①，网络直播画面受《著作权法》保护的起点同样应是作品。《著作权法》第三次修改中对作品的定义予以重新明确，也即凡是符合作品特征的其他智力成果均可以被认定为是作品，受《著作权法》保护。这实质上对网络直播画面享有著作权提出了更高要求。根据《著作权法》第三条可将作品的构成要件归纳为"独创性"及"能以一定形式表现"。但这些要件外延不甚明确，饱受学界和实务界诟病，为列举式之外的网络直播画面等新型保护客体是否具有可版权性遗留下诸多问题，为此应反复推敲作品的定义以适应时代更迭。

1. 将"智力成果"改为"智力表达"

将"智力成果"改为"智力表达"主要基于以下几个原因考虑：一是放眼知识产权领域，智力成果并不属于《著作权法》的专门保护客体，其定义指向并不存在唯一相对的关系，作品本身的定义便缺乏科学性和独创性，更加难以界定其具体标准。二是"智力表达"并没有打破"智力成果"对于独创性要求的限制，反而进一步明确了作品构成要件当中所要求的"独创性表达"的核心构成要件，也并未违反"思想表达二分法"的解百纳原则，化解《著作权法》本身不适。三是从应对新型权利客体涌现角度出发，在网络直播领域，直播画面作为"独创性的表达"成为作品是无可非议的，而网络直播画面若作为智力成果有时会达不到要求的标准，将作品表述改变成"智力表达"，化解《著作权法》本身的不适用，同时有助于网络直播画面成为作品获得著

---

① 参见李明德《论作品的定义》，《甘肃社会科学》2012年第4期。

作权保护。四是回归《著作权法》的基本原则和精神,以及从避免实务界指向不明、界定不清的角度出发,对"智力成果"概念进行更新都具有一定合理性。

2. 对独创性标准细化并进行综合认定

独创性标准作为"作品"认定的首要构成要件,意义至关重要。但目前我国在法律条文中仅提出"独创性"概念,但对独创性判断标准不甚明确。在权利客体不断产生的今天,多样化的网络直播类型更是使得"独创性"标准的确立雪上加霜,为此需结合域内域外立法及司法经验对独创性标准进一步明确。目前世界各国对独创性的要求大致可以分为两类,即版权法系和作者权法系。版权法系注重强调对作品的保护,判断标准较为宽松,容易导致作品质量参差不齐;作者权法系以作者人格表现作为核心,以抽象界定独创性要求,并辅以邻接权体系解决新型作品需要保护的难题。当前,对于两个法系中的独创性标准判断各国也在实践中取长补短,相互吸收各自宝贵经验。转换到我国网络直播领域,对网络直播画面而言,应理性把握各国对"独创性"的判断要求,考虑网络直播画面类型多样化的特色。不同类型的直播画面所要求的独创性程度存在差异,很难建立一个对所有网络直播类型普适性的独创性标准,但是,可以按照不同类型探索出一个最低限度的标准,即少量的创新和最低限度的独创性,[①] 以最大程度保障网络直播画面智力成果利益。同时,采取综合认定态度,即增加与独创性相关联的创作意图、个性、劳动及投资等因素,辅助性判断独创性有无。具体来说,在满足最低限度独创性标准基础上,在判断独创性步骤上,应首先判定创作意图,通过网络直播画面具体内容的构思判定其有无创作想法;其次,应将是否能够体现作者个性作为独创性界定的重要参考条件;最后,基于公平理念对创作意图明显、投入相应程度劳动和资金的最低独创性网络直播倾向给予保护。

---

① 参见姜颖《作品独创性判定标准的比较研究》,《知识产权》2004年第3期。

3. "可复制性"修改为"能以一定有形形式表现"的合理价值

第三次《著作权法》修改将作品的定义由"可复制性"转为"能以一定有形形式表现",具有一定合理价值,为新型权利客体可版权性提供可能。要求作品以有形形式复制展现,在电子化技术更迭的当下显然不具有合理意义。就网络直播画面而言,直播节目通过数据或信号方式进行传输转播,并不是有形物质。修订后,网络直播以数据或信号进行传播,生成的直播画面内容以有形形式呈现完美契合了"能以一定有形形式表现"这一定义要求,完全符合《著作权法》要求的"复制行为",也即表现为在有形载体上呈现作品内容。这一条件的改进也同时为其他新型客体可版权性奠定了一定基础。

(二)对作品类型予以完善

1. 作品类型完善的必要性

网络直播画面所涉及作品类型主要是视听作品,故在此仅就有关视听作品提出完善意见。

在第三次《著作权法》修订之前,网络直播画面性质同"电影作品和以类似摄制电影的方法创作的作品"(以下简称电影及类电作品)最为相似。但受到电影自身的复杂性以及我国研究不足等诸多因素的影响,电影作品以及类电作品在概念标准上本身就存在欠缺,受困于"电影摄制""介质"等概念,并未能将影视作品的本质在法律上抽象出具体概念。第三次《著作权法》用"视听作品"取代"电影及类电作品",在一定程度上解决了网络直播画面等成果分类的困境,即用范围更广的"制作"取代"摄制"这一限制性手段,用"感知"取代"一定介质",从而构建一个更大外延的作品概念,[①] 使得网络直播画面符合典型的视听作品要求,然而其并不是不存在争议。虽用"视听作品"这一全新的作品概念代替"电影作品以及类电作品",但并没有明确该作品类型的内涵与外延;反馈到实践中,视听作品的外延扩大到包

[①] 参见卢海君《论作品的原创性》,《法制与社会发展》2010年第2期。

含所有种类的网络直播也需要很长一段时间,目前很难立刻改变认可程度低的现状。这还需要立法及司法的逐渐完善。

2. 作品类型内涵与外延的完善

对于网络直播画面作品类型的争议主要来源于立法规定尚不明确,其问题也需要通过立法完善来解决。其解决思路主要有二:

一是明确规定视听作品定义。适当扩大对"固定"一词的外延。《著作权法〈修订草案送审稿〉》[1]给予视听作品的定义为"由一系列有伴音或者无伴音的连续画面组成,并且能够借助技术设备被感知的作品,包括电影、电视剧以及类似制作电影的方法创作的作品"。这事实上使得网络直播画面在纳入作品保护范围后,完全符合视听作品定义中"连续画面""能够借助技术设备被感知"的一系列要求,属于典型的视听作品。然而作为构成视听作品的特殊要求的"固定"一词,若想通过视听作品对网络直播画面给予更全面的保护,就应在立法过程中适当扩大其内涵,将"固定"扩张为包含"同步固定"。原因在于"固定"是视听作品创作完成的标志,但作品创作的完成既包括全部完成也包括部分完成,[2]将"固定"理解为"已经或同步固定"与作品完成时间的确定不发生冲突,同时"转换过程"与传播是同步进行的。因此,直播画面的形成过程除具有同步传播的特性以外,与其他视听作品的创作过程并无实质性差异。[3]

二是要明确视听作品的构成要件。《著作权法〈修订草案送审稿〉》虽给予视听作品的定义使得网络直播画面属于视听作品,但在实际修订后的《著作权法》当中并未对其定义以及构成要件给予明确规定。具

---

[1] 此处《著作权法(修订草案送审稿)》是指 2014 年 6 月 6 日,由国务院法制办公室决定将国家版权局报请国务院审议的《中华人民共和国著作权法(修订草案送审稿)》及其修订说明。

[2] 参见北京高级人民法院北京新浪互联信息服务有限公司诉北京天盈九州网络技术有限公司案民事再审判决书(2020)京民再 128 号。

[3] 参见何怀文、吉日木图《新〈著作权法〉视域下视听作品的界定》,《社会科学战线》2022 年第 5 期。

体路径操作如下:(1)明确视听作品的构成要件为"一系列连续活动画面",也即增加"活动"一词,对视听作品给予更全面准确的描述。(2)不应保留"摄制在一定介质上"等限制性的条件。科技发展水平如此之快,立法现有规定的制作手段、传播方式在被新技术代替是大势所趋,网络直播画面的受制于"摄制在一定介质上"已经是表现所在,成为争论焦点。法律的前瞻性要求不应让技术成为立法保护的阻碍。

(三)构建权利归属以及利益分配模式

在第三章中谈及在版权归属以及利益分配模式当中主要存有两点不足:一是版权利益的归属不明,二是实际获利分配存在不明。前者属于公法领域,需要立法予以规定;后者虽属于私法领域,同样需要立法予以指引,以构建一个完整的权利归属和利益分配框架。

1. 明确制片者与原版权人的版权归属

根据前文已经谈到的,网络直播画面在符合"独创性"的前提下可以将其归为视听作品予以保护,因此针对有关版权归属和利益分配的讨论也依此展开。作为视听作品的网站直播画面创作者,制片者在网络直播画面的创作之中意义非凡,占据重要地位。其版权归属争议主要来源于旧法未引入"视听作品"概念产生的一系列弊端。《著作权法》第十七条第二款以当事人约定为主,约定不明时由制作者享有的规制实际上使网络直播画面作为新作品类型下出现的新的版权争议归属问题也迎刃而解。

2. 明确制作者与原版权人的利益分配

立法应当充分将利益平衡原则与意思自治原则相结合,在明确保护原版权人的利益以激励创作的同时,明确利益分配属于双方当事人合意的范畴并加以引导。网络直播画面所产生的视听作品背后利润巨大,而制片者往往以一种强势姿态与著作权人进行谈判,因此有必要明确网络直播中使用著作权人作品获得报酬的权利,从而保证原版权人的创作积极性。此外,对于利益分配应否设置二次获酬权,其空间应留给当事人的意思自治,充分依靠当事人之间的合意。用法律予以规定难度较大,同时将会增加制作者负担，不利于网络直播行业的繁荣发展。

总之，对于版权归属以及利益分配的争议，在立法中应秉持公平原则，才能实现网络直播版权行业发展，也即媒体作为传播者和创作者，同时也是数字化网络传播的用户和受益者，媒体的制度需求既可能是获得通过内容产品盈利的制度保障，还可能主要在于建立媒体在公众认知中的形象，扩大影响力，版权制度革新更应当结合媒体融合本土需求，努力实现多维制度价值平衡。①

（四）细化合理使用制度

1. 合理使用制度适用的必要性

合理使用制度作为实践中判定网络直播行为是否侵犯他人权利的界限，既是对权利人权利享有的限制，又是促进网络直播行业产业发展的核心制度。网络直播画面探索合理使用制度的必要性主要在于以下两个方面：

一方面，从理论上来看，网络直播画面的合理使用制度存在立法的必要性。网络直播画面构成转化性使用。转化性使用是指通过对原作品的二次性的生产及利用，呈现出较原作品不同的方式，体现出不同于原作品的价值倾向。② 此种价值倾向注重的是二次的创作和应用，其对原作品的转化程度越高就越具有构成合理使用的可能性。将其纳入合理使用的构成要件之中，有效地保障了创造性活动的长效发展。针对网络直播画面而言，不管是体育赛事直播还是网络游戏画面，主要的盈利方式来源为进入直播间的观众对主播打赏或购卖商品，在利润来源获取方面并未竞争、影响到原著作权人收益来源。以网络游戏直播为例，通过主播的有趣解说、熟练的技术操作可以扩大原有作品的影响力，这种行为并没有损害原作品的合法权益。因此是具有构成合理使用的可能性的。

另一方面，从实践中，也即从产业利益出发来看，网络直播画面的

---

① 参见王迁、文棋《媒体融合中的版权困境与制度革新》，《编辑之友》2021年第5期。

② 参见孙爽《网络直播的著作权侵权问题研究》，硕士学位论文，山东大学，2018年。

合理使用符合立法鼓励产业发展的根本目的。合理使用设置的根本目的就在于保障公众对于社会智力成果的需要，促进文化的传播并推动产业发展。将合理使用制度运用到网络直播行业当中，可以打破开发商、运营商、主办方可能带来的垄断性限制。充分发挥合理使用制度在打破市场垄断，促进中小型直播特别是个人主播的发展等方面的积极作用，从而推动网络直播整体产业的发展。

2. 对合理使用制度予以细化

目前，《著作权法》修改前，合理使用制度面临的更多弊端来自封闭式列举的规定，它逐渐演进为网络直播行业等新兴产业发展的阻碍。现行《著作权法》虽将合理使用制度转为开放式的模式，增加了"其他情形"的规定，但问题在于并未对其他情形的具体判断标准进行量化，仅明确了基本判断标准，即"不得影响作品的正常使用，不得不合理地损害著作权人的合法利益"，这将面临权利人权利边界无法确定，且法院自由裁量权过大的新问题。[1] 为此，应在立法过程中有限度地推行开放式合理使用模式，尽可能详细地对合理使用制度所规定的正常使用和合法利益标准在立法中予以细化。

对于合理使用问题的认定，其法定构成要件为：合理使用限于需要与作品的正常利用不相冲突；未不合理地损害权利人合法权益。针对以上现有判断标准，应结合网络直播画面的特点给予细化，具体思考如下：

（1）针对正常使用，应当是在网络直播中，不论是何种形式的直播，例如转播、录播、回放等，都不能影响到原作品的正常使用和经济利益，保障原作品利益享有；

（2）针对合法利益，应明确其利益不应当仅存在现有的利益之争，还应当包含着潜在市场拥有的价值，也即在网络直播中对作品进行适用时，不能影响原著作权人权益，此点在实践当中最直观的反映可以依靠

---

[1] 参见王小夏、顾晨昊《网络游戏直播画面的著作权问题》，《中国出版》2017年第23期。

是否影响到原著作权人的许可使用费予以判断明确;

(3) 针对法定情形之外的符合合理使用的其他情形。受《著作权法》修改的影响,合理使用判断由"法定"转为"开放",对其判断标准可以参考最高人民法院对于美国《版权法》第107条[①]的借鉴,即考虑作品使用行为的性质和目的、被使用作品的性质、被使用部分的数量和质量、使用对作品潜在市场或价值的影响等因素[②]。

(五) 重构广播权与信息网络传播权

1. 权利重构的必要性

受前面提到的技术中立原则的指导,在立法过程当中应当明确的是,网络直播行为是否构成侵权是由其损害后果所决定的,而不是由其在侵权过程当中所使用的技术方法所决定。因此第三章中所讨论到的广播权和信息网络传播权的不适性,无论是"交互式传播"还是"非交互式传播",是"有线"还是"无线",都不能够成为网络直播权利享有的阻碍。抛开技术中立原则,从文义解释上,信息网络传播权和广播权也不能调整网络直播画面。最明显的不适在于网络直播画面属于一种"非交互式传播方式",对其播放的时间、播放的内容等都早已预先设定,是一种定时播放,而信息网络传播权规制对象为"交互式传播"。同时,相较于广播权,网络直播通过线路直接传播作品与有线二次传播、已经被广播的作品的传播方式截然不同。因此,应对广播权和信息网络传播权进行重构,探索"向公众传播权"权利的建设。

2. 广播权与信息网络传播权重构

重构广播权与信息网络传播权的总体思路可以采用"总分"的模式对广播权和信息网络传播权进行重构,也即总体设立一个传播权,同

---

① 美国《版权法》第107条规定,在任一具体案件中判断对作品的使用是否属于合理使用时,应予考虑的因素包括:(1) 使用的目的与特性,包括该使用是否具有商业性质还是为了非营利的教学目的;(2) 该版权作品的性质;(3) 所使用的部分的质与量与版权作品作为一个整体的关系;以及 (4) 该使用对版权作品之潜在市场或价值所产生的影响。

② 参见《关于充分发挥知识产权审判职能作用推动社会主义文化大发展大繁荣和促进经济自主协调发展若干问题的意见》第八条。

时保留广播权和信息网络传播权作为子权利。①

一是保持原有权利框架不变，也即不删除现存广播权和信息网络传播权。这主要是因为信息网络传播权和广播权在法律制度中已经处于成熟地位，在我国现行著作权法保护体系下，已经出台了如《信息网络传播权保护条例》等多部相关法律法规和配套的单行条例，直接将权利废除在实践中将会产生更多问题，不符合经济规律，因此应当将这两项权利予以保留。

二是设立向公众传播权。设立向公众传播权在我国有立法依据及具备可行性。我国是世界知识产权组织版权条约（WCT）的成员国，WCT规定了相对丰富的向公众传播权概念，可以为我国立法调整网络著作权提供一定参考。该条约具体规定打破了《伯尔尼公约》对于权利的分散式方式规定，将权利由繁化简。这种简单明了的立法方式，降低了司法适用中当事人和法官进行判断与选择的成本，更有利于促进法律的适用。② 在网络著作权保护领域设置这一大框架权利，有利于在保证技术中立原则下保持开放性和灵活性。

具体来说，向公众传播权的具体界定要件可以包含：（1）向"公众"传播，"公众"一词指多数不确定人在接受传播时间和地点上不受限制。（2）向公众"传播"行为，指向不在传播发生地的公众进行传输，是非物理空间意义上的传播作品的行为。

四 典型化视角下我国网络直播画面知识产权立法保护的完善

"法律的生命在于经验，而非逻辑"③，面对网络直播领域的快速发展，其立法态度应当为积极并审慎地应对，而非消极地回避。网络直播最直观的特色在于直播内容丰富多样，其根据直播画面所传输的内容不同可以将其类型化，分为体育赛事直播、网络游戏直播、综艺节目直播

---

① 参见孙爽《网络直播的著作权侵权问题研究》，硕士学位论文，山东大学，2018年。
② 参见郝明英《网络直播节目著作权保护研究》，硕士学位论文，中国政法大学，2020年。
③ ［美］本杰明·卡多佐：《司法过程的性质》，苏力译，商务印书馆2005年版，第17页。

以及网络秀场直播。依据直播内容不同展开的分类，由于其不同画面内容的类型展示所涉及的利益有所偏重，有必要对其典型化问题在总体立法保护框架下给出不同的保护方式，从而实现一般保护方法完善与特殊保护方法完善的结合。由于法律滞后性的现实阻碍，网络直播内容种类难免扩张，立法也难以及时预见并对各种情形规定得面面俱到，故在此只简略提供不同直播画面立法保护思路的相关要点。

（一）体育赛事直播画面的保护要点

体育产业作为新的经济增长点，在直播领域所面临的主要问题为盗播行为频发引发的危及体育产业利益的现象。因此体育赛事直播画面的主要症结点在于如何有效地控制网络实时转播行为，也即对请求权予以明确。

在具体制度设计上的保护方法主要有两个路径，路径一是考虑著作权，路径二是考虑广播组织权。若想通过著作权的完善予以保护则需要明确作品类型分类，用现行《著作权法》当中规定的"视听作品"和"符合作品特征的其他智力成果"在保护体育赛事直播画面上都具有可行性。主要应当考虑的是独创性高低构建的问题，立法除了应完善不同作品分类的具体细节，还应当特别对独创性高低予以区分，不应让独创性争议成为保护体育赛事直播节目的阻碍。若想通过广播组织权对体育赛事直播节目予以保护，则需要如上文中阐述的一样对广播组织权中的"转播权"和"信息网络传播权"做适当的扩大解释，开辟"向公众传播权"权利的构建，从而将"实时"传播行为与"固定"要求予以克服。

（二）网络游戏直播画面的保护要点

网络游戏直播画面保护面临的困境的主要来源在于游戏直播的游戏种类使得游戏玩家的自由发挥空间不确定。高自由度的游戏规则简单，玩法多样，玩家发挥空间大，独创性程度也就高，反之则独创程度就小。但对网络游戏直播的作品认定不仅考虑发挥空间这一种因素对独创性的影响，有学者将网络游戏直播画面分为被预先置入的游戏素材、游戏玩家的智力投入、游戏玩家添加的个性内容和玩家—观众互动四个部分。① 在此基础上，游戏玩家在游戏中的投入都会在不同程度上影响到作品及其类型的认定、著作权归属等问题。因此，立法的解决思路应当明确的是将个性表达空间和玩家是否实施了创作行为作为标准予以判断，同时并明确著作权归属问题。具体可以分为：游戏有个性表达空间，玩家有具体创作的行为；游戏有个性表达空间，玩家无具体创作的行为；游戏无个性表达空间，玩家无具体创作行为。

除此之外，网络游戏直播画面应当解决的另一个重要问题在于对权利使用限制也即合理使用制度的构建。从著作权法的原理和电子竞技行业的产业发展角度考虑，应当将在电子竞技直播中使用游戏开发商影视作品画面的行为认定为合理使用。这点是基于游戏画面直播的特点考虑，游戏画面的直播通常不是为了单纯地再现画面本身的美感或所表达的思想感情，而是展示特定用户的游戏技巧和战果，因此具有转换性。② 同时此种使用行为难以形成市场替代，又能对游戏进行一定的推广宣传，故而可以构成合理使用。

（三）综艺节目直播画面的保护要点

综艺节目直播所涉及的最大问题在于其直播画面是由若干个分作品所组成的，综艺节目直播画面能否构成一个整体作品进行统一规制已成为热点讨论话题。其不仅涉及作品的认定、著作权的归属，最终还将涉及实际利益分配。

考虑综艺节目直播其存在的性质和目的，以及直播者对综艺节目顺序的整体编排、舞台布置，综艺节目直播画面都应当被认定为一整个作品予以保护。以春晚为例，若不将春晚作为一个整体意义上的作品，那么便有违常理，不符合观众眼中把春晚看作"一台戏"，没有刻意切割为若干作品的现实，每一个分作品虽为春晚整体内涵服务，也包含着其

---

① 参见陈宣亦《论网络游戏直播画面的著作权法定性及权利归属》，《现代商贸工业》2020年第6期。

② 参见王迁《电子游戏直播的著作权问题研究》，《电子知识产权》2016年第2期。

独特的想要表达的内容,不符合合作作品认定。对此,应通过立法加快对综艺节目的整体认定,实现统一保护。针对其纠纷最大的利益分配问题,应当将大部分事实上由多人共同创作的作品拟制为法人作品。将著作权归为单个主体享有,以降低交易成本,促进作品的传播与利用,满足社会福利之需,① 尽可能减少权利人之间相互掣肘,阻滞权利行使。

(四) 网络秀场直播画面的保护要点

网络秀场直播在直播内容上并非一种简单性质的复制,而是从新的角度更新原作品,是对原音乐、舞蹈作品的"翻唱"和"改编",此外,在直播画面设计上并非止步于传统的听觉,而是向更高的视听结合层面发展,给人们以感官的冲击,因此具有一定的可讨论度。网络秀场直播领域存在的主要问题在于对原作品的使用存在争议。原则上,原作品改编都需征得原作者同意及许可,但直播过程当中,由于主播的自主性、信息传播的隐蔽与飞速,以传统版权模式对网络秀场直播画面进行保护存在一定不适。

若想达到一种理想状态,应当结合我国《著作权法实施条例》第十九条关于"使用他人作品的,应当指明作者姓名、作品名称"的规定,可对网络秀场直播作品的演绎许可权进行变通性预设规制。② 也即在立法中探索"表明原作品来源,明示原作品署名"的方式,保证原作品和网络秀场直播作品使用与价值之间的利益平衡。

除此之外,既然涉及原作品,自然同样涉及对原作品的合理使用问题。此种与网络游戏直播画面法定限制合理使用不同,改编行为属于一种商业性质的侵权性演绎行为,立法应从保护创作者积极性的角度出发,保护原作品的版权利益,对网络秀场直播画面使用他人作品的行为予以一定规范和限制。

---

① 参见刘春田、熊文聪《著作权抑或邻接权——综艺晚会网络直播版权的法理探析》,《电视研究》2010 年第 4 期。

② 参见张玉蕗《网络秀场直播的版权保护与规制》,《传播与版权》2017 年第 7 期。

|第六章| 我国网络直播画面知识产权保护的完善

第二节　我国网络直播画面知识产权司法保护的完善

一　明确网络直播知识产权司法保护的基本原则

（一）坚持公正高效原则

以公正高效作为原则审理各类知识产权案件，是我国知识产权司法保护的基本遵循。在立法缺失的网络直播领域具体包含着以下两个方面：

第一，要确保网络直播类知识产权案件审理的公正。司法案件首先要保障公正，避免对当事人不公；如果司法的公正性与权威性失之偏颇的话，将不利于经济产业发展，对社会造成不良影响。在知识产权司法保护中，强调对公正司法的重要性是首要任务。在网络直播类知识产权司法保护中，法官的自由裁量权是影响司法公正的重要因素，知识产权类案件相较于一般的民事案件来说更加复杂，案件审理难度高，法官专业水平参差不齐，审理案件常受审限干扰，同时网络直播属于新兴领域，甚至与当事人存在利益关联关系，这些因素都将影响到网络直播画面知识产权侵权案件的审理。如何有效实现公正呢？在司法实践中要求落实"同案同判"，尽最大可能减少偏颇，除了完善相关法律外，还需加强知识产权审理人员的思想政治教育，使公正理念深入每一位法官承办的每一个案件当中，并通过细化和改革相关审判流程，引入技术支持提供制度支撑，提高知识产权法官的政治素养和专业素养。

第二，要确保网络直播类知识产权案件审理的效率。网络直播行业发展日新月异，过长的审理期限不仅使当事人维权积极性降低，对网络直播产业而言其所获得的有益价值也不断贬值。司法保护最理想的状态在于能够达到实体公正和程序公正的有效统一。为此，不仅是网络直播类画面的知识产权司法保护，所有的知识产权保护案件都应避免现实中的循环诉讼。具体来说，要推进案件的繁简分流，简化审理程序，同时总结司法经验并将其运用到实践当中。按照网络直播画面知识产权侵权所产生的损害后果大小、被侵犯著作权作品的影响范围等诸多因素，确定案件处理的难易程度，分类解决。除简化流程之外，还可以引入人工智能等技术缩短庭审时间和办案时间，同时为司法机关工作人员减负。在控制司法成本、保证数据安全的情况下，平衡司法效益，通过智能纠错、庭审语录同步转录、电子卷宗分析等方式将其应用于司法场景之中，进一步提高司法效率。

（二）回归利益平衡原则

1. 利益平衡原则的必要性

在面对网络直播所涉及的知识产权案件需要予以保护，但法律规定不明的现实情况下，应将利益平衡原则作为统一法律适用的突破口。利益平衡原则的要求在于以平衡为价值准则，结合不同法律主体之间的利益关系和要求进行分析、判断、比较，在对整体取舍的情况下达到各方利益的平衡。法律层面上的利益平衡是指经由法律权威对各方的冲突进行调和，各方利益在共存兼容的基础之上达到合理的优化状态。[①] 落实到司法实践当中对网络直播予以保护，主要是为了破解现行法律规范的空白，平衡现有利益，引导法官做出统一判决，增强司法结论的权威性和正当性。

2. 利益平衡原则在司法保护中的具体应用

首先，从时间维度上，应始终发挥利益平衡原则在法律适用中的具体应用。在保有《著作权法》鼓励创作的基本精神之下着重关注合理使用制度。合理使用制度是判断侵权与不侵权的边界，法院审判时需时刻铭记需要对著作权人权利给予一定限制，调整网络直播公众对文化创作产品的需要和著作权人之间的利益平衡，以实现网络直播行业的长远有序发展。

其次，从空间维度上，明确利益平衡原则所运用的过程应体现在司法保护的全过程中。在案件前期法院调解、中期法庭审理以及后期法官

[①] 参见陶鑫良、袁真富《知识产权法总论》，知识产权出版社2005年版，第17—18页。

|第六章| 我国网络直播画面知识产权保护的完善

的裁判论证中,都应当充分发挥其作用,以期给立法缺失的网络直播类知识产权案件提供更完整的保护链条。对网络直播画面的知识产权案件,应与普通类知识产权等民事案件保持统一思路,发挥调解制度作为优先补充性质的衡平司法方法。但同时应明确不能在调解过程当中忽视法律、规避法条造成利益偏颇,否则将不利于网络直播产业的发展;在法院审理案件过程中,秉持衡平司法易导致司法主观主义过度强化,从而使裁判结果主观随意性增强,导致判决标准不一。为防止此项情况发生,指导性案例公布对于明确网络直播知识产权相关案件的审判标准、方法及规则,约束主观随意性与自由裁量权具有重要意义。

最后,在法律规定完善的情况下,应避免过度借助利益平衡原则突破法律限制的情况的发生。针对与网络直播画面有关的知识产权案件,利益平衡原则的适用应在符合法律规定的前提下,符合应有的常识,坚持知识产权创造价值,审慎应用利益平衡原则又能保证技术创新,避免降低利益平衡原则的真正价值。

二 建立明确统一的网络直播画面知识产权裁判标准体系

网络直播画面知识产权司法保护最终的落脚点体现于纠纷的实际解决之中,也即司法审判的判决之中。司法审判困难的解决首先需要完善的立法制度予以保障,此点已在上一节当中予以讨论。除了完善法律制度,在适用法律过程当中还需要建立一个明确统一的裁判标准体系,以最佳适用法律对网络直播画面实现完整保护。因此在审判前,需要引导和推进司法政策、司法解释以及案例指导制度的进行;审判过程中,需要将影响案件结果幅度最大的举证责任予以明确;在具体的判决中,可以引入比例原则对侵权损害赔偿制度的标准予以指导,以此在司法审判的全过程当中为网络直播画面提供统一又明确的保护。

(一)推进司法政策、司法解释、案例指导同步进行

立法的滞后性使得立法范围本身就无法涵盖到社会生活的方方面面,法律规则也只是提供一定相对具体化的原理和准则。除尽可能地完

善相关法律规定之外，还需加强司法方面建设，以形成一个统一又明确的网络直播画面知识产权裁判标准体系，为此需要司法政策、司法解释以及案例指导同步进行，正确理解和适用法律以期为新技术下的网络知识产权提供更统一的保护，实现同案同判。同时，在司法政策的引领下适时制定相关司法解释，统一裁判标准和尺度，同时要加强案例指导制度，汲取相关有益判例经验弥补现行法规规范的不足，达到统一法律适用的目的。

为此其具体路径构建主要在于：一是要推进司法解释修订以及完善工作，加强对与网络直播有关的知识产权前沿法律适用问题的调研，克服现行法律规范不足带来的缺陷。通过开展统一学习教育工作，明确裁判标准以发挥司法解释的最大效用。同时，在《著作权法》的解释上应当确保回归立法本意，在探求《著作权法》本意的基础上认识到技术发展下网络著作权的保护和解释应当有符合《著作权法》立法本意的适用方案；[1] 二是要构建案例指导的引导、研究、应用机制。2010年11月26日，最高人民法院颁布了《关于案例指导工作的规定》，其标志着案例指导制度在我国正式成立，[2] 有学者认为"案例指导制度是中外法治潮流的借鉴与融汇，是历史传统的延续与发展，是立法现状的调试与应对，是司法现状的回应与纠偏"。[3] 具体来说应加大公示、宣传、普及力度，优化法院质效工作考核激励办法和差错惩罚机制，提高各地法官应用指导性案例的自觉性、主动性和积极性；发挥知识产权法院专业优势的作用，从而为相关判例建立可操作性强、规范化、要点式的应用规则或审判工作指引；[4] 此外，充分利用法官会议平台作用，增强法

---

[1] 参见冯晓青、刘政操《技术创新视野下网络著作权保护的困境及其破解》，《湖南师范大学社会科学学报》2021年第6期。
[2] 参见陈兴良《案例指导制度的法理考察》，《法制与社会发展》2012年第3期。
[3] 四川省高级人民法院、四川大学联合课题组、陈明国、左卫民：《中国特色案例指导制度的发展与完善》，《中国法学》2013年第3期。
[4] 参见汪美芳《论体育赛事网络直播权益的法律保护》，《江西社会科学》2020年第11期。

官对于网络直播画面相关案例研究的知识储备,借助群力,以此实现"类案类判"。

(二)完善诉讼证据规则,合理分配举证责任

网络环境的发展为侵权行为的产生提供了更多可能性,知识产权侵权类案件急剧增加。与此同时带来的是侵权责任的认定困难以及取证困难的问题。取证举证规则对网络直播画面所产生的诉讼结果有着巨大影响,为此应完善诉讼证据规制,合理分配举证责任。

1. 充分考虑保护客体自身特性

知识产权诉讼证据规则的构建应首先遵循一般的诉讼证据规则,将一般诉讼证据规则作为指导和制约准则。网络直播领域内的知识产权诉讼,具有知识产权本身自带的无形性、时间性、地域性等特点,同时还存在网络直播自身难发现、技术性强、侵权高发的特点,为此若想为网络直播知识产权在诉讼当中提供更具有针对性的保护,应结合其自身特点合理分配举证责任,并构建特有的诉讼证据规制。例如,在网络直播类知识产权侵权诉讼中应特别注重对电子证据规则的构建。被侵权人对强隐蔽性、高复杂性、不可还原性的电子证据收集难度较大。直播环境下直播回放功能启用具有一定的自主性,同时直播画面不可返回,在深度伪造技术发展的当下,被侵权人自行收集的证据还会在庭审中面临对方当事人的质疑,难以保障证据的证明能力,增加了证据鉴定环节,拉长了诉讼流程,为此应当着重于对电子证据公证制度的构建,加强公证技术研发,创新公证模式。

2. 完善举证责任机制

举证责任分为"一般规则"和"特殊规制"。一般规则即"谁主张、谁举证"的举证责任,特殊规制即举证责任倒置。举证责任的分配实质将影响案件的最终结果,目前我国仅有八种举证责任倒置案件,网络著作权领域并不在此列。弱势主体在"谁主张、谁举证"的责任规制下,举证难度责任重大,承受着成本及其收益承担能力不平衡的风险。因此应完善举证责任机制,合理分配举证责任。首先,应明确举证

责任细化所应遵守的基本原则。在对与网络领域有关举证责任标准进行细化时应充分遵循利益平衡。大型企业和个体用户都有可能面临侵权，取证难度对不同主体来说差异较大，为此在遵循举证责任规制时，应充分考虑并立足于不同主体，对证据获取、收集、保留的难易程度，给予更完善、合理的保护。其次，应当援引举证责任后置制度，由对社会资源掌控较多的网络直播主体承担举证责任，从而加大对被侵权人的救济力度，体现公平原则。此外，同时也应设置一定免责事由，若网络服务提供者有证据证明自己已经尽到了审查义务则不必承担连带责任。

3. 完善证据收集及保全措施

网络环境下，证据极易被更改、缺失，为此应特别注重证据的留存以及保全。网络直播画面以技术为依托，对证据收集和保全也应当用技术解决。由于网络直播画面涉及证据主要为电子证据，因此在此将着重探索电子证据的收集以及保全。一是采取多种方式并行增强电子证据的证明力，引入录音录像方式等方式截留电子证据；二是引入技术规制，加强网络公证技术的研发。目前，电子证据公证形式仍然属于传统模式，尚未突破传统公证的性质、业务框架和流程。[①] 有必要创新公证模式给予更完善的保护。

(三) 搭建以比例原则为导向的侵权损害赔偿制度

1. 比例原则在侵权损害赔偿制度中的必要性

比例原则又被称为"损害最小原则"，具体可以细分为适当性、必要性、最小损害三个层次内涵。作为行政法领域的基本原则，其在知识产权损害赔偿纠纷所发挥的核心功能主要显现为"如何通过司法定价的径路确定合理的损害赔偿金，以匹配知识产权的市场价值"。[②] 换言之，在知识产权领域，比例原则适配性主要在于通过调整司法裁判过程中的自由裁量权，以完善知识产权损害赔偿制度，最终实现知识产权的产业价值，它是利益平衡原则的另一种侧面表达。网络直播画面的知识

[①] 参见刘品新《电子取证的法律规制》，中国法制出版社2010年版，第275页。
[②] 参见董凡《知识产权损害赔偿制度研究》，博士学位论文，华南理工大学，2019年。

产权侵权案件受多种因素影响，损害认定标准缺乏，法官实际拥有的自由裁量权过大，导致在裁定网络直播画面侵权损害赔偿结果时对著作权人权利保障存有纰漏，缺乏社会信服力，甚至部分出现轻责重罚、重责轻罚的现象，严重影响当事人的积极性。将比例原则作为侵权损害赔偿的突破口，进而在一定程度上拨回法官自由裁量权的偏离，将对网络直播以及相关产业的发展大有裨益。

2. 加强比例原则在侵权损害赔偿制度中的具体应用

实际上，比例原则在我国知识产权领域当中已有所体现，作品的独创性程度越高、发明的创造性程度越高以及商标的声誉越高，其就应当获得更高的保护。比例原则在知识产权损害赔偿制度的适用过程当中，其判断重点应主要集中于判决结果（最终确定的损害赔偿金）是否公允，凝练而成的裁判理由是否正当，避免司法裁判权过度干预或侵害当事人的利益，实现比例原则保障公民财产权益与实质正义理念。① 一般来说，我国对于知识产权侵权损害赔偿金的判断主要包含权利人实际损失、侵权人所获收益、许可使用费的合理倍数、法定赔偿额，以及以前三种赔偿金为基数而新设立的惩罚性赔偿。但此类赔偿在实践中更倾向于将举证证据作为判断标准，在举证本身存在困难的网络直播画面的侵权保护领域，在侵权损害赔偿方面完善网络直播画面的保护就应当将对比例原则的运用凝聚于规制法官自由裁量权之上。

具体来说，一方面，在相关司法解释当中应当明确各赔偿的判断标准，特别是个案中运用较多的法定赔偿的"酌情裁量"的判断标准。比如对于将网络直播画面中根据独创性的程度不同能否达成作品标准的程度予以划分，再进行赔偿。同时在赔偿过程当中不只考虑"侵权人的侵权代价与其主观恶性和行为危害性相适应"，还应当对侵权作品在原作品当中所占的篇幅比例等因素予以考量，确定个案的具体数额，实现统一标准，同案同罚，罪责相当，体现狭义的损害最小原则。另一方

---

① 参见和佳佳《论比例原则对民事裁判的影响——基于对我国相关民事判决书的分析》，《研究生法学》2017年第2期。

面，要充分发挥指导性案例的指引作用，从而加强比例原则适用。法官应在判决书当中对各项裁量予以说明，阐明比例原则的具体应用，从而消除各主体间的矛盾，平衡法益。比例原则在损害赔偿领域的应用是对网络直播画面在侵权纠纷领域成果价值的实质转化和细化应用，将此原则作为支撑自由裁量权的依据，有利于在立法缺失的现状下更好平衡多方利益，推动网络直播领域产业发展。

三 探索与协调网络直播知识产权多元化纠纷解决机制

（一）构建网络直播画面知识产权多元化纠纷解决机制

《中国知识产权司法保护纲要（2016—2020）》[①]中指出："要推动建立知识产权多元化纠纷解决机制。有效发挥仲裁和其他纠纷解决方式在知识产权纠纷解决中的积极作用，鼓励当事人通过非诉讼方式化解纠纷。"网络直播画面知识产权所产生的侵权问题纠纷，和普通知识产权案件并无异处，应当在面对新兴冲突时采用多元化的纠纷解决方式，化解司法压力，发挥各多元化纠纷解决方式的特色和优势，保障实践发展。知识产权纠纷化解的方式主要有当事人自行和解、调解、仲裁以及诉讼强制性解决。由于涉及网络直播的知识产权案件的复杂程度和难度比较高，涉及的诉讼标的额往往较大，当事人采取自行和解的方式概率较小，因此在实践中应着重构建以司法诉讼为主的纠纷解决模式，并逐渐引导纠纷解决向调解和仲裁制度方向转变。

1. 充分发挥调解作为纠纷解决首要环节作用

调解制度是解决法律纠纷的重要手段，手段较为温和，双方当事人的预期也比较高。应充分采取调解手段化解网络直播纠纷，应以司法保护为主导，在案件审理当中建立科学的调解机制，创新多种调解手段化解纠纷，以应对网络直播领域存在的复杂现状，缓解司法审理中面临的各类问题。

[①] 最高人民法院于2017年公布《中国知识产权司法保护纲要（2016—2020）》。

在发挥知识产权司法保护主导角色解决网络直播类案件的同时，鉴于知识产权案件专业性强的特点也可以借鉴医疗纠纷第三方调解的成功经验成立第三方调解组织开展诉讼外调解。[①]

2. 推动仲裁制度应用向网络直播侵权诉讼扩展

与其他手段相比，仲裁手段有着解决知识产权纠纷独特的优势，特别是仲裁采用专家裁断案件，裁决一锤定音，在解决知识产权纠纷方面体现出高效性和权威性。当前我国多个地区都成立了知识产权仲裁院，希冀通过仲裁手段解决纠纷，但受制于普及度较低的特点并没有得到双方当事人的普遍理解和认同。为此，应对网络直播画面的知识产权纠纷，知识产权法律知识的普及和宣传教育是必由之路，通过推动仲裁制度成为纠纷解决途径，减缓司法压力。

3. 保障诉讼作为解决纠纷最后一环

用诉讼手段解决网络直播知识产权纠纷，是最基础、最常见的一种解决方式。主要包括民事诉讼、行政诉讼和刑事诉讼三种。网络直播画面的知识产权侵权纠纷案件主要为民事和行政案件诉讼，刑事诉讼案件数量少。对诉讼领域应当完善部分的讨论，在前已做多方探讨，在此便不再赘述。

（二）协调网络直播画面知识产权司法保护衔接机制

网络直播知识产权司法保护以诉讼保护为主，非诉讼保护为辅，但行政执法同样在纠纷化解中发挥着必不可少的作用。知识产权行政执法和司法保护两种保护方式是我国知识产权纠纷解决保护的"双轨制"保护现状。如何衔接好执法保护与司法保护之间的空白，达成契合，对协调网络直播画面知识产权纠纷解决机制具有一定的必要性。

一方面，应当建立健全司法保护和行政保护衔接机制。通过立法以及司法解释方式等理顺网络环境下的网络直播画面知识产权案件的管辖权纠纷难题，统一司法保护和行政保护管辖地点，并完善行政执法证据

[①] 参见赵春兰《网络发展与知识产权司法保护机制的完善》，《学术交流》2011年第4期。

向司法诉讼证据方面移送环节，用以破解直播领域取证难度难题，提高诉讼中案件证据的证明力，化解诉讼难题。

另一方面，还应当建立司法与执法保护的统一标准，使纠纷解决统一化，以此充分发挥司法保护和行政保护各自优势，最大限度满足对网络直播侵权问题的认定。通过各种司法政策建设，设立与认定网络直播画面存在侵权行为的统一标准，在相同或相类似的侵权案件中，可以将司法保护的认定作为行政执法中的有力佐证以推动执法部门给予更加专业的保护。

四　建设高素质专业化知识产权审判队伍

法律适用难度大对法官的专业化水平提出了更高要求。不断提升自身专业素养是知识产权法官的安身立命所在。网络直播类知识产权侵权案件属于新型知识产权案件，案件复杂程度高，审判难度大，涉及产业众多，这要求知识产权法官不断学习提高自身素质。

一方面，知识产权法官应当立足实际。一是要关注国家战略发展规划，我国的知识产权审判业务直接服务于国家经济社会的发展和创新驱动发展战略、国家知识产权战略的实施。除了法律的基本规定，一定时期的知识产权政策对于正确的适用法律，也有重要作用。[①] 二是要在审理网络直播案件的过程中，回归《著作权法》本意，回归网络直播的产业本意，将知识产权自身特性、网络直播的产业特性，以及社会预期影响考虑在内，充分论述判决的合理性和正当性，以期给公众一个更明确的指引，推动网络直播产业的发展。

另一方面，应当构建"学者型法官"的职业发展。学者型法官的职业发展道路能将知识产权实践和理论顺利衔接，在出版发表各种成果提高自身专业素质的同时，也有利于提高我国知识产权学术研究水平，促进知识产权学术交流。目前，已有一些优秀的知识产权法官将在审理

[①] 参见冯晓青《知识产权法律制度反思与完善——法理·立法·司法》，知识产权出版社2021年版，第406页。

网络直播画面侵权纠纷案件时面临的各种实践问题作为其研究方向发表论文，做出了表率。

第三节　我国网络直播画面知识产权执法保护的完善

一　加强网络直播画面执法知识产权保护的立法体系化建设

执法保护缺位的现实是在执法方面是法律不完善不健全造成的。若想开辟执法领域对网络直播画的保护，为此有必要首先对执法领域开展立法体系化建设。

（一）网络直播画面执法保护中立法体系化建设的必要性

目前，有两种对网络直播画面进行保护的方式：一是采用现行规范性文件对网络直播画面予以保护，例如，《互联网视听节目服务管理规定》（以下简称《视听节目规定》）、《互联网直播服务管理规定》（以下简称《直播管理规定》）、《互联网等信息网络传播视听节目管理办法》（以下简称《网信管理办法》）、《互联网文化管理暂行规定》（以下简称《网络文化管理规定》）、《中国互联网行业自律公约》（以下简称《互联网自律公约》）等。二是采用实体法的方式对网络直播画面予以保护，最普遍常见的为《著作权法》《反不正当竞争法》以及《民法典》等对网络直播画面权利人权利予以保护。此两种保护模式的划分相辅相成，相互配合，但由于我国目前尚未出台一部专门针对网络直播画面的专门管理规范，以及配备完善机制、人员，这实际上使得前者并不能发挥实际作用，网络直播画面执法保护手段效力被架空，对案件的处理多采取参考《著作权法》《反不正当竞争法》等相关民事实体法的救济路径，无论是行政抑或是司法资源都被浪费，保护效率大打折扣。归根到底主要原因在于上层制度建设不完善，也即缺乏专门管理规范，因此有必要对网络直播画面执法保护进行立法体系化建设，指导实际操作，真正发挥执法手段在网络直播画面保护中的作用。

在行政执法保护中，涉及知识产权利益的执法保护立法多依据

《行政处罚法》展开，行政机关对于侵犯他人著作权的行为采取警告、责令停止、没收违法所得以及罚款的方式进行惩戒，但此类行政处罚行为尚且针对的是传统著作权领域，并不能应对当下对网络直播著作权处罚的需要。在行政规章上，大多数网络直播执法保护的监管行为仅停留在涉黄、言论不当等违法违规行为之上，并未出台专门针对网络直播画面所涉及的知识产权利益的行政法规，因此需要填补执法保护手段对知识产权利益进行保护的空白。地方性规章和规范性文件上，地方性立法关注视角同样存在于普遍性的违法违规行为之上，加之知识产权利益纠纷复杂故而有所忽视。为此，网络直播画面执法保护中立法体系化建设，应在把握好既有法律和行政法规的基础上，出台与网络直播画面知识产权利益有关的监管规定，也即出台相应的规章制度，填补执法领域存在的空白。

（二）网络直播画面执法保护中立法体系化建设的具体路径

基于对网络直播画面执法保护中立法的可能性的现实情况和多种因素的考量，无论最终是否立法，都应当采取的是一种递进式的保护方案，逐步等待条件成熟再向合适的方面构建。因此在此给出两种递进式方案，也即首先在现有的保护规范模式上增强监管，对既有制度予以细化，然后再新设一种保护规范模式，提升立法权限，健全行为规章。

1. 既有保护规范模式：增强网络直播画面监管

在既有的以《行政处罚法》为主、各规范性文件为辅的保护模式下，应加强对网络直播画面的监管。对常见违法违规行为进行监管的同时，除一般常见的违反法律法规和服务协议的行为，还将对知识产权权利人利益予以明确规定，增强对网络直播画面直播的监管，实现直播产业的良好有序发展。

与著作权利益有关的行政管理部门应当推动严谨、明确且具体的保护规范完善，加大对网络管理者的管理，加大网络道德建设，加强对各区域服务器的管理。若每个网络管理者都恪尽职守，遵守网络规范，不触碰侵犯著作权人、邻接权人权利的界限，营造一个良好的网络直播环境。①《互联网直播服务管理规定》第十四条："互联网直播服务提供者应当对违反法律法规和服务协议的互联网直播服务使用者，视情形采取警示、暂停发布、关闭账号等处置措施，及时消除违法违规直播信息内容，保存记录并向有关主管部门报告。"该条规定仅为一般性条款，针对对象过于笼统模糊，且约束行为主要是针对互联网直播的服务管理，很难将其与知识产权人的权利利益挂钩，行政部门采取手段少。对此有必要在已有保护中将知识产权人权利利益予以明确，预先由行政机关采取相关措施予以规则，预防损害结果的发生和扩大。

此外，除了应当对网络直播画面所产生的智力成果利益明确监管保护之外，其产生的法律责任也可以在规章正文以专章形式予以单列，做更详尽的规定，增强对网络直播画面的监管。

2. 新设保护规范模式：出台网络直播画面监管规定

待时机成熟，则可以出台统一的"网络直播画面监管规定"，将与网络直播关涉的知识产权利益专章单列，与网络直播画面的具体分类相链接，进行统一规制。此举可以减少原有保护不明确以及规定冲突等问题，使网络直播画面知识产权利益这一特殊问题得到有效解决。

总体上应当对知识产权案件的行政处罚程序、受理范围、网络服务提供者与网络用户等的行政责任、具体的行政执法手段和处罚措施以及监督机制等做出明确规定，强化对网络环境下侵害知识产权行为的行政打击力度。②以网络游戏直播为例，可以出台统一的"网络游戏直播管理规定"，从而形成以"网络游戏直播管理规定"为核心，兼顾现有网络直播监管规范的一般性、通用性规范，摒弃原来零散、局部、非体系化的监管规范，形成一个有机统一的网络游戏直播监管法律体系。③

---

① 参见张倩《网络著作权行政保护困境及对策建议》，《区域治理》2019年第45期。
② 参见郜尔彬、孙智《网络环境下知识产权行政执法的困境与出路》，《政法学刊》2018年第5期。
③ 参见李爱年、秦赞谨《网络游戏直播监管困境的法律出路》，《中南大学学报》（社会科学版）2019年第5期。

具体而言，监管规定应当包含下列内容：（1）首要应明确对其利益行使监督管理权的主体，克服原有执法机构监管权相互交叉、推诿扯皮现象，或可探索网络直播监管机构办公室的设立，归属广电总局或文化部统一领导，再由相关法制部门定期开展加强针对知识产权利益保护的知识传输，补齐空缺短板。（2）合理划分各被监管主体的权利义务，做出详尽规定，明晰各被监管主体间法律关系。（3）应当注重完善对监管主体的制度构建，一般基本管理制度多为原则性质和一般性质，在具体操作的指导性质上较差。在利用日常监管技术的同时，可以由专职人员不定期督查可能存在的侵权问题，对发现的问题责令整改并向上汇报。（4）应当构建好法律责任的相关规定，探索除行政处罚之外的行政责任，还应当在行政处罚责任认定时贯彻比例原则的相关应用，具体案件中可以针对直播观看人数、被侵权作品的传播范围等视情况裁量，分类型处理。

二　建立健全网络直播画面执法保护执法机制

执法保护机制建设健全的重要性在于使对网络直播画面的监管落到实处，目前现有法规规章中存在多个主体，都可以对网络直播画面存在的侵权行为予以规制，但其中存在着权力的重叠和空缺。为此，构建更为完善的保护体系就应当以搭建独立执法管理机构为重心，同时协调好各个相关执法主体之间的权力划分，用以填补网络直播画面在执法保护上的空白。

（一）建立独立的网络直播知识产权执法管理机构

受现有行政规章不健全、上层制度构建尚未形成的客观情况制约，针对网络直播画面的保护目前多采用诉讼的方式进行，由司法机关主导。但诉讼时间过长，效率低，权利人利益不能得到及时保护，有必要开辟网络直播画面执法保护新路径，建立独立的网络知识产权执法管理机构，专项监督、执法，分担诉讼压力。同时，充分发挥行政机关在知识产权保护中的积极作用。建立独立管理机构的意义，在于在提高打击侵权执行效率的同时解决执行难、落实难困境，为司法管理工作提供后备支撑。具体操作路径上：（1）在监管对象上，所建立的网络直播画面执法管理机构应根据网络直播的分类，类型化实现对网络直播画面的监督，更加有针对性地进行执法。例如针对网络秀场直播节目，其多为个人对音乐、舞蹈的改编行为和翻唱翻录行为，应注重对个人行为的监督，减少二次创作他人作品产生的侵权；针对体育赛事直播节目，其特点在于对其链接的投放，更改数据位置的方式来实现，大多需要技术和场所支撑，由公司来进行，所以应当着重打击各公司在体育赛事直播画面上存在的侵权行为。（2）在执法的管理范围和管理职能上，严格依据现有的行政规章等规范性文件展开工作，利用现有技术，核查有无涉及网络直播画面的侵权行为。（3）在执法权的设置上，建立独立网络直播知识产权执法管理机构的同时，取消其他部门对网络直播的执法权，最大程度上为理顺网络直播画面执法主体提供保障。

（二）理顺网络直播画面执法主体的内部权责

理顺网络直播画面执法主体的内部权责除了应首要建立独立的网络直播知识产权执法管理机构之外，还应通过强化各个行政部门联合办案的方式对网络直播画面所面临的侵权问题给予保护。只有通过深度加强多个行政部门之间，或者行政部门和其他部门之间的相互配合，联动办理案件，才能进一步明确执法主体的内部权责划分，解决复杂疑难问题，更好地维护著作权人权利。

首先，在既有的机构设置上，对既有的行政机构予以整合，将执法权力进行划分。具体可分为监督主体、审查主体和执法主体三类，应对在网络直播的过程中可能出现的或已经出现的多种问题。可以设置与网络直播有关的专门的执法监管办公室，配备高素质的专门执法人员。同时在多部门联合行动的过程中，设置与知识产权利益有关的网络直播监管会议，监督执法权力的行使。其次，搭建涉知识产权利益的网络直播画面专门审查主体，解决权责不清难题，并就热点问题定期研讨，出台统一举措，及时应对复杂程度和难度较高的网络直播知识产权侵权案件。最后，不仅需要构建专门的行政执法机构并理顺其内部权责，还需要有关执法人员具备应对高度专业化的网络直播知识产权案件的较高素养，配备专门执法人员，建设一批具备专业知识的行政执法队伍。具体表现在：一是要加强执法部门的业务培训，提升其应对网络直播环境的素养和能力，尤其是提高应对侵权违法行为的调查和证据搜集能力；二是要加强执法部门业务骨干专员的建设，实行骨干专员具体案件专门负责制，从根本上提高其行政执法水平。

三 优化网络直播画面执法保护方式和技术保护措施

（一）创新行政保护方式

目前，涉及网络直播画面的知识产权类案件由于专业性难度较高，行政处罚、行政调解等制度并未发挥有效作用，划分权力必不可少，同时还应当对行政保护方式不断探索，用更高效的方式给予网络直播更充分的保护。

1. 建立保护名单制度

版权行政管理部门应建立保护名单制度规制网络直播画面知识产权侵权行为，规范版权秩序。保护名单的建立应当在白名单和黑名单制度中择一选择。针对无版权侵权行为的直播者和直播内容，将其列入"白名单"制度之中，进行推广宣传；针对存在多次版权侵权行为的直播者和直播内容，将其列入"黑名单"制度中，重点对其进行观察监督，对首次侵权的直播间可以给予网上警告，达到一定的次数可以给予停播一至五天的惩罚，对存在多次侵权行为的直播间勒令关停，永久停播。

2. 直播画面分类型、分级处理

网络直播画面众多，行政主管部门保护压力较大，优化行政保护方式应把握好区分。一是要把握好不同直播画面的不同特色，具体问题具体分析。网络直播的最大特色在于其直播的类型化，因此在对不同的网络直播侵权行为进行规制时，应当注意到其不同直播画面的不同特点，做到系统分类的智能化处理；同时，增设智能化频道检索标签，实现行政主体智能化搜索、专门化审查、专业化处理。二是要实现侵权过滤体系的分级化建设。重点展开对直播间观看人数多，侵权行为影响力高的网络直播节目的监督，加强审查，同时也不能放松对影响力弱的行为的监管，不定期开展保护监督管理活动。

（二）加大行政技术保护

技术保护措施是指以某种方式控制侵权人接触的技术（比如采取设置密码等方式），或控制侵权人使用网络作品的技术措施（比如未经许可，自动不让适用；虽然让适用，但控制其使用频率的措施）。或能够确认是否侵权的技术措施，或采用网络追踪系统的技术措施。[1] 技术保护措施的重要性体现在给著作权人、邻接权人的合法权益提供更全面的保护。同时亦可以提高处理侵权行为的效率，节省时间更好地对网络直播侵害知识产权的案件进行调查、处理、保护。还有利于解决诉讼案件过程中存在的举证困难等难题，优化案件在移送过程中存在的证据衔接问题。其具体路径构建主要有以下几种：

1. 搭建网络直播监管追查平台

监管也即监督、管理，是对网络直播画面产生的侵权行为的一种制裁和惩戒。网络监管追查平台的构建，能在源头上制止或减少侵权行为的发生，避免当事人重犯，也是网络直播侵权地域性难题破解的关键所在。现有规章之下的行政管理机构或之后的新设立的专门管理机构，应在充分发挥行政主体内部技术平台搭建的同时，联合或委托第三方机构（如电信、联通等通信机构）进行平台的搭建，开展监管。如利用"网络雷达"和"云识别"等技术开展追查。

2. 搭建版权技术保护平台

国内首家数字版权保护技术应用产业联盟于 2017 年 7 月 12 日在北京成立，此产业联盟由中国新闻出版研究院发起，由业内外 100 多家单

---

[1] 参见张倩《网络著作权行政保护困境及对策建议》，《区域治理》2019 年第 45 期。

位共同参与搭建而成，该数字联盟将围绕数字版权保护技术研发展开，目的在于为诸多新闻出版单位构筑保护技术平台。数字联盟成立有益于数字版权保护技术的推广及应用，形成稳定的版权交易模式以及市场惯例。给予执法领域的启示在于：行政部门同样可以仿照社会中已有版权技术保护平台，搭建一套运行在公权力框架下的版权技术保护平台进行执法监督，对版权交易行为开展审核，对可能存在违规侵权使用他人作品的行为进行系统识别，节约大量人力资源。

第四节　我国网络直播画面知识产权守法保护的完善

近年来，网络直播如今已走入千家万户，成为大众茶余饭后休息娱乐的方式之一。无论是以此为业的主播，还是屏幕前观看直播的公众，都可以开启直播。这意味着网络直播所涉及的知识产权利益在网络直播主体多样化、专业水平不一致的现实下将面临更多难题。若想从源头制止网络直播知识产权侵权乱象，不能仅依靠国家公权力在立法、司法、执法等多个部门的努力，守法仍然是网络直播知识产权利益保护中最具有基础性、重要性的一环。"网络直播不可以随意侵权"，"网络直播不是法外现象"，化解网络直播画面侵权众多的难题需要守法发力，网民不能在新事物、新现象没有具体法律规定的庇护下恣意妄为。为此，打造知识产权守法，推动网络直播社会领域保护完善的势在必行，应从国家、社会、公民三方面做起。

一　国家：凝聚多方合力，树立主流理念

国家上层建筑所发挥的作用不应只拘泥于立法、执法和司法领域，守法进程的不断深入同样需要各个国家机关承担其"潜在"义务。换言之，要将纠纷治理意识通过各国家机关助力下沉到社会实际生活中，营造并树立正确的版权理念和规则。版权侵权行为归根到底是意识存在问题，如何正确处理网络直播所涉及的知识产权利益纠纷，引领符合实

| 第六章 | 我国网络直播画面知识产权保护的完善

际的主流版权理念的普法活动,仍是一项重要任务。为此,在面对网络直播画面知识产权争议时,应建立未来主流版权价值理念,凝聚行政机关、司法机关等国家机关合力,树立正确网络直播规则,彰显国家知识产权保护意识的价值导向。

第一,树立国家版权理念离不开司法机关发挥引领作用。司法机关,特别是法院,是解决网络直播知识产权利益纠纷的主力,纠纷解决之外如何发挥司法裁判的引领作用在守法保护中同样是重中之重。就具体操作路径而言,一是要亮明司法态度,公布诉讼结果。面对网络直播市场和著作权人版权利益纠纷和侵权纷扰现状,应遵守及时向社会公开相关裁判文书、公开审理的基本要求,及时向社会传递司法态度和方向。例如对于涉及符合合理使用情形的制度,司法裁判应予以充分肯定并在社会普法宣传教育中予以推行;对假借合理使用制度牟取不正当利益的直播主体,应在司法裁判当中明确指出并予以否认,打击网络直播黑色、灰色产业链,维护当事人合法权益。二是归纳裁判规则,加强典型案件宣传。个案裁判的效力虽只及于双方当事人之间,但司法机关所作的判决将在一定程度上对社会起到惩戒和震慑作用。为此,针对典型的个案案例,司法机关应主动依靠微信公众号、抖音等新媒体平台在提炼裁判规则、归纳相关行为类型后向社会宣传,依靠网络治理网络直播中的乱象,保障网络直播产业发展。

第二,树立国家版权理念离不开各级行政机关主动参与。打造守法意识氛围,一是加强各行政部门联动工作。目前涉及网络直播的行政机关包括国家广电总局、文化部、网络监管部门等,并不归属于某一个行政部门专门管理。意识宣传缺位,各部门联动开展工作是关键。各行政机关要加强合作,定期召开部门间会议,交流工作进程及效果,分享工作经验,破解网络直播知识产权意识缺位的难题。二是要主动联合媒体,宣讲知识产权常识。具体来说,行政机关应主动承担知识产权法律常识普及的社会职责,联合媒体向全社会开展有关网络版权保护的宣传活动,定期通过传统纸媒和网络直播等方式开展与网络直播知识产权权益纠纷有关的活动，开展问卷答题活动，增进全社会对知识产权、对网络版权保护的积极性和主动性。

二 社会：加强行业自律，推动市场合作

网络直播行业涉及多个主体的不同利益，以网络直播画面内容不同来分，网络游戏直播画面涉及游戏开发商的利益，体育赛事直播画面涉及相关广播电台的利益，秀场直播画面和综艺晚会画面涉及主办方的相关利益。为了有效解决不同主体之间的利益冲突，促进直播产业良性有序发展，凝聚守法合力，应当将市场作为主要突破口，加强版权行业自律，推动市场合作，形成网络直播产业良性发展的社会氛围。

第一，要推进版权交易机制在网络领域的构建。针对网络环境下版权人和使用者之间难以进行交易的难题，应借鉴传统著作权领域集体管理制度在网络直播行业进行推广使用。网络直播领域著作权集体管理制度的建立实际上是一个专门许可市场。通过建立专门许可市场，明确权利来源，根据市场规则合法分配授权、许可等行为，避免陷入侵权泥沼。网络直播领域的著作权集体管理制度的建立，是设计合理的版权交易机制突破传统媒体的应用，有利于打通版权人和使用者的供需障碍，真正实现"有偿使用"，保障著作权人积极性的同时，推动网络直播产业的发展。

第二，要推动建设网络直播产业联盟。产业联盟实际上是资源联盟，打破垄断壁垒从而减少侵权现象产生。具体来说应凝聚市场与媒体多方力量，达成版权保护行业共识。建立类似"中国新闻媒体版权保护联盟""数字版权保护技术应用产业联盟"等专门针对网络直播领域的产业联盟，加强交流合作，共享行业资源，为网络直播行业发展提高统一标准参考与技术支撑，提升应对侵权行为的反应速度，推动网络直播版权市场健康发展。

三 公民：普及版权意识，制止权利漏洞

对公众而言，对智力成果认为其是"免费午餐"的社会习惯一直

是版权问题解决的难点。版权免费不应成为社会共识。网络直播每日数量巨大,仅凭公权力主导对侵权产业链进行斗争远远不够,应明确应对侵权行为。公众是侵权源头,应作为其抵制基础。在此基础之上,网络直播所涉及主体众多,公民树立版权保护意识意义重大。

版权权利防范教育包含两方面,一是维权意识教育,二是权利保护意识教育,两者缺一不可。目前,维权意识教育已悄然兴起,人民法院接收的有关网络直播知识产权利益纠纷案件数量不断增多。但受案数量增多的现实情况,恰恰从侧面印证了我国在版权权利保护意识领域的不足。为此,开展公民版权权利保护意识的教育刻不容缓。

第一,要根据网络直播所涉及主体不同,依各自角色承担不同职责。首先,网络直播平台应当搭建网络知识产权保护区域,充分承担更多的社会责任,贡献一份自己的积极力量。具体而言,应畅通平台版权投诉渠道,搭建举报模块,让公众参与其中提高平台的日常监管行为。其次,网络主播应当接受上级部门以及网络直播平台的培训教育。仔细阅读、理解直播合同中的相关约定,避免因行为不规范侵害他人版权利益,接受惩戒机制的惩罚,实现自我约束。再次,对网络直播的观看者而言,应主动接受网络版权宣传教育,遵守相关规则,不泄露、不传播相关所涉知识产权利益的网络直播链接,避免知识产权权利人利益损害扩大。最后,知识产权利益的权利人一方还应在权利授予时积极与相对方协商,明晰具体合同相关条款,在权利受损害时积极声讨,绝不纵容。

第二,要与各部门、单位积极联合。相关行业协会、科研单位、高等院校等部门单位应多措并举开展网络版权保护有关宣传活动,增强知识产权法律保护意识和法律认同感,自觉尊重他人合法权益,自觉正确使用他人智力成果,在推动版权及相关产业发展的同时,解决网络直播画面侵权问题。

结　　论

　　网络直播是当下互联网发展中最典型、最热门的一个标签，随之而来的网络直播知识产权纠纷显示出网络直播知识产权保护的脆弱与空白。如何构建完善的网络直播知识产权保护规则、选择合适的保护途径对网络直播知识产权纠纷进行调整、加以规制，具有较强的现实性与紧迫性。本研究运用案例分析方法、可视化分析方法、规范分析方法、比较分析方法和实证分析方法，从我国网络直播画面知识产权保护基础理论的介绍入手，介绍网络直播相关立法规定和司法现状，然后从立法层面的宏观视角、从司法层面和从执法层面看概括了网络直播画面知识产权的保护困境，然后分别从社会视角、立法层面、司法层面以及执法层面分析了造成上述困境的原因；分别以网络游戏、体育赛事和音乐作品为典型问题，分析了各代表国家和地区对相关网络直播画面作品的知识产权保护；从研究对象、数据收集、研究工具和研究步骤四个角度分析了网络直播画面知识产权保护理论，最后提出构建具有前瞻性的网络直播画面知识产权保护机制和高效的网络直播画面知识产权纠纷建议。

　　本研究从立法、司法和执法的角度，提出了自己的思考。首先，探索我国网络直播画面知识产权立法保护模式，明确我国网络直播画面知识产权立法保护指导原则，细化我国网络直播画面知识产权立法保护相关规定，对典型化视角下我国网络直播画面知识产权立法保护提出完善建议；其次，明确了网络直播知识产权司法保护的基本原则，建立明确统一的网络直播画面知识产权裁判标准体系，探索与协调网络直播知识产权多元化纠纷解决机制,建设高素质专业化知识产权审判队伍;再次,从执法保护的完善角度出发,加强网络直播画面执法知识产权保护的立法体系化建设,建立健全网络直播画面执法保护执法机制,优化网络直播画面执法保护方式和技术保护措施;最后,从各主体守法保护的角度提出国家应凝聚多方合力,树立主流理念,社会各行业应加强自律并努力推动市场合作,应向公民普及版权知识,制止权利漏洞。

参考文献

一　专著类

《德国著作权法》，范长军译，知识产权出版社2013年版。

《法国知识产权法典：法律部分》，黄晖译，商务印书馆1999年版。

《法国知识产权法典：法律部分》，黄晖、朱志刚译，商务印书馆2017年版。

冯晓青：《知识产权法律制度反思与完善——法理·立法·司法》，知识产权出版社2021年版。

孔祥俊：《反不正当竞争法的创新性适用》，中国法制出版社2014年版。

孔祥俊：《反不正当竞争法新原理·原论》，法律出版社2019年版。

刘品新：《电子取证的法律规制》，中国法制出版社2010年版。

陶鑫良、袁真富：《知识产权法总论》，知识产权出版社2005年版。

谢晓尧：《在经验与制度之间：不正当竞争司法案例类型化研究》，法律出版社2010年版。

杨小兰：《网络著作权研究》，知识产权出版社2012年版。

郑成思：《版权法》，中国人民大学出版社1990年版。

[德] M. 雷炳德：《著作权法》，张恩民译，法律出版社2005年版。

[美] 本杰明·卡多佐：《司法过程的性质》，苏力译，商务印书馆1998年版。

二 中文期刊类

白林：《网络秀场直播可著作权性研究及出路》，《四川行政学院学报》2018 年第 1 期。

包杭：《网络游戏直播画面的可版权性问题研究》，《广西政法管理干部学院学报》2021 年第 6 期。

《北京市高级人民法院关于审理综艺节目著作权案件的调查研究》，《电子知识产权》2015 年第 5 期。

蔡元臻、叶元昊：《类型化视野下的游戏画面著作权体系》，《电子知识产权》2021 年第 12 期。

陈娜：《论网络游戏直播画面的版权问题》，《上海商业》2021 年第 11 期。

陈兴良：《案例指导制度的法理考察》，《法制与社会发展》2012 年第 3 期。

陈宣亦：《论网络游戏直播画面的著作权法定性及权利归属》，《现代商贸工业》2020 年第 6 期。

储翔、陈倚天：《新著作权法视野下体育赛事直播画面的法律保护》，《电子知识产权》2021 年第 11 期。

丛立先：《体育赛事直播节目的版权问题析论》，《中国版权》2015 年第 4 期。

崔国斌：《视听作品画面与内容的二分思路》，《知识产权》2020 年第 5 期。

崔国斌：《体育赛事直播画面的独创性标准选择》，《苏州大学学报》（法学版）2019 年第 4 期。

崔恒勇、程雯：《秀场直播中的音乐侵权问题研究》，《现代出版》2017 年第 6 期。

董亦平：《网络直播相关著作权问题研究》，《广西政法管理干部学院学报》2017 年第 32 期。

冯晓青、刘政操：《技术创新视野下网络著作权保护的困境及其破解》，《湖南师范大学社会科学学报》2021 年第 6 期。

冯晓青：《网络游戏直播画面的作品属性及其相关著作权问题研究》，《知识产权》2017 年第 1 期。

冯晓青：《我国著作权客体制度之重塑：作品内涵、分类及立法创新》，《苏州大学学报》（法学版）2022 年第 1 期。

高峰：《跨界与创新：网络直播综艺节目的崛起》，《当代电视》2017 年第 8 期。

高荣伟：《国外网络直播相关法律法规》，《检察风云》2018 年第 11 期。

郜尔彬、孙智：《网络环境下知识产权行政执法的困境与出路》，《政法学刊》2018 年第 5 期。

宫小汀、陈聪：《知识产权司法政策对法官自由裁量权的引导》，《人民司法》2014 年第 23 期。

管育鹰：《体育赛事直播相关法律问题探讨》，《法学论坛》2019 年第 6 期。

管育鹰：《我国著作权法中广播组织权内容的综合解读》，《知识产权》2021 年第 9 期。

郝明英、冯晓青：《从合规管理看广播音频节目的著作权保护与运营》，《编辑之友》2022 年第 6 期。

何怀文、吉日木图：《新〈著作权法〉视域下视听作品的界定》，《社会科学战线》2022 年第 5 期。

和佳佳：《论比例原则对民事裁判的影响——基于对我国相关民事判决书的分析》，《研究生法学》2017 年第 2 期。

胡晶晶：《"信号"抑或"画面"之保护——体育赛事实况转播保护路径研究》，《北方法学》2019 年第 3 期。

黄宗琪、林秀芹：《体育赛事节目的广播组织权保护研究》，《北京体育大学学报》2022 年第 11 期。

姜颖：《作品独创性判定标准的比较研究》，《知识产权》2004年第3期。

蒋华胜：《网络游戏直播画面的著作权侵权判定研究》，《法律适用》2021年第6期。

焦和平：《类型化视角下网络游戏直播画面的著作权归属》，《法学评论》2019年第5期。

乐水、马缘园：《心流理论下电商直播间的游戏化叙事》，《南京晓庄学院学报》2022年第3期。

李爱年、秦赞谨：《网络游戏直播监管困境的法律出路》，《中南大学学报》（社会科学版）2019年第5期。

李长洲、周曼丽：《基于Web的流式视频直播技术》，《微型机与应用》2001年第6期。

李静涵、顾银垠：《网络游戏直播版权属性、规制及产业发展》，《中国出版》2016年第24期。

李明德：《论作品的定义》，《甘肃社会科学》2012年第4期。

李新天、谭悦彤：《体育赛事直播画面法律性质探析》，《北京邮电大学学报》（社会科学版）2021年第1期。

李杨：《改编权的保护范围与侵权认定问题：一种二元解释方法的适用性阐释》，《比较法研究》2018年第1期。

李杨：《网络游戏直播中的著作权问题》，《知识产权》2017年第1期。

李宗辉：《论体育赛事的"版权—数据财产权"二元保护结构——以赛事直播侵权纠纷为切入视角》，《武汉体育学院学报》2020年第9期。

刘春田、熊文聪：《著作权抑或邻接权——综艺晚会网络直播版权的法理探析》，《电视研究》2010年第4期。

刘丹：《体育赛事网络直播节目著作权争议问题研究》，《法制博览》2019年第27期。

刘铁光、赵银雀：《体育赛事直播画面侵权案件法律适用的规范研究——基于新近案例的实证分析》，《体育科学》2018年第1期。

刘铁光：《作品独创性判定标准调适的准则及其遵守的路径——以体育赛事直播画面独创性的判定为例》，《苏州大学学报》（法学版）2019年第4期。

刘雪芹、李林凡：《网络音乐传播中的侵权问题及改进建议》，《济南职业学院学报》2021年第3期。

卢海君：《论作品的原创性》，《法制与社会发展》2010年第2期。

罗施福、李津津：《论网络直播中音乐演播的法律定性与责任主体》，《天津大学学报》（社会科学版）2021年第4期。

倪炜伦：《网络直播中音乐著作权的保护与救济研究》，《理论观察》2021年第12期。

彭桂兵：《完善广播组织权：体育赛事直播画面的法律保护——评"凤凰网案"》，《湖南师范大学社会科学学报》2020年第1期。

彭桂兵：《网络环境中广播组织权的主体辨明与制度构想》，《西南民族大学学报》（人文社会科学版）2018年第5期。

戎朝：《互联网时代下的体育赛事转播保护——兼评"新浪诉凤凰网中超联赛著作权侵权及不正当竞争纠纷案"》，《电子知识产权》2015年第9期。

四川省高级人民法院、四川大学联合课题组、陈明国、左卫民：《中国特色案例指导制度的发展与完善》，《中国法学》2013年第3期。

孙山：《体育赛事节目的作品属性及其类型》，《法学杂志》2020年第6期。

太秀颖：《网络游戏直播画面的定性与刑法保护》，《产业与科技论坛》2022年第11期。

汪美芳：《论体育赛事网络直播权益的法律保护》，《江西社会科学》2020年第11期。

王道发：《电子商务平台经营者安保责任研究》，《中国法学》2019年第6期。

王欢、庞林源：《网络直播监管机制及路径研究》，《出版广角》2017

年第 6 期。

王磊：《"网络转播体育赛事"的法律保护路径探讨》，《电子知识产权》2018 年第 10 期。

王丽娜：《网络游戏直播画面是否构成作品之辨析——兼评耀宇诉斗鱼案一审判决》，《中国版权》2016 年第 2 期。

王迁：《电子游戏直播的著作权问题研究》，《电子知识产权》2016 年第 2 期。

王迁：《论"春晚"在著作权法中的定性》，《知识产权》2010 年第 4 期。

王迁：《论视听作品的范围及权利归属》，《中外法学》2021 年第 3 期。

王迁：《论体育赛事现场直播画面的著作权保护——兼评"凤凰网赛事转播案"》，《法律科学》（西北政法大学学报）2016 年第 1 期。

王迁：《论网络环境中表演权的适用——兼评〈著作权法修改草案（送审稿）〉对表演权的定义》，《比较法研究》2017 年第 6 期。

王迁、谈天、朱翔：《知识产权侵权损害赔偿：问题与反思》，《知识产权》2016 年第 5 期。

王迁：《体育赛事现场直播画面著作权保护若干问题——评"凤凰网赛事转播案"再审判决》，《知识产权》2020 年第 11 期。

王迁：《网络环境中版权制度的发展》，《网络法律评论》2008 年第 9 期。

王迁、文棋：《媒体融合中的版权困境与制度革新》，《编辑之友》2021 年第 5 期。

王迁：《我国〈著作权法〉中"广播权"与"信息网络传播权"的重构》，《重庆工学院学报》（社会科学版）2008 年第 9 期。

王迁：《再论"信息定位服务提供者"间接侵权的认定：兼比较"百度案"与"雅虎案"的判决》，《知识产权》2007 年第 4 期。

王迁：《〈著作权法〉修改：关键条款的解读与分析（上）》，《知识产权》2021 年第 1 期。

王小夏、顾晨昊：《网络游戏直播画面的著作权问题》，《中国出版》2017年第23期。

王言：《知识产权案件中的能动司法研究》，《焦作大学学报》2017年第2期。

王真真、王相飞、李进：《我国网络体育直播平台的发展现状及趋势》，《体育文化导刊》2017年第6期。

吴汉东：《侵权责任法视野下的网络侵权责任解析》，《法商研究》2010年第6期。

项杨春：《体育赛事直播画面著作权保护的困境与完善》，《天津体育学院学报》2022年第1期。

徐红菊：《网络直播视野下游戏作品的视听作品保护模式的反思与重塑》，《河南财经政法大学学报》2017年第4期。

徐书林：《网络游戏比赛画面的法律性质探讨——基于耀宇公司诉斗鱼公司一案的分析》，《北京邮电大学学报》（社会科学版）2016年第6期。

严波：《论体育直播节目作品性质判定的两难之境与解题关键》，《苏州大学学报》（法学版）2019年第4期。

杨幸芳：《体育赛事节目的法律性质与保护之评析——兼评新浪诉凤凰网中超赛事案》，《电子知识产权》2019年第12期。

杨昇：《网络直播画面可版权性问题研究》，《哈尔滨师范大学社会科学学报》2021年第5期。

詹启智：《网络直播内容著作权侵权行为研究》，《科学与管理》2018年第6期。

张爱国：《"春晚"著作权的法律定性问题——从央视国际诉快车网侵权案谈起》，《理论探索》2011年第2期。

张惠彬、刘迪琨：《体育赛事直播节目定性对侵权判定及损害赔偿数额的影响》，《天津体育学院学报》2018年第6期。

张倩：《网络著作权行政保护困境及对策建议》，《区域治理》2019年第 45 期。

张艳丽、董媛媛：《网络直播翻唱与背景音乐使用的侵权风险研究》，《中国广播》2019 年第 12 期。

张玉菡：《网络秀场直播的版权保护与规制》，《传播与版权》2017 年第 7 期。

赵春兰：《网络发展与知识产权司法保护机制的完善》，《学术交流》2011 年第 4 期。

赵双阁、艾岚：《体育赛事网络实时转播法律保护困境及其对策研究》，《法律科学》（西北政法大学学报）2018 年第 4 期。

赵双阁、艾岚：《网络广播法律保护研究》，《武汉大学学报》（哲学社会科学版）2014 年第 4 期。

周高见、田小军、陈谦：《网络游戏直播的版权法律保护探讨》，《中国版权》2016 年第 1 期。

周灵欣：《浅析新媒体时代下秀场直播的特点——以 YY 欢聚时代为例》，《传播力研究》2019 年第 3 期。

朱艺浩：《网络游戏直播画面的著作权定性及归属规则》，《人大法律评论》2018 年第 3 期。

祝建军：《网络游戏直播的著作权问题研究》，《知识产权》2017 年第 1 期。

邹举、朱浩然：《模式、竞争与规制：媒体融合背景下的欧洲体育传播市场》，《体育与科学》2018 年第 5 期。

最高人民法院办公厅：《北大方正公司、红楼研究所与高术天力公司、高术公司计算机著作权纠纷案》，《最高人民法院公报》2006 年第 11 期。

三 学术论文类

陈煜帆：《网络直播著作权法规制研究》，硕士学位论文，华东政法大学，2020 年。

董凡：《知识产权损害赔偿制度研究》，博士学位论文，华南理工大学，2019年。

郝明英：《网络直播节目著作权保护研究》，博士学位论文，中国政法大学，2020年。

侯宇：《网络游戏直播的著作权问题研究》，硕士学位论文，河北地质大学，2022年。

李文彪：《网络游戏直播画面作品属性研究》，硕士学位论文，天津商业大学，2021年。

梁璇：《信息网络环境下的广播组织权》，硕士学位论文，西南政法大学，2011年。

林轶杰：《电子游戏直播的著作权问题研究》，硕士学位论文，上海师范大学，2019年。

梅聘颖：《网络游戏直播行为中著作权侵权问题研究》，硕士学位论文，南京大学，2021年。

孙爽：《网络直播的著作权侵权问题研究》，硕士学位论文，山东大学，2018年。

孙元波：《网络视频直播质量控制技术研究》，硕士学位论文，国防科学技术大学，2004年。

严波：《现场直播节目版权保护研究》，博士学位论文，华东政法大学，2015年。

姚捷：《网络直播著作权研究》，硕士学位论文，长江大学，2020年。

姚震：《网络直播平台著作权侵权制度研究》，博士学位论文，中国政法大学，2021年。

四 外文类参考文献

Lindsay Brandon Hunter, "Live streaming and the perils of proximity", *International Journal of Performance Arts and Digital Media*, 2019, Vol. 15, Issue. 3.

Alexander Nicolai Wendt, "The empirical potential of live streaming beyond cognitive psychology", *Journal of Dynamic Decision Making*, 2017, Vol. 3, Issue. 1.

Isik Onay, "Regulation webcasting, An analysis of the Audiovisual Media services Directive and the current broadcasting law in the UK", *Computer Law & Security Review*, 2009, Issue. 7.

M. Sakthivel, "Webcasters' protection under copyright—A comparative study", *Computer Law & Security Review*, 2011, Issue. 27.

Sakthivel M., "Indian Copyright Act and New Communication on Technologies: A Special Focus on Webcasting", *Computer Law & Security Report*, 2012, Vol. 28, Issue. 1.

Daniel Pruzin, "WIPO Agrees on Two-Track Approach for Advancing Broadcast Treaty Conference, BNA's Patent", *Trademark & Copyright Tournal*, 2006.

M. Sakthivel, "Webcasters' Protection under Copyright-A Comparative Study", *Computer Law & Security Review*, 2011, Vol. 27, Issue. 5.

M. Sakthivel, "Indian Copyright Act and new communication technologies: A special focus on webcasting", *Computer Law & Security Review*, 2012, Issue. 28.

Hugh Laddie, Peter Prescott, Mary Vitoria, *The Modern Law of Copyright Designs*, London: LexisNexis, 2011.

Matt Jackson, "From Broadcast to Webcast: Copyright Law and Streaming Media", *Texas Intellectual Property Law Journal*, 2003.

Alamiri D., Blustein J., "Privacy Awareness and Design for Live Video Broadcasting Apps", *International Conference on Human-computer Interaction*, Springer, Cham, 2016.

Stephanie N. Horner, "DMCA, Professional Sports Leagues' Answer to Protection Their Broadcasting Rights Against Legal Streaming", *Marquette Sports Law Review*, 2014, Issue. 24.

Thomas Margoni,"The Protection of Sports Events in the EU: Property, Intellectual Property, Unfair Competition and Special Forms of Protection", *IIC: International Review of Intellectual Property and Competition Law*, 2016, Vol. 47, Issue. 04.

Asbell M. D.,"Progress on the WIPO Broadcasting and Webcasting Treaty", *Cardozo Arts & Entertainment Law Journal*, 2006, Vol. 24.

五　链接类

中共中央网络安全和信息化委员会办公室:《互联网直播服务管理规定》, http://www.cac.gov.cn/2016-11/04/c_1119847629.htm?ivk_sa=1024320u。

WIPO Doc. SCCR/12/2 REV. 2, *Second Revised Consolidated Text for a Treaty on the Protection of Broadcasting Organizations*, https://www.wipo.int/edocs/mdocs/copyright/en/sccr_12/sccr_12_2_rev_2.pdf., 11/15/2019.

覃柳笛:《坚定文化自信迈向文化强国——专访中国文化创意产业研究会秘书长范玉刚》, https://baijiahao.baidu.com/s?id=1736128736971258131&wfr=spider&for=pc。

六　其他

《关于充分发挥知识产权审判职能作用推动社会主义文化大发展大繁荣和促进经济自主协调发展若干问题的意见》第8条。

后　记

　　终于，《网络直播的知识产权保护》画上了句号。我是一个对流行事物有钝感的人，之前我从来没有关注过网络直播这样的新兴事物，直到我经手了一个案件，那是一个由网络直播引发的案件，虽然不是和知识产权直接相关，但从经办那个案件开始，我就开始了解网络直播，然后我以网络直播为基础意外地选中了自己心心念念的课题，开始了我长达五年对网络直播知识产权保护的学习。

　　怀着非常虔诚的态度我开始了资料的收集与整理，特别是国外网络直播知识产权保护的立法与司法方面的资料收集过程中，动用了自己所有能够联系的人，而其中经历的三年疫情，也导致本来已经联系好的国外大学的访问学者计划泡汤。开始动笔之后，经历了一个非常漫长的过程，主要是在开头这个环节，写了写，不满意，又重新开始；然后写了写，又不满意，又重新开始；反复了很多次，终于继续写下去。写作过程中，收集整理案例花了很长时间，整理论文数据后做表也花了很长时间。这个过程中，充满了自己对法学的热爱和对课题研究的执着。写完之后，怀着忐忑的心情等待结果。感觉倾注了自己全部的真诚和热爱，但对知识的探索好像还似一叶小舟漂浮在大海上，没有穷尽也没有到达终点。

　　这已经是我的第三本书了。按照惯例，我最爱的就是后记部分，可以抒发自己的情感。完成这个课题的过程中，首先还是要感谢我的父母和姐姐，感谢他们从小给予了我温暖和爱，一直鼓励着我不断进步；感谢我的儿子，他给了我不断前进的动力与鞭策；感谢我的学生马东硕、何琦、刘菲杨、段泓玉，特别是李俊娇！感谢他们在本书的资料查阅、章节编写、排版校对等工作中的付出和对我的支持。

正值盛夏，大连的风却让人有初秋的感觉，不禁感叹：风起而行，风静自安。温柔两半，从容一生！

杨　昇

于漫谷家中

2023 年 7 月 16 日